本项目由福特基金会资助

献　给

对我的法官生活和工作做出巨大贡献的人

——我的秘书、我的法律助手和我的同事们

民事诉讼法学精粹译丛

傅郁林　主编

美国上诉程序

——法庭·代理·裁判

弗兰克·M. 柯芬　著

道格拉斯·M. 柯芬　图解

傅郁林　译

中国政法大学出版社

美国上诉程序

——法庭·代理·裁判

ON APPEAL:

COURTS, LAWYERIMG, AND JUDGING

by Frank M. Coffin

版权登记号：图字 01-2005-4900 号

民事诉讼法学精粹译丛
总　　序

民事司法制度研究在法治社会的意义以及在中国方兴未艾的司法改革进程中的突出地位已毋庸赘述，但民事司法制度改革的展开和逐步深化对于民事诉讼法研究需求的骤然增加，并没有使中国的民事诉讼法学脱离“弱势学科”的地位。由于长期在奉行“重刑轻民”、“重实体轻程序”的法律文化背景中，中国民事诉讼法学的积累严重不足，特别是在外国民事诉讼法和比较民事诉讼法方面起步较晚，无论在研究资料收集、研究人员知识储备，还是在研究手段和方法上，都显得明显不足和落后。这种状况严重局限了学术视野和学术品位，无法适应法制变革和学科发展的需要。因此，尽管在原版信息渠道发达、其他学科的翻译文献已汗牛充栋的今天，介绍一批权威的、体系化的、原理性强的国外民事诉讼法学的学术作品，仍然必要而迫切。特别是在民事诉讼法典修订之前，对于我国学界常常引为权威支持的现代西方国家民事诉讼法制度的全面了解，能减少盲人摸象似的无谓争论和法律移植的断章取义；对于这些制度背景、功能、原理、价值目标的深入考察，有助于形成以问题为对象、以语境为依托，立体和动态的比较研究氛围，避免在法律移植中出现拾人牙慧的状况。“民事诉讼法学精粹译丛”正是基于这些背景和需求应运而生的。

本套丛书在选题方面，充分考虑我国读者的法律文化背景和正在进行的司法改革的需要，追求法域范围的全面性、题材的多样性、原著的经典性，并尽量避免与国内已有的翻译作品重复。在入选的美国、德国、英国、法国、日本、俄罗斯著作中，分别突出了各自民事程序制度的特色。目前国内已有的以“美国民事程序法”为题的美国作品实际上仅仅介绍了美国的初审程序，而上诉程序在美国立法、实务及整个司法结构和理念中都是独立于初审程序的单独系列，因此，本套丛书选择了三本美国著作，分别介绍了初审法院和初审程序、上诉法院和上诉程序、最高法院及其特殊的上诉程序。德国民事诉讼法教材在我国已有译本，因此我们仅选取了一本在德国反响较好的简洁教材，另一本则是由德国学者根据本丛书的要求专门收集的对于德国现行民事诉讼制度形成产生过深远影响的学术论文，同时附录了美国学者关于借鉴德国民事诉讼法的一场著名的大讨论，从中可以看到德国民事诉讼法变革的背景、思路和评价。英国民事诉讼法尽管在1998年修订后已具有强烈的现代性，但由于英国皇家文化中形成的民事诉讼制度无论在理念和结构上与我国都相去甚远，加之国内已有介绍这次改革的译本和专著，因此本套丛书所选取的英国作者的两本书都是比较法意义上的民事诉讼法作品，其中一本是经典的理论著作，侧重于从文化视角比较欧洲三大诉讼法系即英国、法国和德国诉讼制度，另一本则从制度层面上介绍了当代世界各国民事司法制度所面临的危机和回应。法国民事诉讼制度无论从其作为三大模式之一的重要性，还是对于我国的可借鉴性（包括经验和教训），都应当重点介绍给我国研究者，但法国的法学作品在我国不仅稀少，而且译本的可信度也不高，希望本套丛书所选择的国际知名的法国民事诉讼法学者的这本教材能够弥补这一缺憾。对于日本现行民事诉讼制度的介绍在国内已较为充分，因此本套丛书选取了两个边缘主题，一个是日本民事诉讼发展史，从中可以透视日本现行制度形成的历史、文化、政治、经济基础，并把握大陆法系民事诉讼法发展的大致脉络；另一个是对日本审判外纠纷解决途径（ADR）的介绍。俄罗斯作为与我国法学发展史上有着相同或相似血脉的国家，无论对于探寻我国现行司法制度的成因，还是基于借鉴或反思并建构转型时期的民事诉讼制度的目的，在比较民事诉讼法研究中都是不可或缺的一支，因而当然地列入了本套丛书。此外，随着欧洲一体化进程的迅猛发展，欧盟司法制度对于成员国乃至周边国家民事诉讼制度的影响之深，已成为我们在介绍和研究欧洲各国诉讼程序制度时不可忽略的一部分，这种影响也受到本套丛书的关注。

法学翻译的意义、艰辛和方法已有无数翻译家进行过多种精辟论述。在担任这套丛书的翻译、审校和翻译组织工作的过程中，我不断想起一位翻译家的话："谁要想下地狱，就让他去做翻译吧！"当我们以"我不下地狱，谁下地狱"的淡泊完成这份工作时，我们已经能够以平静的心情等待读者的宣判了，因为每一位译者和审校者都已倾尽了自己的"储蓄"。如果这份勤勉耕耘能够在民事诉讼法学的园地里播种几粒健康的种子，那么欣慰就不仅来自于译者和审校者在字斟句酌中的受益了。而这种欣慰也是我们回馈那些在本套丛书制作中给予过关注和帮助的同道者的唯一方式——在这些尊敬的同行中不能不提的是共同主持本项目的张志铭教授，以及为本项目奠定基础的"民事诉讼法学者国际研讨班"和"比较民事诉讼法研讨会"项目的主持人江伟教授和课题组全体成员。

傅郁林　谨识

2005年7月15日

译序

在美国，上诉程序与初审程序无论从规则、实务还是理论研究来看，都是两个泾渭分明的领域。在美国联邦程序规则中，《联邦民事诉讼程序》（*Federal Civil Procedure Rule*）与《联邦上诉程序》（*Federal Appellate Rule*）是各自独立的制定法。我们通常见到的以“美国诉讼程序”为标题的书目（包括教科书在内）和文章，往往都不包括上诉程序内容。甚至从事“民事诉讼法”研究和教学的美国学者和教授，甚至对美国上诉制度都不大触及。这与我们习惯的本国及大陆法系各国的程序法模式显然不同。

在美国研究上诉程序制度的大量文献中，第一类是从宪法学、行政法学、法理学、政治学视角对最高法院（特别是联邦最高法院）的政治功能的关注、对法院判例的分析评论、对联邦最高法院法官制度和法官个人的研究等；第二类是类似于“律师指南”的对于上诉庭审即口头辩论技巧的培训；第三类是对美国30年来上诉法院遭受的案件压力以及联邦—州两套司法体系的上诉程序和审级制度在回应压力时发生的结构性改变和内部司法行政改革的关注。本书则从理念和技术两个层面，从法院功能、律师代理和法庭裁判三个角度，并且观照到法学院学生、法律外行和新闻媒体多个维度，全面、系统地讨论上诉程序运作的具体细节和互动过程。在我几度到美国访学的经历中，在我几年来始终关注上诉程序和审级制度的视野中，这一风格的作品并不多见。所以，尽管本书出版时间较早，我还是决定选择本书列入本套丛书，因为本书比较符合我国读者对于“诉讼程序”研究著作的期待，因而也适宜本套丛书的宗旨和定位。就本书所涉及的核心内容而言，美国上诉程序的动作过程近几年来并未发生什么变化。本世纪以来上诉法院风起云涌的改革，主要是在司法行政管理方面，特别是本书出版前即已引入多年的参谋律师（staff attorney）对于上诉案件程序分流的影响日益增加。有趣的是，以近年来的现实对比本书10年前对未来的展望，恰恰印证了作者把握制度发展趋势的准确直觉。

本书作者作为在联邦上诉法院工作20年之久的上诉法官，为读者观察法院裁判形成的过程提供了一个权威的内部视角。这是中国以法院为中心的司法制度研究和司法制度改革所迫切需要的信息。相比于美国初审程序，其上诉程序中职权主义的特征、书面主义的风格和集体（协作）决策模式，至少在表面上与中国中级法院以上的诉讼程序有着更多的相似性，因此比较研究的意义和借鉴的可能性更多。然而，我从来不认为，比较研究的意义在于简单地评价制度的优劣，或仅仅在于借鉴或移植，恰恰相反，观察、比较相异性并考察其成因，从原理上探索就里并审视自我，在制度内部发现解决问题的不同路径，可能是比较研究的更重要价值。本书用大量篇幅详细描绘了法官如何对待律师提供的案情摘要（法律理由书）、如何在合议庭内部进行交流和决策、如何运作庭审和制作裁判文书（法律意见书）的全景，并以自己所在的法院为主，兼顾地介绍了不同法院的风格差异，这些信息，相信对于我国读者都是非常新鲜而有益的。

本书的另一特色，是作者虽为联邦法院的上诉法官，却充分意识到州法院在美国联邦主义体制两套司法法系中举足轻重的角色，但在美国研究者中并未受应有的关注，这也是我国进行的美国民事诉讼研究中的一个突出缺陷。本书对州法院虽然只作了一般性介绍，只通过寥寥数句强调了州法院的重要性，并未太多涉及州法院上诉程序本身的运作过程，但作者的问题意识和背景性铺陈，却一方面有助于理解美国联邦上诉程序得以如本书所述的方式运作所需要具备的前提，另一方面有助于意识到美国之大、之复杂、之差异，而不至于坠入“一叶知秋”的思维误区。

本书的又一特色，还包括将美国上诉程序制度与作为其渊源的英国、作为其大洋彼岸同行的法国进行了比较，特别是从制度形成的历史背景和动态发展的维度，清晰地展现了美国当代上诉程序的特点及其历史逻辑，无意间为中国研究者避免不问语境地讨论“借鉴”或“移植”美国模式提供了友好的警示标牌。本书的翻译断断续续持续了3年，翻译本书期间我的另外两个工作重点，一是在加拿大蒙特利尔大学访学期间观察普通法系国家最高法院上诉（实际上是申诉）制度，并随后参加翻译和审校了本套丛书中的《美国最高法院案件受理程序》，二是长达两年参加校对本套丛书中的《法国民事司法法》。这一过程更让我领悟本书在上诉制度比较研究方面的独特贡献。

在翻译过程中得到了我在北京大学法学院两位优秀研究生的帮助，在此一并感谢——如今已成为上海市浦东区法院法官的许懿女士承担了第四章的初译；如今已成为法制日报社编辑的韩玉婷女士应我要求，以挑剔的读者的标准通读了全书译稿，并提出了认真的、有水准的修改建议，她还帮助我完成了目录、图表、脚注、索引等技术性整理工作。本书编辑彭江先生令人钦佩的敬业精神，副总编张越女士一如既往的支持和耐心，更是我作为本书译者和本套丛书主编的莫大幸运。

傅郁林

鼠年初一于圆明园花园

前　言

在戏剧开幕之前，有几句话可能有助于设置舞台。对于本书从何处开始，试图涵盖哪些内容，以及如何服务于各类读者，读者应当有所了解。

第一节　笔者的镜头

本书中有几页包含了笔者对上诉法院体系的反映，亦即那些在其中服务的——律师和法官——和其为之服务的人们。这些映像是透过两个镜头来摄取的：第一个镜头，基于上诉法官的经验，这个镜头将聚焦于口头辩论（oral argument）* 和上诉的判决（decision），这是以过程为取向的。这是对我近30年来通过观察律师和与法官共事的所思所想的一次总结。

第二个镜头是笔者在联邦政府的三大部门——作为一名国会议员、作为一名国际发展机构（Agency for International Development）的副部长，以及作为一名上诉法院的法官——工作的阅历。这个镜头的视野比较宽，是以制度为取向的。它将目光投向了我们的上诉司法体制，拍摄这一体制在州法院和联邦法院作为一个整体中平等合作的两部分之初始概念意义上，以及当这些法院的健康和独立受到威胁时，所体现的基本价值及其在与之匹配的制度中所扮演的角色。这一影像是对所有的公民——学生、律师、法官、新闻工作者，以及作为外行普通百姓——都会关切的思想和概念的总结。

---

* 在美国民事诉讼法中，口头辩论称为 oral argument，又译为上诉证审，或言辞辩论，与初审庭审（trial）差异很大。——译者注

第二节　写给读者的话

这两个镜头展现了在我们的上诉司法制度中的所有参与者和受益者之间的相互独立的鲜明影像。法律执业者们需要善解人意的、有良知的法官；法官们也需要能干的、合作的律师；二者都需要有智识的、关切的公民们的支持；而除非各大专院校向其学生、新闻工作者们向其读者灌输/注入一种至关重要的评价、欣赏和支持的基础，否则就不可能产生达到一定数量的这样的公民。

在说完上述这番话之后，我还想分别给不同群体的受众一句赠言。

一、写给作为法律外行的普通公民——无论在学院内外

在此，我向那些正在主修非法律专业和政治学专业的本科生以及所有同龄公民说句话。每一个公民不应当仅仅一般性地了解我们的体制，而且要更深入一点看到律师们和法官们在上诉程序中提起诉讼和裁判案件时是如何做的。从长远来看，公民们关于律师和法官应当或不应当被期待去做什么的感觉，将成为塑造/形成制度的理由（course）。这一感觉成为一种信息来源是至关重要的。

除此之外，还必须提出更为根本的一点，即使这样说显然是有风险的。那是一位朋友以温和的提醒使我意识到的问题，即，我要说的一切都包含在这一命题之下：上诉是文明的司法制度中一项具有致命意义的重要部分。并非每个人都赞同这一命题。如今，一种由于诉讼成本、诉讼迟延、日益膨胀的积案所导致的不幸普遍存在，特别是基于“技术性”缺陷而对陪审团的刑事裁判的偶尔再审（new trial）通常意味着宪法性权利扩张适用于一些我们认为不享有这项权利的人。在这种背景下，如果为了抑止上诉的吸引力而提出取消或至少减少上诉的观点并不奇怪。

上诉权仅仅是富裕的后工业社会所能支付的一种奢侈享受吗？在附录中，我提供了“历史上的上诉理念”梗概，简要介绍了自古代以来世界文明

国家对于将案件提交“更高一级法院”寻求获得正义的第二次机会的努力所作出的回应。大多数文明国家已经找到了一种回应某种上诉的机制。然而，直至最近，某些国家仍没有这种机制。在前苏联，上诉常常被污染了，或者享有一切权力（全权）的检察官打给法官的一个电话可以使上诉变得没有意义（这被称为“电话司法”）。公民完全听候法官的慈悲，而法官则可能是专制的、有偏见的、无能的、懒惰的、恣意跋扈的。

即使在更“文明”的社会，没有任何上诉的权利也会导致对正义/司法的嘲弄。如果一位法官将关键事实认定错误或者推导出不适当的结论，在审前证据开示或交叉询问中太快地切断一方当事人的活动，没有阅读大多数相关判例，或者律师没有代理资格或者代理得很糟糕，或者陪审团受到情绪左右或带有偏见，那么即使是作为非法律人的读者也会感受到，由这些人运作的审判时时蕴藏着不公平的可能性。这就是为什么上诉权利可以被称为司法/正义的制轮楔（linchpin）的原因。正如用制轮楔可以控制车轮不会滑动脱离车轴一样，上诉的机会使得代理人、法官和陪审员的决定过程保持在合理的拘束范围之内。

二、写给法律专业学生和法律执业者

在对于什么样的书面和口头辩论才算好或坏提出我的思考时，我不想面面俱到，但我试图指出某些亟待弥补的亏空，并尽我本人的经验所及提供一些有用的洞察。除此之外，我尝试探究和披露我本人作为法官时的行为，因为我相信，律师对于法官如何思维和反应的理解越多，他们的代理就会越成功——就像鱼的想法可能正是渔夫的利益一样。我还致力于探讨了联邦和州的司法制度的某些领域，因为我感觉到司法制度保持独立和活力对于未来一代的律师一定有更大的好处。

然而律师和法学院的学生们可能会问一个问题：不期望从事很多上诉业务甚至根本不准备从事这一业务的律师和法学院的学生们为什么也应当对此主题感兴趣？

为什么“有造诣的律师”都应当形成对上诉程序的感觉，其理由是多方面的。它以许多方式支持着律师，在对当事人提出起诉建议时或在评估一件可能起诉的案件时或对案件进行防御时，在评估案件是否进行和解时，在准备和进行口头辩论时，在形成一个在上诉中站得住脚的判决时，以及在就上诉事项与同行进行商议时……律师对于上诉的感觉都非常重要。

最后，正如一位律师朋友曾经向我承认的那样，在上诉中提出法律理由书和进行辩论的机会的确很“奢侈”。其作用在于，在顶峰练就一个人的手艺，并延续一种在见多识广、专心致志的受众——法官和同行——面前挑战其技术和测试其准备程度、洞察力、表演才能的丰厚的传统，而这些受众的最讨人喜欢的评估就是一颗价值不菲的珍珠。

三、写给法官

我完全明白，所有的上诉法官在阅读法律理由书、听审口头辩论、参加合议、进行调查、与法官助理一起工作、制作意见书、与同事相处等方面都有自己的方法和闪光的智慧，我只希望我在本书中所说的话能够刺激我的法官同行们贡献出他们自己关于法律职业的想法。因为我笃信法官们通过传述他们自己的经验并披露他们自己的见解所形成的法官的效验（efficacy）有助于相互帮助，我还认为法官们应当看到影响上诉代理的时间和空间的限制和问题，法官们永远不应当忘记他们自己也曾为律师。

除这些想法之外，我还有一种特殊的冲动，这本书将促进法官们思考什么才是我们所珍视的这种上诉审查的要义。因为我们生活在一个联邦和州的上诉法院都正在进行或建议许多变化的时代，我们要把那些强化这些要义的变化与那些有弱化或挖空这些要义之威胁的变化区分开来。我确信，法官必须与他们的尊严和独立相一致，坚定地引导人们思考我们的州—联邦法院制度并采取维护和增强这一制度的措施。

四、写给新闻工作者

我将最后的赠言留给那些通过印刷或口头媒体而对这片土地上的人民的

理解和行为水准产生举足轻重影响的新闻工作者。如果他们能够看见隐含在上诉判决字面下的内容，能够发展出一种关于上诉制度的基本价值、角色、标准的感觉，能够获得评价法院和法官的质量的鉴别能力，那么其读者的赞同与支持就会更加富于见地和富有成效。在新闻自由与司法制度的健康之间存在着深远的关系，见识卓著的新闻工作者能够在感应民族/国家对于州和联邦法院的重大需求方面大有作为。

致 谢

我以感激的心情向我的债主们致谢，就像债务人提出一份破产申请一样，不过我的心情是非常愉快的。

首先要感谢美国联邦第一巡回法院的同事们。我所知道的东西多数是他们教会的，而且这种教育仍在继续着。

更直接的是我朝夕相处的合作者们。我的擅长电脑的秘书盖尔·赖斯(Gail Rice)，优雅地将我半头三桩的手稿妙手缝合成天衣无缝的作品。我的无可估价的法律助手芭芭拉·里格霍普特（Barbara Riegelhaupt）曾向我源源不断地提供圣明审慎的判决书。我的管理处（Governance Institution）的同事罗伯特·卡扎曼（Robert Katzamann）是富有成效的洞察力的源泉。我的儿子道格拉斯（Douglas）作为图绘艺术设计者，让这本刻板的书因为他那些贴切的（或不贴切的）图画而面带微笑。

还有为本书特别章节提供专家建议的马里兰大学法学院的L. 金文·罗思(L. Kinvin Wroth) 教授（第二章）、马萨诸塞州最高法院的约翰·格里尼(John M. Greaney）大法官（第三章）、我过去的法律助手芝拉·卡斯特尔(Laura Kaster）和芝加哥律师事务所的婕娜（Jenner)、布罗克（Block）（第五章)。

我还希望向我们第一巡回法院的图书馆馆员卡伦·莫斯（Karen Moss）和她的全体工作人员表示感谢，他们对那些难以搜寻的图书和文章了如指掌。

最后要感谢的是，我的编辑人唐纳德·W. 富斯廷（Donald W. Fusting）提供了恰逢其时的合作机会和至关重要的推动。

目　　录

上诉程序

上诉程序

第一章　法院的一天

在我们开始追溯我们称之为上诉程序的司法制度之前，我先邀请读者去预览 3
一下联邦上诉法院的上诉法庭。在那里，观察花一天时间进行的（多个案件的）口头辩论，你只能看到整个过程的小小片断，但那个片断却包含了通往我们稍后遇到的几乎所有事情的线索。

也许在访问上诉法庭时最困难的问题是找到这个法庭。这种法院并不是大多数人能够经常光顾的。它不是那种熙熙攘攘、吵吵闹闹、混乱无序的大都市里的市政法院，后者在走廊里都挤满了重罪嫌疑人或行为不端者、不幸福的夫妻、债权人和债务人、警察、奴仆、律师、社会工作者、书记官，偶尔也能见到一两个匆匆忙忙的法官。这种法院也不象享有一般管辖权的、适用陪审团审判的、节奏要好得多的州法院（州的上等法院）和联邦地区法院，这些法院面临的压力不那么明显，庭审可以在一种有秩序、有尊严的状态下进行，它们是最经常生产头版新闻的法院。

走过这些法庭之后，你的目的地可能是一座单独的建筑，远离当事人和新闻
界的喧嚷。也许你只能登上电梯，来到一座有点像象牙塔的楼宇，从这里俯瞰人 4
类的渺小。这里的走廊昏暗而安静，有几位书记官携着卷宗和文件踏着优雅的步履，脚步声在走廊里回响。

一扇前后摇摆的门让出一个进入法庭（chamber）的入口，法庭的高度与宽度深度差不多，富贵的胡桃木或红褐色的桃花心木嵌镶板忽闪忽闪的。墙上悬挂着一个多世纪以来曾在该法庭服务过的知名人士的画像，那些可以追溯到上个世纪的非常重要的人物，题着醒目的罗马长诗，用考究的科林斯式的圆柱支撑着，或者威仪地端坐在大椅子上面。这些画像从中世纪一直到现在，尽管仍旧身着黑袍，却有了更多的光亮、更多的非正式性、更多的色彩，甚至偶尔还有了微笑。

你们花上几分钟试一试透视他们的灵魂，猜测一下他们是否嬉笑怒骂和表现过其他的人类情感，以及何时、为何有这样的喜怒哀乐。

法庭的中央是法官席，高高在上，宽度几乎占据了整个房间，席位的正面有雅致的雕刻，虚位以待主人的驾临。下面是法院书记官的桌子，而充满神秘色彩的法官入席通道开在一个巨型书架的后面。书记官桌子的前面是律师们的发言席（lectern），很快将代理人因紧张而颤抖的双手隐藏在其背后而躲避明察秋毫的法官的目光，发言席上有一口钟、警示灯和一台与录音机连接在一起的麦克风。

书记官桌子和律师发言席的左右两边有几组椅子。除了庭上发言席之外——发言席一直通往法庭的后面——还有两张律师的桌子，此外还有一排为其他律师准备的“护栏内的椅子”。在护栏的后面是为观众准备的座位。座位并不多，因为这种法庭很少成为关注的目标。在有代表性的一天中，可能有25～30人，包括参加6个案件辩论的12名律师、几位当事人、零零落落的几个学生，还有常年的“法庭看客”（court watchers），他们来观看表演好过B级电影的上诉辩论。

偶尔也会有脉搏加速的时候。如果一件重要的保险公司、反托拉斯、环境案
5 件，或者影响媒体或公民权利的宪法第一修正案的案件（比如涉及堕胎、在公共学校祈祷这样的热点问题）要进行辩论，或者如果出手不凡名闻遐迩的律师或地方法院教授要出庭辩论，代理人的崇拜者们、有兴趣的律师们、行业的代表以及新闻媒体都会挤满法庭，法庭里只有站立的空间。

不过如今这成为司空见惯的事了。你可以找个椅子坐下来。当令人心魅的时刻逼近时，书记官拿着一盒盒的案卷款款走进来。年轻的男士和女士们手中拿着笔记本走向自己的座席，他们是法官助理。法警（bailiff）——法庭传令官（crier）——将水倒入法官案台上的杯子。一群将要获得执业资格的新律师在窃窃私语。那些预定要上庭饶舌的律师们琢磨着法官将要如何听审他们的案件。然后法庭传令官发出传统悠久的大喊：“全体起立！尊贵的美国联邦第一巡回法院现在开庭。在本庭有相关事务的所有人等可以向前靠近，请给他们让让道，他们将接受听审。上帝保佑美利坚合众国和尊贵的本庭。现在开庭。请坐下。”

然后你会享受优待看到不寻常的景观——某7位法官的一起走进。在州的最高法院，这并不是常见的，州最高法院通常全体出席（plenary）的法官是5位、7位，或更多。但是在联邦上诉法院，除了满席审判（sit *en banc*）之外，都是合议庭的3位法官出庭。所谓满席审判就是全体法官出席，当合议庭的决定被认为十分重要或者有争议时，该院的所有法官都要参加对该案的再审（rehearing）。今天的第一个案件就是这样。在大多数联邦上诉法院，景象更为可观，15位——甚至更多——法官举行满席审判，与其说象法庭，不如说象立法会议。

当第一位律师发言时，你们要屏住呼吸认真听。他代理一位有朗读障碍的医学学生，这位学生诉称医学院将其辞退的行为违反了关于为障碍者提供特殊保护的联邦法律。学校是由于这位学生在参加书面考试的多项选择题时表现不良而采取行动的。这位学生——现在称之为上诉人（appellant）——主张，根据 1973 6
年康复法案（Rehabilitation Act of 1973），学校有义务尽善意之努力考虑测试他的其他方法是否可行。学校以其系主任的陈述作为反驳，即学校的判断是没有替代的其他方法。初审法官根据诉答文状和学校的宣誓证词作出判决，认为上诉人不能证明案件成立，因而作出了支持学校的所谓“即决判决”，意即快捷地结束了原告的案件，原告没有机会将其案件提交陪审团审判。由 3 位上诉法官组成的合议庭推翻了初审判决，认定系主任的陈述是结论性的，不能使其没有其他合理的测试方法的主张成立。然而，其他法官对此决定提出质疑，其人数达到了使该案获得再审的条件。

很容易看出为什么法院要进行这样兴师动众的满席审判。有些法官明显同情那位有表达障碍的学生，这个学生很用功，能够达到现在进入医学院教育的程度已经很不容易了，他们觉得联邦制定法赋予了学校一种扩大助学范围的义务，学校有义务开展一种可替代的其他测试方法。而有些法官则觉得学校的作为已经超出了它在扩大助学范围和提供导师方面的义务。有些法官强调法律的技术层面，即无论最终的结果如何，初审法官都不应当在案件的早期向这位学生关门。还有一些法官觉得本案涉及学术自由的基本问题。实际上，法官们对于本案已经想了许多，他们相互之间争论不休，而律师们之间很难进行辩论。

满席审判的案件进行了大约 40 分钟。法庭进行了清场，三位法官的合议庭合议回来后听审这天上午的其他案件。每位法官面前摆放着堆积如山的法律理由书和法庭卷宗。剩下的 5 个案件各方只允许 15 分钟陈述，时间的压力是显而易见的。律师们只能从他们的研究中提炼出最紧要的部分将辩论塞进分派给他们的时间之内……而且这 15 分钟还是与那些不断插话和提问的法官们共同享用的。

下一个案件是针对一宗刑事案件判决提起的，该案判决被告人以出售为目的
地持有可卡因。一开始，被告人－上诉人的律师的主张似乎十分有力，他主张初 7
审法官在指示陪审团（instructing or charging the jury）时犯了一个严重的法律错误。后来年轻的联邦助理检察官首先提醒法官，上诉法官要受初审中的作证笔录、反对、辩论，以及裁定（ruling）的拘束，然后她挑出自己的简要回应：在初审期间，被告的律师没有要求法官作出不同的指示，也没有对这一指示提出反对；即使提出过反对，法官的指示也是对的；即使有错误，这一指示在整体上也是公平的，这种错误也是无害的。当上诉人的律师开始反驳时，法官只问了一个

问题：“在法官作出指示之后你提出过反对吗?”回答说：“尊敬的法官大人，我是在上诉程序中才接受委托代理被告的，我没有参加本案的一审”，这一答案似乎并没有给法庭留下什么印象。

再下一个案件比较有意思。你们已经注意到有许多看起来相当有资历的律师坐在法庭里面，你们很快就明白了其中的缘由。他们是保险公司的代理人，本案对于他们十分重要。他们把地区法官的裁决看成是对他们行业的一面警示红旗。一家小型的新英格兰工厂多年以来都把废水排放到河流中，州政府和联邦政府都起诉了这个污染者，并要求一大笔钱，现在这家工厂想适用保险政策追回这笔资金。该工厂所面临的明显障碍是：保险政策将环境污染排除在保赔范围以外。然而该工厂感觉它能够克服这一障碍，因为在排除条款中有一项例外：如果污染是“突然”和“意外”发生的，则在保赔范围之内。该工厂说服了初审法庭，相信污染物是由于15年不遇的暴雨导致的意外事件。现在保险公司和它的竞争对手们都提出抗议，如此解读政策将导致的结果是，小小的尾巴拖了大大的狗的后腿。

但是，为什么这一案件提交到联邦法院呢？尽管早期州政府和联邦政府的起诉主要依据联邦环境法，但本案在解释保险政策时仅仅依据了州法律。这是一件
8 “异籍”案件，亦即发生在州籍不同的公司之间，这种案件自第一届国会通过1789年司法法案（Judiciary Act）以来就已授权联邦法院管辖了。因此，尽管该公司在州法院提起了诉讼，但被告的保险公司基于其在另一州注册的事实，而有权将案件移送至联邦法院。

律师们提出了大量的理由，因为许多州法院都已解释过同类情形的保险条款。人们可以感觉到警示灯闪烁之后的焦虑，这是表明警告时间快到了。尽管两位律师紧张地控制着时间，但争议标的的技术性太强，简直无法听明白。

当你们观察下一件案件的特点时，你们就会提起精神来了。因为站在发言席上的不是律师，而是一位黑人前任警官，他主张自己被错误地解雇的案件，他是自辩/自辩（*pro se*）的，他的妻子在旁边帮助他，她比他更加泰然自若，口齿伶俐。法官们似乎不准备耗费这半个小时，然而当上诉人富有尊严地朗读他的辩论时——他妻子偶尔帮他一两句，法官们开始身体前倾，饶有兴趣。市政警察局的律师指出上诉人在工作中的大量表现受到了批评。但是法官中有一位表现出不满，证据如此显而易见，地区法官本来应当将案件扔进即决判决里面的（就象表达障碍那个案件一样）。其他法官一直表情冷漠，当这位法官说话时，他们却竖起耳朵，把身体探到审判台前面来听。你感觉到发表意见的这位法官事实上是

在对他的法官同事们讲话。也许今天葛利亚（Goliath）遭遇到了大卫（David）。*

临近中午了，你们开始感到饥肠辘辘了。但是还有两个案件等待着听审。不敬的想法钻进了你的脑子，法官们好几个小时都坐在那儿，除了在满席审判之后
出去了片刻之外，没有中间休息。你会想，上诉法官们——包括那些年长者—— 9
的职业要求之一是不是包括超越于常人的控制膀胱的能力。

下一次案件是劳动管理案件。这个案件不象其他案件那样上诉自初审法院，而是对联邦行政机构国家劳动关系委员会的申诉（petition），该委员会执行了自己的裁定，裁定要求一家烟草公司连锁店恢复与代表其员工的工会之间的集体谈判。该案起因于几名未受影响的工会成员努力收回工会的谈判资格，并举行了一次选举，可能选举出另一个工会。劳动委员会认定，该公司在努力收集要求选举的签名者的过程中作出了不适当的声明。该公司的律师提出了一个强有力的主张：她的客户拥有良好的劳动关系记录，从未对本案中的工会作出过任何过分行为或带有偏见，而且各种证据都表明，该工会也无法再向其员工的大多数人发号施令。但是劳动委员会的律师提醒法官们，法院必须给予劳动委员会的意见以很高程度的尊重（deference）。你们已经对陪审团与初审法官之间的尊重有了一些了解，对于行政机构意见的尊重却比较陌生。

最后在中午12:30时，法庭终于开始听审最后一个案件了。这是新一轮的折磨。这是个刑事案件，但政府方面不是由联邦助理检察官代理，而是由一位州的司法总局的助理检察官代理，因为案件来自于州法院。你很快就会听到“人身保护令”这样的词汇，并会渐渐理解州的犯人在什么时候可以基于声称违反联邦宪法而谋求自由，它们也可以用来从联邦地区法官那里获得自由。地区法官可以向看守所发出一份裁定，内含一句古老的拉丁语，意思是“你拥有自己的身体了”（you have the body）。

然而你们很快就会知道，一个人在能够打开联邦法院的大门之前，必须尽一切努力打开通往州法院的每一扇门。当一个人在联邦法院被判有罪，他必须将所
有的争点都在上诉中提出，诉求在联邦法院获得人身保护令救济的州的犯人不仅 10
必须在州法院提出所有争点，而且要在州法院寻求最后一道救济途径。用法律的行话就是，犯人在向联邦法院提交人身保护令状的申诉之前必须“穷尽”州的所有救济。然而在本案中犯人及其律师还没有做到这一点。此外，他们在其联邦

* 来自圣经中的“大卫对战葛利亚”的故事，旧约圣经里的菲利士巨人葛利亚，被大卫用石头打死。——译者注

法律理由书中所主张的13个争点中只有4个在初审诉讼中得到维护。法官们处理这样一个没有法律价值的案件显然很不高兴，他们的心情被上诉人妻子在法庭上的出现进一步扰乱了。法官们好容易才克制住自己以不受无礼行为复加的侮辱。

你们也许有点诧异，这种琐碎无聊的（frivolous）案件也要占去半小时，但大多数这样的案件还是有某种实质意义的，而且有一些案件是重要而令人着迷的。法庭直到明天上午才能休庭（adjourn）。

在这几个小时中，法院将全部法官召集在一起，而且看得见和听得着——这是整个上诉过程中唯一一次公开露面的机会。无论你们是否感觉到，这一过程的几乎所有的基本成分都已一览无遗。

首先，这6个案件反映了联邦上诉法院中案件的大致状况。整个上午从根据康复法案提出的联邦制定法请求开始，然后是对联邦毒品追诉的日常性上诉——这是一种占刑事案件主要部分的常规案件。然后就是两盘联邦法院日常“餐桌”上的小菜，一件是民权案件，一件是对联邦行政机构执行行为的申诉。再就是两件都产生于我们独一无二的联邦—州双重法院体系的案件，异籍案件涉及一州普通法对于保险政策的解释，而联邦人身保护令状案件则对州的刑事判决进行了复审。参加辩论的律师也形形色色：有来自大律师事务所的律师，也有个体法律执
11 业者，有联邦和州的检察官，甚至还有自辩为自己的案件进行辩护的非律师。

除了案件和律师的多样性以外，你们已经意识到了作为上诉程序之精髓的要素，一个是在初审卷宗里未曾出现的任何问题都不在上诉考虑范围之内。你们将逐渐掌握这一理念：当某人不服第一次判决时，如果复审决定会是公平的，那么目标就必须停止移动。

你们还要意识到另一事实，一个由地区法官和/或陪审团或者某个联邦机构作出的判决是一个深思熟虑（heat - tested）的判决，时间的压力和才能的局限都已体现在判决之中了，这样的判决不要轻易推翻。这一因素解释了法官之间“参差不齐”一词的含义。但这并不意味着对初审法院或行政裁决机构的放任，还是有一定余地能够识别他们是否滥用了自由裁量权或是犯了法律错误甚至可能创制了新法律。

如果你与这一过程没有利害关系，你总能多多少少地了解到法官和他们的助手在准备口头辩论时曾经做过些什么事情。否则他们在法庭上就没有那么多提问、活力和自发性了。你们已注意到，在某些案件中，有些法官的提问和律师的有些回答似乎打开了新的争点，将争议置于一个有点不同于辩论开始时的状态，

而在另一些案件中则没有这种情况。虽然你们当时不知道，但请你们瞥一眼在整个决定期间中的两个时间段——第一个阶段是法官在阅读法律理由书之后的印象，另一个阶段是在他们听完口头辩论之后的印象。如果案件很简单，也许最后的判决已经作出了。但是在任何一个实体判决和复杂案件中，法官都可能在探究事实和层层剖析的过程中，在某些重要方面继续改变他们的观点。

然后你们首先看到了其他力量的作用，这就是合议庭。几位法官的独特而相
互差异的个性必须经过磨合而最终达成意见一致。这种集体意见的一致性从总体 12
上说为复审另一位法官的判决提供了正当理由。推动法院的原动力是与对抗制的相遇，法官们依赖于对抗双方老谋深算的代理人的法律理由书和口头辩论，从中捕捉案情的实质。书面文字和口头语言服务于不同目的，各自有着自己巨大的优势。

也许你们还没有感觉到表演所能及的惯例和规矩的边界，但你们不会一点都没有注意。例如档案中的证据，比如说证人对问题的回答，按照公平的要求，只有在初审庭审中提出过对提问的反对时——也就是“保留过”（preserved）——上诉法院才能做记录。在上午的几个案件中，上诉中有一个关键的问题，就是准予以即决判决断然了结该案是否适当。审查的标准很严格，请求这一判决的一方当事人是否已经证明（show）没有涉及任何重要事实问题的真实争议。另一基本根据性的规则或惯例就是——上诉法院一直以来所表现出的对初审法院或行政机构的尊重程度。还有一个根据是，在上述刑事案件中，绝对必备的条件是，州的犯人在敲响联邦法院的大门之前必须穷尽州的一切救济。这些标准——不仅于此——表明，无论律师、法官或助手法官自己关于当事人的感觉或希望另辟蹊径找到创制法律之路的愿望如何，游戏都是按照特定的规则进行的。

还有一层幕布没有拉开，现在是时候了。首先，在中午之后，法官们进行了合议，他们在合议中交换意见并经常对案件作出判决。随后，他们分别回自己的办公室，与他们的助手一起进行严肃的研究工作，起草意见书并与同事们传阅和修订。正是将思想、价值判断、论理置入意见书撰写过程之中的规矩，成为也许
是一种最有效的理性的保障。除此之外就是合议庭成员之间的传阅和回复。起草 13
意见书被其他成员认为是一种受制约的授权，通过提炼语言、提出和回答问题，形成一份精确的最终成果，这是一份集体的意见——合议庭意见书。

简而言之，这种富有特色的美国上诉程序的基本要素是：

依赖于下级法院的封闭性档案

对先前深思熟虑的判决以尊重的倾向进行审查

成熟的、持续的判决形成过程
实行合议庭集体决定
非常（虽然不是完全）依赖于对抗双方的口头和书面陈述
受职业惯例和规则的限制
使判决正当化的起草判决的规矩

你们在上诉法院的一天已经给你们形成了关于上诉实务许多方面的快速成像，这就是美国当下的现状。尽管这一法院是联邦法院，但各州的最高法院的基本模式也是如此，例外的情形也就是五人、七人或更多大法官组成的全员法庭审查所有案件，这些法院不适用三人合议庭。然而，对于现行制度仅仅形成这样的简单印象，对于任何一位参与上诉程序的认真的法律职业者律师或法官而言，都是不够的。如果一个人想欣赏我们的上诉制度及其所服务的价值，并在其中练就游刃有余的技能，建议你翻开一本大影集，还有其他快照。

我们现在就翻开一本厚厚的快照，这是一本扫描现代西方世界三个主要上诉体制概况的图片。

第二章　当今世界的上诉程序

本章将环顾四周，看一看同时代的传统在现代世界中是如何决定上诉制度性 15
质的。通过这样的观察，我们能够透视我们自己的制度。历史的视角告诉我们，我们的制度并非唯一的方式，而我们的制度也不完全是“我们自己的”。我们将看到，我们在历史上从其他传统中借鉴了许多，而且仍将有所借鉴。

阿瑟·T. 冯·梅伦（Arthur T. von Mehren）教授曾经在肯定法律制度比较研究的用途时，在书中写过这样一段话：

> 比较研究……有助于我们看见我们法律制度的森林；通过提供的一种开阔视野，比较研究帮助法学家们更好地理解法律的局限性和法律的潜能。深入观察其他法律体系是如何处理某些问题的，不仅刺激法学家的想象力，而且揭示某些解决途径的强势和弱势。因此比较研究有助于法律改革，也有助于律师/法律人发现法律实务中所产生的一些问题的创造性的解决方法的努力。[1]

我们生活在一个史无前例的法律制度变革时代。自二战以来，第三世界国 16
家、加拿大、西欧各国创制了新宪法或对原有宪法进行了大幅修订。[2] 而自1989年以来的东欧社会的裂变，被赫曼·施瓦茨（Herman Schwartz）称为“重写宪法的浪潮”席卷了巴尔干半岛和中欧地区。[3] 这种洪水般的宪政改革过程在那些以前苏联为样本的共和国中一直持续到现在。新宪法的中心是缔造/创立一种实行法治的制度，涉及人权、权力分立、司法独立——以及上诉权利等方面。

---

〔1〕 Arthur T. von Mehren, “The Comparative Study of Law,” 6/7 *Tulane Civil Law Forum* 43, 47 (1991 ~92).

〔2〕 Herman Schwartz, “Constitutional Developments in East Central Europe”, 45 *Journal of International Affairs* 71, 78 (1991).

〔3〕 *Id.* at 71.

美国上诉程序的变化相对而言要小得多。即便如此，当东欧和前社会主义国家将我们及西欧视为形成他们的上诉程序模式的指南／向导（guidance）时，我们自己的制度一部分也在这种相互竞争的传统之间的不断互动的滋养中发生演进。

我们要调查并与自己相对比的两种主要的上诉传统是民法法系和英国普通法。民法法系的传统是最古老的，它最初于公元533年即出现在查士丁尼大全之中。英国普通法的源头可以追溯到1066年诺曼底人的征服。而我们的州——联邦体制最多也只有300年的历史。普通法传统也是传播最广泛的，它统治了西欧、拉丁美洲，以及非洲和亚洲的很大一部分国家和地区。英国普通法是我们自己国家的样本（model），同时也是加拿大、澳大利亚、新西兰的蓝本，也构成非洲、南亚和远东的重要部分。我们自己的制度在演变之后，已经流入了作为民法法系国家的拉丁美洲、欧洲、非洲和日本。

我们的调查并不想覆盖整个世界。我们没有同时代的伊斯兰教王国以及现在的和以前的社会主义法律（包括中国）——这些法律正处于流动时期。尽管我们将注意到我们的这三大模式之间的明显差异，但我们必须认识到，我们能够从它们那里获得的收益绝不是一星半点；民间传说与现实之间常常有很大出入。我们还将看到欧洲的新传统，这种新传统产生于欧盟的国际性司法制度，富有巨大
17 的影响力。这意味着不仅在民法法系和英国传统中，而且在那些谋求加入欧盟和欧洲理事会（Council of Europe）的所有东欧国家中，都会发生基础性的变化。

第一节　民法法系上诉传统

一、作为基础的价值

正如我们刚刚所提到的，查士丁尼法律大全是民法法系的智识开端和奠基者。[4] 按照查士丁尼的意图，将关于人、事物、义务的法律的最佳思考编纂起来，是为了取代先前的所有法律并避免将来进行修补。由于受到那个黑暗的时代的阴影笼罩，查士丁尼法律大全于1137年再次被发现，几乎与此同时，1140年开始收集和整理6个世纪的天主教会最高法庭（Sacra Romana Rota）的意见书。

〔4〕 虽然我提供了引注资料的具体页码，不过我承认对于民法法系传统的历史和实践的一般性介绍引自梅里曼教授的《民法法系传统》[John Henry Merryman's *The Civil Law Tradition*, 2nd ed. (Palo Alto: Stanford University Press, 1985)].

两大渊源——罗马法和教会法——形成了欧洲的普通法（*jus commune*）。

于是，在欧洲大陆，没有任何占统治地位的中心化的长久权力的出现，罗马—教会法律传统的精神、风格和内容就得到了广泛传播。这一革命性运动的主要代理人是大学，开始是在意大利的博洛尼亚，却弥散到斯堪的那维亚半岛和不列颠群岛（British Isles）。其概念、结构、争议标的，加之欧洲商人的共生的实用主义法律，直接汇入了影响深远的1804年拿破仑法典，并因此传承于今天的民法体系之中。

这个如此包罗万象且具有关联性和一致性的规范智识结构旨在涵盖所有的法律问题，而18世纪晚期和19世纪的革命给它增加了一个突出的角色并亟待增加其清晰度。首先，法国革命的一个相当重要的部分是针对法官——“身着黑袍的贵族”。[5] 因为法官们不仅与封建贵族沆瀣一气，而且阻挠王室的改革努力，18
他们误读法律，他们普遍向司法管理机器的齿轮里扔沙子。当革命的硝烟散尽时，已经确立了几个方案，其中之一是制约法官，对政府的权力进行明确分立。只有立法者享有造法权力。法院在个案中的判决不是“法律”，对于未来没有先例的地位。行政法院实行分立体制，与司法权力的结构分开设置。

这种复仇性的分权的结果是法官角色的萎缩。法官仅仅是适用法律，他们不能审查立法，而且他们不能解释制定法。法官自己变成了公务员，他们在通过考试后进入司法职业，并在逐级晋升的体制中工作。他们与一般公务员一样享受着尊重，但仅此而已。

在大革命后熊熊燃烧着的热情之中，以下两大原则导致了拿破仑法典的产生：严格分权，将造法权统归立法机关；对法官专权的深深恐惧。[6] 约翰·H. 威格莫尔（John H. Wigmore）教授是这样描述这一历史性努力的：

> 这些法典（民法、刑法、商法，以及民事和刑事程序法）的创制是到那个时代为止的所有历史中最理性的，而且这种理性贯穿了它的整个过程。相比较而言，查士丁尼承担了表面性的和机械性的任务，而拿破仑法典则是一个代议政治方法的样本。法兰西的全部法官和律师所都参与了创制过程，召开了无数次职业会议，起草了数以百计的报告，法典草案在不同的立法实体中持续地和分阶段地讨论。印刷出来的法典条文（proceedings）多达40卷。

---

〔5〕 *Id.* at 15.

〔6〕 *Id.* at 28.

> 拿破仑自己亲自主持了许多讨论，而他的意愿或多或少地塑成了这部法典。[7]

拿破仑法典迅速在欧洲被大多数国家翻译和效法，就象1300年以前的查士
19 丁尼一样，它的目标是要重述所有过去的法律，提出一个自洽的、自足的法律宝库，使得律师们无用武之地。约翰·亨利·梅里曼教授称之为“时代的狂暴的理性主义（rationalism）”导致了一部法典包罗万象、一气呵成、清晰度达到“如此程度以至于法官的职能将会被限制在选择法典中可用的条款并在案件的具体语境中赋予它显而易见的意义”。[8] 于是，民法法系传统的主要特点是律师和法官们对特定的法典化的法律制度的依赖。在实践中，应当承认，民法法系的法官的确指望适用法典条款来作出判决，这些判决不是作为有拘束力的先例，而是作为“在诉讼中积累智慧的例证”。[9] 然而，对于司法功能的传统印象（image）是，它过于“狭隘、机械、没有创造力。”[10]

二、初审和上诉：书面审理

这一系列的价值和态度广泛传播并常常植根于民法法系的辖区之中，它规制着上诉程序。决定性的门槛是初审程序本身。民事案件和刑事案件都实行阶段性的审理，这种审理不能等同于我们对于“庭审”（trial）这个术语的理解——按照我们的理解，庭审是单一的、集中的和口头的。在民事案件中，首先提交诉答文状并指定一名听审法官；然后，经过一段时间之后，听审法官收集证据并准备一份书面的概要档案；这一档案随后传递给其他法官，由其他法官根据档案作出判决。当案件进入上诉法庭时，整个档案都随行至上诉法庭，在终审上诉法庭未审查全部档案之前，“审理”不能被视为已经结束。[11] 刑事案件以同样的步骤进行：根据检察官的指示进行的调查阶段；核心的调查阶段——在此阶段审查的法官准备一份证据的全面书面档案；判决阶段——由其他法官或一个陪审团进行判决。如果由陪审团进行判决，则档案提交陪审团，同时提交律师的辩论。

---

〔7〕 John H. Wigmore, *A Panorama of the World's Legal Systems* (Washington, D.C.: Washington Law Book Company, 1936), pp. 1027, 1031.

〔8〕 Merryman, *supra*, note 4, at 29.

〔9〕 I am indebted to L. Kinvin Wroth, professor of law and, *inter alia*, legal historian, University of Maine School of Law, for this happy phrase. Letter to author, July 17, 1992.

〔10〕 Merryman, *supra*, note 4, at 38.

〔11〕 Martin Shapiro, "Appeal", 14 *Law and Society Review* 629, 647 (Spring 1980).

律师的角色在任何情况下都是有限的。以下是我从自己的日记中摘取的一 20
段。我曾经访问过巴黎的法院（Palais de Justice），并顺道参观了一个小审法院（*tribunal d'instance*），当时一位独任法官正在主持审理一件小刑事案件。

> 法官是一位头发打理得干练利索的女性，灰白的头发软柔蓬松，戴着窄边眼镜，因为年轻的女律师试图提出在“卷宗”（dossier）之外的事实而大为光火地斥责她，这一法院，尽管位于最低等级，却十分考究，镶有镂花，在法官的后面还有一个代表法兰西共和国的军事油画。我认为，法国的装备，即使是最低层级的法庭（至少在巴黎），也要比我们的法庭更有尊严。

可以轻而易举地看出，我们体制中上诉法院所面临的许多问题要么他们没有提出来，要么一定是不经常提出来的。很少有诸如证据的裁决、就证据开示或证人资格问题进行的裁决、或者交叉询问的范围这样的问题。证据规则变成为不可辩驳的假定。对于书面记录的强调减少了法官或陪审团在这一阶段证人的举止证据方面的裁量权，至少在原则上法官不会援引衡平原则，因为这样做会导致不确定性。

在初审层次上对于判决范围的这些限制受到了在上诉审中缺乏遵从原则*的弥补，上诉法庭不仅要审查法律问题，而且可以重新考虑证据，甚至可以接受追加的证据。上诉法院不仅要发出一个全面陈述理由的意见书，而且要以全体一致的方式发出这样的意见书，因为单独制作不同意见或并存意见会背离确定性的目标。然而，即使如此，意见书仍然对其他案件没有拘束力，遵从先例原则（亦即早期判决对后期判决发生影响）是不受承认的。这是民法法系传统的另一特点。

以下是从我日记里摘录的另一片段，是关于一件由传统的三法官法庭审理的刑事上诉：

> 三位法官一定为了一位现代杜米埃（Daumier）** 进行过不同凡俗

---

* 在普通法系，上诉法院对初审法院的裁决遵循“遵从/尊重”（deference）原则，这一原则有特定的内涵。按照这一原则，上诉法院对于初审法院对于事实问题、法律问题、裁量问题实行不同的审查标准。——译者注

** 杜米埃是一位著名的漫画家和版画家，同时也是一位油画家和雕塑家。他于 1808 年出生，1830 年起便以绘制卡通画谋生。1832 年由于为国王路易·菲利普画漫画而被投入监狱。他是与德克罗历、米勒、柯罗齐名的画家。

> 21 的准备。被告被指控为正在图谋入室行窃的同伙，被警官抓获时他曾试图逃跑。他的律师是一位金发披肩的年轻女士，口齿伶俐，步履轻盈，说话时爱用手势。我的向导说，他认为律师们在刑事案件中对于发掘事实无关紧要，通常都是照着他们的诉告文状根据具体情形略作变通。检察官也是一样。
>
> 就象在美国一样，检察官选择了干巴巴的、慢条斯理的、不冷不热的讲解员的角色。法官在当天晚些时候会宣布判决。我认为被告的脚被套住了，不过不是因为他的律师缺乏能力或精力。

不服判决的被告有权寻求进一步的复审，但仅限于法律问题。这种复审的模式被称为“撤销”，亦即将案件提交撤销法院即最高法院（Supreme Court of Cassation）。正象其名称本身的含义一样，撤销的本意是打碎（*casser* means “to quash”），这一法院原来仅限于撤销下级判决，而解决这一事项必须经过进一步的审理程序（proceedings）。现在这一法院可以承担另一职能，即表明法律应当如何。然而，决定实际案件仍须留待下一级法院的调查。[12] 德国模式被称为更审（revision），允许最高法院不仅撤销不正确的判决和给出正确的解释，而且“更正”下级的判决而不必经过进一步的审理程序。[13] 马丁·夏皮罗（Martin Shapiro）教授将上诉意见书的“民法法系的基本风格”描述为“不引证先前的判例、不提出扩大解释或分析、不表明可替代的其他方法、也不解释为什么要选择这一个而不是另一个的理由”的单一的非个人的意见。[14]

我们一直在审视的是民法传统中一般法院体系的上诉程序。在另外两个重要的上诉领域中还从整体上维持了分道体制，一个是对行政机构决定的审查制度，它承认必须对行政程序和决定进行控制，即使一般法官不会被赋予造法权力。其
22 解决途径就是在司法体系之外设立一个独立的法庭（在法国就是 Consel d'Etat or Council of State）或者行政法系体系，这一法庭或法院体系可以创制具有普适性的行政法。

一种类似的方法就是设立一个独立的分支和在一般司法体系的领域之外的法院，负责宪法审查。这一审查过去在民法辖区内几乎是不存在的。然而，在第二次世界大战之后，这类法院成为了时尚：法国非司法性的、政治性的宪法委员会

---

〔12〕 Merryman, *supra*, note 4, at 40.

〔13〕 *Id.* at 41.

〔14〕 Shapiro, *supra*, note 11, at 653.

(Constitutional Council)，德国、意大利、西班牙等国家的司法性宪法法院。这些法院被授予排他性的特权处理制定法的合宪性问题。当这一问题出现在普通诉讼中时，在问题提交宪法法院审查时，所有的诉讼程序即行中止。这是“意外”的程序，涉及一个特定的“案件或争议”。对合宪性的“直接”攻击或审查标准可以由政府机构或个人启动，甚至不必以存在一个案件或争议为前提。从这个角度看，民法体制下审查的范围要比我们美国体制下的审查范围更广泛。[15]

尽管如我们下面所述，当今的现实已经与古典的民法模式不那么相符了，但在民间却仍然持续存在。而且正如梅里曼教授写道的那样，传统的模式“赞美着学者，迎合着立法者，影响着法官”。[16]

第二节　英国传统

一、作为基础的价值

如果说 18 世纪晚期和 19 世纪赋予了民法法系占主导地位的特征——原则化的（principled）和详尽的法典、没有先例效力的判决、学者的主导性、议会至上、对法官的不信任——那么 17 世纪则给英国法提供了创造性的模具。[17]

当然，一个在长达几个世纪中一直在建立的基础，挣扎着从几个偶尔挣脱程
序规则和独裁者的法院的管辖权中破土萌芽，但尚未形成一个结构。普通法的智 23
识传统产生于 12 世纪和 13 世纪，用冯·梅伦（von Mehren）教授的话说，它依赖于“这样的政治事实，即早在西方社会开始将法律视为一种理性的规则和原则之前，英国已经建立了一个有效的、集权的司法行政体制……”[18] 教授律师的业务留给了律师会馆（Inns of Court），而不是学者。普通法是由法官在一个一个案件中形成的法律，其精华在于解决问题而不是宣示一项理性的原则。

在这一基础之上的，是英国人独一无二的发明——不成文宪法，其本身也是革命性的实用主义的丰碑。正如一个英国大律师所言，没有一份文件。“我们的

---

〔15〕 Merryman, *supra*, note 4, at 140.

〔16〕 *Id.* at 84.

〔17〕 在上诉程序的语境下，我用“英国传统”这一术语，是指适用于来自威尔士和英格兰上诉案件的制度和实践。我没有指整个大不列颠（Great Britain）——大不列颠还包括法律制度与前二者有重大差异的苏格兰。除了在指称它与欧洲组织之间的关系时之外，通常我也不是指大英帝国（United Kingdom）——大英帝国还包括北爱尔兰，来自后者的上诉也会到上议院。

〔18〕 Von Mehren, *supra*, note 1, at 44.

宪法条款必须从大量原始材料中采撷”，包括习惯、判例、制定法，甚至法学家的著作。[19] 决定在这些材料中会产生什么结果“仍然在很大程度上取决于个人意见”。[20] 应当指出的是，所谓“个人意见”是一种在司法结构中占据高位的一小群精英公民高度规矩化（highly disciplined）的意见。

在这一基础上，1688~1689 年的英国革命牢固地确立议会凌驾于皇室之上的至高地位。1701 年的《王位继承法》（Act of Settlement）将法官可以随意免职的观念扔进了历史的垃圾堆，确立了法官享有终身任期、仅仅因为不良行为而被撤职的原则。据此创造了“（英国法的）两大孪生支柱……享有全权的议会和独立的普通法司法体系”，二者互不干涉。[21]

如果二者是孪生的，那么二者就不是同一的（identical），但它们的确是兄弟，因为议会的至高无上在所有领域中都占据了主导地位，包括象权力的分立、立法的有效性、个人权利这样的“宪法性”问题。至高无上意味着在理论上对
24 议会通过法律的权力没有任何限制，意味着议会的法案可以改变宪法，意味着议会没有可以拘束或受到其他议会的拘束（no Parliament can bind or be bound by another Parliament）。这一原理的永久权力可归结到一个世纪以前的一位富有影响力的学者戴西（A. V. Dicey），根据一位学者的观察，戴西有一种坚定的信念：“英国绅士们只会通过在道德上可以接受的法律。”[22]

议会至上在几个方面影响了司法制度。首先，正如帕特里克·阿蒂亚（Patrick Atiyah）指出的那样，“在英国法律中没有象违宪的制定法这样的东西……”[23] 其次，英国法院不是活动家，他们不关心政治，认为自己受先例约束。他们认为允许“造法”存在的法律漏洞是“相当少和频率很低”的。[24] 部分原因是议会顾问办公室（Office of Parliamentary Counsel）起草的法律在保持与传统一致性方面的技术炉火纯青，其技巧为司法界所周知并受到他们的高度尊敬。[25]

---

〔19〕 D. C. M. Yardley, *Introduction to British Constitutional Law*, 6th ed.（London：Butterworths, 1984）, p. 3.

〔20〕 *Id.* at 4.

〔21〕 Sir Douglas Wass, Foreword, in Ian Harden and Norman Lewis, *The Noble Lie*：*The British Constitution and the Rule of Law*（London：Hutchinson, 1986）, p. ix.

〔22〕 Patrick McAuslan and John E. McEldowney, eds., Law, *Legitimacy and the Constitution*（London：Sweet & Maxwell, 1985）, p. 59（comment of Professor McEldowney）.

〔23〕 Patrick S. Atiyah, “Judicial-Legislative Relations in England,” in Robert A. Katzmann, ed., *Judges and Legislators*：*Toward Institutional Comity*（Brookings Institution：Washington, D. C., 1988）, pp. 129, 134.

〔24〕 *Id.* at 135.

〔25〕 *Id.* at 156.

尽管实行议会至上，但法官的角色所受到的尊敬的程度也远非民法法系国家的惯例所能比，而且由于他们人数很少，一般来看其地位也非美国法官所能比。英国司法制度由大约 400 名巡回法官构成，他们处理大多数民事和刑事初审案件；大约 85 名高等法院的法官，他们审判最重大的案件；大约 28 名上诉法院的上议院大法官（构成上诉法院）；在顶端，是首席大法官（Marster of the Rolls）和 10 位一般管辖权最高上诉法院大法官（Lords of Appeal in Ordinary）［上议院的上诉委员会（Appeal Committee of the House of Lords），相当于美国最高法院］。所有的法官都是根据大法官（Chancellor）的推荐而由国王任命的。高等法院法官和上诉法官同属一类，一位学者是如此描述他们的：

> 他们都是男性，都是白人；他们都是从下面的高等法院晋升上来的，都有过大律师的工作阅历，都上过牛津或剑桥。此外，大部分人都上过专属性的私立学校，所有的人都经过四家律师会馆之一的社会化培训……[26]

正如这个对英国司法人员的分类所提示的那样，上诉的世界（universe）要 25
比美国小得多，英国的人口要少得多，地域范围和影响区域也小得多——其面积只有纽约州那么大——加之没有联邦主义的复杂性，这些都为之提供了部分解释。

英国上诉法院中的 28 位皇家上诉大法官与美国 179 名联邦巡回法官、356 名州最高法院大法官、833 名州中级上诉法院的法官形成鲜明对比。[27] 这种巨大的差异促使我 1986 年对英国上诉法院进行了一次访问，当时我了解到所有的皇家上诉大法官都有他们自己的办公室，办公室在一簇顶篷下，法官们每月一次地聚在一起“侃大山”，聊一些行政事务和政策事项。另一种区分规模的方式就是上诉法院审理的案件的数量。1986 年上议院大法官罗格·帕克（Roger Parker）告诉我，为了与顽固不化的案件积压问题作战，上诉法院每年要听审 800 件案件，只有 75 件进入上议院（House of Lords）。美国 1992 年 47 013 件案件提交到 13 个联邦上诉法院，[28] 1990 年 238 007 件上诉至州上诉法院，与此形成强

---

〔26〕 Barton Atkins, “Interventions and Power in Judicial Hierarchies: Appellate Courts in England and the United States,” 24 *Law and Society Review* 71, 81 (1990).

〔27〕 See Chart 2 in Chapter 3.

〔28〕 *Id.*

烈对比。[29]

上诉世界的不同规模并不能仅仅由人口规模的差异来解释。1963年，在有趣的交流发生——美国律师和法官访问了伦敦的英国法院，而英国的律师和法官则观察了美国联邦和州的上诉法院——之后，时任司法行政协会主任的德尔马·卡伦（Delmar Karlen）教授把上诉数量的过少归因于“初审阶段的诉讼数量较小，对初审法院的满意度较大，由于费用制裁而抑制了无益上诉（败诉者要支付自己和胜诉方的成本），以及高度负责的律师界。”[30]

罗伯特·马蒂诺（Robert Martineau）教授在25年后又发现了一个因素，他
26 花了3个月时间在伦敦研究上诉制度。然后描述道，美国与英国上诉实践的一个主要差异是，英国制度有一种故意限制上诉权的倾向。他引证了四个新的法律条款：1959年郡法院法案，允许规则委员会定义允许上诉所要求的裁定的类别；没有给予或拒绝这种许可的调卷令；将给予或拒绝这种许可的权力授予初审法官或独任上诉法官；该独任上诉法官作出的决定当事人无权请求审查。[31]

撇开规模的比较不谈，在上诉的性质上英国与他的普通法堂弟美国也有显著差别。如果说民法法系的初审和上诉是书面语言的一次一次的集合，那么英国上诉传统的要义就是在公开的法庭上法官与律师之间的几乎是绝对口头化的过程所构成的单一事件。“全面口头化”是学者们描述这一传统的标签。[32]

二、上诉法院：一次口头辩论经历

以下是我从日记中摘录的一段几年前我对于伦敦上议院大法官法院的上诉法庭审理一宗民事上诉案件的观察和印象。我认为这些过程阐释了英国体制的主要方面。

> 上午10：30，我们被带入上议院大法官A的法庭，在窄小的包厢中一张精巧的椅子上就座。这个包厢很小，没有窗户，富贵的黑木镶嵌得错综复杂，有一些为旁听者而设的有坡度的座席，一个隔开出庭律师空间的护栏，与旁听席相对的是安放书记员桌子和法官座位的斜坡，在

---

〔29〕 *Id.*

〔30〕 Delmar Karlen, *Appellate Courts in the United States and England* (New York: New York University Press, 1963), p. 140.

〔31〕 Rober J. Martineau, *Appellate Justice in England and the United States: A Comparative Analysis* (New York: William S. Hein, 1990), p. 43.

〔32〕 *Id.* at 101.

它之上是从天俯冲而降的木制顶棚。

大法官A和一位很老的同事戴维B先生（约摸83岁高龄，已退体，没有法官办公室，但随时应请求而出庭）进来了。律师一位是40出头的年轻人，另一位比他大几岁，是位（在我看来）有点迟钝，但比他自信一些的家伙。

案情是这样的：原告暨上诉人诉《伦敦观察》，称诽谤他们的商业团体与X先生合谋，而X先生与“组织团伙犯罪的人物”合谋已广为 27
人知。该报努力引入一本厚厚的报纸“剪贴”簿作为证据，以表明X与那些广泛报道的吗啡“头目们”交往甚密。被告提交证据证明，那些“人物”的确犯有几项“组织”性质的罪行，但剪报（或剪贴）还包括了几项其他犯罪，却没有提交相应证据。

上诉人主张，提交大法官A的剪报的范围明显太宽泛了。上诉人的律师从上午10：30说到11：40，把法庭从诉答状导向剪贴簿。在一段在我看来毫无感觉的时间之后，大法官A跟他的同伴（brother）耳语了一会儿，说，“我们已经倾向于认为，下面提供的（比如提交整本剪贴簿作为证据）过于宽泛。这是案件，我们建议你坐下，压住自己的火气，除非你的对手成功地改变了我们的看法。”

于是被上诉人架起他面前的讲台。他显然是在顺坡上山。大法官们已明显地指出，上诉人关于X意识到犯罪人物的已报道的犯罪共谋的主张应当限于已为其他证据所证明的范围之内。

被上诉人的律师花了半小时一遍又一遍地重复他的这些内容——声名狼藉的问题已经与实际犯罪的证明问题分离出来了，他毅然决然地说，“尊敬的大法官，已经到了每个人都明白没有什么可说的时候了，也许我已经说得太多了。我得打住了！”

大法官A随后对案情、争点、主张以及他个人关于剪报的收集过于宽泛、应当削减为只包含有关已经证明的犯罪的资料的结论，提出了一个睿智的、即兴的总结。退休大法官B发表了一个简短的支持这些评论的讲话。

这一上诉案件从开始到结束所占用的时间是两个半小时，比中间的时间差不多一整天要短得多。一天的辩论从上午10：30开始，断断续续地持续到下午4：15，中间间隔了午餐一小时，与美国一个半小时的辩论时间相比，浪费了4小时零45分钟。[33]

28 这一过程承载的大量隐含信息表明其区别于美国传统。首先，法官除了一名非法律人做助手之外，没有工作班子的支持，而这位助手没有法律、大学或文秘的培训背景。他的职责是个人性的，类似于英国军官的传令兵。[34] 既然法官几乎所有的时间都在法庭上，因此也没有时间跟法律助手切磋。既然法官的意见是口头送达的，也就没有给秘书做的了。即使是上诉法院的法官也没有这些助手，他们甚至必须在通信时申请秘书处（a secretarial pool）的帮助。

此外，有大量的情形用于防止先入为主，不过最近已采取了一些措施来弥补一些缺陷。首先是基本上不接受美国概念上的法律理由书。其次是在辩论之前几乎没时间可用于阅读理由书——即使有理由书的话。最后是，辩论结束后法官之间几乎没有时间进行商议、反馈和写作。

比如在以上讨论的案件中，我对于结果颇感不安。我怀疑在美国因其第一修正案的存在将指示出另一结果。根据源于纽约时报诉沙利文案〔New York Times v. Sullivan, 376 U. S. 254（1964）〕的判例，报纸发表的评论无论是否准确，只要没有恶意诽谤，就是受保护的。即使不考虑第一修正案，我也会再三考虑这个案件，阅读其他判例，跟我的助手讨论，与我的同事进行完全私人化的交谈，在向全世界宣告我们的决定之前反复制作和修改一个意见书。在我的一篇文章中我这样叙述最后的反思："我的感觉是，我们的制度更多地依赖于像我这样平庸的熟练工人（journeyman），而不是像高级抵达英国教育高端的上等产品。这种制度拥有可估量的品质，如果不是傻瓜型（安全型）（foolproof）的，至少也是傻瓜最小化型（最大安全系数型）（foolminimizing）的。"

也有一些冰川融化般的变化。在1960年代的盎格鲁—美国交流之中，英国
29 法官们在听审前阅读相关材料方面进行了一次短命的试验。这被认为不是一个好主意，提前阅读太有可能妨碍法官在辩论中保持开放的头脑。[35] 但自1982年以来，有几个变化被制度化了。自从1989年之后即要求进行"概要辩论"（skeleton argument），不过在美国感觉上并不简要。其意图是"要确认不对要点进行辩论"（to identify not to argue the points），应当相当简短，陈述主要权威根据和相应页码，就事实争点提供相应案件材料的页码。[36] 律师向大律师提供的"法律

〔33〕 *Id.* at 192.

〔34〕 *Id.* at 67.

〔35〕 *Id.* at 128 ~ 30.

〔36〕 *Id.* at 325.

理由书”，包括诉答状、关键书证、事实归纳、证人陈述及其他有用的材料。[37] 还要求提交一份书面日程表。自1982年以来，上诉法官在司法年度不再每周出庭5天，而是将第五天留出来阅读、思考和写作。[38]

这几乎不能算是一种休闲生活。在1985年提交议会的一份报告中，高薪审查委员会提到了提供和增加“阅读时间”的事情，但是，大法官们自己声称，这种规定带来的任何裨益都大大超过了增加了他们负担的程序上的变化。[39] 我自己的一个突出印象是，我所遇到的英国上诉法官们掩饰了他们被看到的假象，他们非常辛勤地工作，晚上在家加班，一周要工作6天。

最后值得一提的特征是先例形成的方式。我们已经提到，在同一案件中法官们可能提交几个意见书。最后在法律书籍中出现的，不仅取决于编辑的内容，而且取决于一个大律师小组的实体判决书（judgment），这些大律师将他们的天才转化为案情报告。不错，他们的判决书完全就是一审法院报告案情的司法决定（decision）。[40] 辩论的案件只有一小部分进入了永久的《法律报告》卷册，比如1986年只有5.2%的意见书发表在享有盛誉的《法律报告》之中，而13.8%的发表在广泛发行的一般系列之中。[41]

作为这种对限制的补偿，基于专业性律师事务所利益的专业性报告构成了 30
“非成文”（unwritten）普通法，不仅偶尔被作为依据，而且大律师们（和法官们）对同一案件可以在几个发表的意见书中进行自由选择。有时当法庭面临一个无视应有拘束力的权威依据的判决时，可能通过将其列入“未尽注意”（through lack of care /*per incuriam*）[42] 而弃之不用，这是我偶尔喜爱的一种技术。总而言之，英国法庭尽管在职业上严格受遵循先例的概念约束，但在处理先例时却相当灵活。

第三节 美国传统

可能正如期望的那样，在美国法律传统的发展中，有一些东西是从民法法系

---

〔37〕 *Id.* at 63.

〔38〕 *Id.* at 190.

〔39〕 Review on Top Salaries, *Report No. 22—Eighth Report on Top Salaries*, vol. 2, 1985, p. 34.

〔40〕 Burton M. Atkins, “Selective Reporting and the Communication of Legal Rights in England”, 76 *Judicature* 58, 64 (August - September 1992).

〔41〕 Martineau, *supra*, note 31, at 107.

〔42〕 *Id.* at 11.

和英国法两种模式中借鉴而来的。尽管英国传统占据主导地位，但民法法系在许多领域也留下了印迹。而且，考虑到我们与英国结盟的时间如此之长，我们的传统却在一些关键的方面与其母国存在差异就很奇怪了。我们首先转向英国的血统和我们的变异之处。

一、我们的英国血统

首先，苦于英国高级别的法院对职业资格的要求和普通的自由人广泛参与大量地方法院的事务，因此英国司法占据了无可比拟的卓越地位。[43] 殖民者不仅带来了这种根深蒂固的恭敬态度，而且法官们逐步被被评为站在个人一边的进步力量。不存在什么对司法干预行政事务的担心。法官们在塑造普通法方面的权力是为人熟悉的。而且，正如梅里曼（Merryman）教授所说，“在美国，司法不像在法国那样是革命的目标。”[44]

31 的确，在麻省（马萨诸塞州）司法是自由之子的主要目标，但仅仅是因为这一系列事件引起的：诺思爵士（Lord North）北方贵族和英国政府不正当地决定“改革”麻省的法院，高等法院由皇室支付薪金，而不是由省财政支付；前任大法官、总督托马斯·哈钦森（Thomas Hutchinson）发表了煽动性的信函；首席大法官彼得·奥利弗（Peter Oliver）孤独地欣然接受了国王的俸禄（另四位法官拒绝了）；麻省议会随后不了了之地弹劾了这位首席大法官；陪审团因此拒绝接受由该首席大法官主持的宣誓。[45] 革命政府一年后一成立，前法院系统，连同由人民任命的法官，都恢复了传统的实践。[46]

美国虽然与英国共享这种法官至上的价值观，但在另外三个基本方面与其母国大相径庭。一是美国坚持成文宪法。这当然是我们这个适用皇家大宪章的新大陆殖民地拥有自己的历史的必然结果。朱利叶斯·戈贝尔（Julius Goebel）教授在追溯我们司法制度的先祖时说，“由于我们和我们的先祖已经几代人生活在用文字工具建立和规范我们政府的国度，因此坚信，只有通过有据可查的东西才能保障基本法的界定和约束力。”[47] 因此，我们开始荟萃睿智并记录在案。我们对

---

〔43〕 Julius Goebel, Jr. , *Antecedents and Beginnings to 1801*, vol. 1 of *The Oliver Wendell Holmes Devise History of the Supreme Court of the United States* (New York: Macmillan, 1971), p. 1.

〔44〕 Merryman, *supra*, note 4, at 16.

〔45〕 The story is told by Catherine Drinker Bowen in *John Adams and the American Revolution* (Boston: Little, Brown, 1950), pp. 424 ~ 39.

〔46〕 Wroth, *supra* note 9.

〔47〕 Goebel, *supra*, note 43, at 96.

于成文形式的坚持，表现为我们对于个人权利类型的承认应还原到（reduced to）书写，这一承认姗姗来迟，却已广泛传播，成为修改宪法的一个条件。

我们与母国不同的第二点是，自殖民时期就开始，我们就赋予了法官宣告立法无效的权力，立法始终“至上”的政治是一种无法想象的事。1771 年，威廉·布莱克斯通（William Blackstone）就发表了他的著作《英国法评论》，文章 32
夸张地描绘了议会至上主义。殖民地开始明白，这一主义（原理）简直就是英国枢密院在认为殖民地的行为违背《英国议会法案》时踏上的一只铁蹄。然而，当殖民者对这些否决议会至上的革命之火作出反应时，法院可以撤销无效立法的理念已经在这个国家生根了，它使得殖民法官无视任何与英国法相悖的地方立法，后来又使新独立的州的法官宣告违反新州宪法的立法无效。[48] 在形成我们宪法条款关于独立司法机构在清晰定义的分权框架内行使普通法权力的痛苦过程中，枢密院的经历和对立法进行司法审查的早期实例没有被忘记。这对于首席大法官约翰·马歇尔在马伯里诉麦迪逊案〔1Cranch 137（1803）〕中进行的正式、清晰的司法审查是一种推进，不过只是推进了一小步。

第三个差异是实践上和心理上的，而不是原理上的。乐意进入上诉程序和仍在增长的提交上诉的倾向是在殖民时期就形成的。殖民者借用英国的样板，建立了林林总总的地方法院，并提供了由郡县法院至高级法院*的上诉途径，并且可以进一步上诉至最高法院**。然而他们在进行这些上诉时要比英国封建传统所允许的更理性，不仅能够避免庄园法庭这样独一无二的废料，而且根据在早期的麻省海湾总督埃德蒙·安德罗斯（Edmund Andros）的规定，国王的法官、高等民事法院（Common Pleas）和理财法院（Exchequer）的权力被合并到一个中心化的“高等法院”（superior court），整个殖民地区的下级法院所做的判决都可由当事人上诉至该法院。该上诉不仅审查是否在当事人之间实现了正义，而且审查是否适用了“权利规则”（the right rule）。[49] 这一法令尽管短命，却成为其他殖民区仿效的一个样本。[50]

殖民者除简化了结构之外，还通过借鉴和适用对治安法官判决向大分庭 33
（General Quarter Sessions）上诉的权利而大大简化了程序，这种上诉权比传统的

---

〔48〕 Mauro Cappelletti and William Cohen, Comparative Constitutonal Law (Indianapolis: Bobbbs-Merrill, 1979), pp. 9 ~ 11.

* 原义是“协理法院”the Court of Assistants)。——译者注

** 原义是“大法院”the General Court)。——译者注

〔49〕 *Id.* at 13.

〔50〕 Goebel, *supra* note 43, at 14 ~ 15.

错误令状和调卷令大大减少了许多技术性，而大大增加了上诉范围。[51] 其中注入了一种好讼精神（litigious spirit）和不愿服输的意念，这种独立性产生于获得土地所有权的可能性和易于产生的对农村低级法院大量外行法官的判决的不满。[52] 我们可以看到，关于每个人都享有范围广泛的、易于接受的上诉这种观点是如何成为不易更改的习俗的。

二、民法法系的影响

如果说殖民者成功地打上了英国传统的印记，就不难理解民法法系少有机会发挥广泛或深远的影响了。劳伦斯·弗里德曼（Lawrence Friedman）教授在《美国法律史》（*A History of American Law*）中指出，在我们的国度，民法法系的统治使我们受到了包围。法国和西班牙法律统治了密西西比河沿岸及其部落，以及北方边境和佛罗里达、路易斯安娜、德克萨斯。然而，除了某些在德克萨斯存活的民法法系残迹之外，"殖民者（settlers）的大规模入侵注定了民法法系的全境覆没，只有路易斯安娜是个例外。新的法官和律师是在普通法传统中接受训练的，他们排挤掉了法国和西班牙背景的法官。"[53]

这并不是故事的结局。在 19 世纪中期，大卫·杜德利·菲尔德（David Dudley Field）的《民事诉讼法典》首次在纽约州采用，赢得了西部约 20 个州的争相效仿。弗里德曼教授说："在文体上，无法想象还有任何东西比 1848 年法典对普通法传统的冒犯更甚。它采用了简洁的、格言式的、拿破仑风格的表达……简言之，这是一部法国意识的法典（code），而不是一部制定法（statute）。"[54] 尽管这部法典遭受了不同命运，但法典的诉答状确实导致了"程序在整体上少
34 了许多技术性。"[55] 的确可以说，菲尔德的程序法典是《联邦诉讼法典》的先祖，因此也是大多数州程序规则的先祖。

更有抱负的是菲尔德和其他人努力创制和传播一套仿效法国模式的通用民法法典。加利福尼亚提供了一个标志性的胜利，先是 1872 年民法典，随后是刑事

---

〔51〕 *Id.* at 19 ~ 25.

〔52〕 *Id.* at 47 and 18.

〔53〕 Lawrence M. Friedman, *A History of American Law*, 2nd ed. (New York: Simon & Schuster, 1985), p. 168.

〔54〕 *Id.* at 392.

〔55〕 *Id.* at 397.

和政治法典。[56] 当然，路易斯安娜法典至今仍发育、生长得很好。波多黎各联邦（Commonwealth of Peurto Rico）的法典原则、条款、判例也同样得到了良好的发育和生长。但总而言之，法典没有生根。弗里德曼教授评论道："很难反驳这样的结论，即法典几乎对法院内外的行为没有什么影响。"[57] 但它们却是本世纪法律重述的"精神父母"。它们在美国法律协会的庇护下产生，成为"对于说服法官很有意义的倒霉的法典（black-letter codes），而不是进入法律的生效规则。"[58]

所以，美国法律传统并不排斥法典，但法典有着与民法法系国家的法典不同的意义。即使在加州民法典和统一商法典中，尽管集法国或德国法典之大成，"也不是以相同的意识形态为基础的……它不是号称完备的……也不排斥过去……不企图废除该领域中所有先前法律，而是不断完善和补充它。法典条款是以一种避免与普通法先例相冲突的方式进行解释的。"[59]

我们后面将要提到，人们还无法就民法法系对美国法律或传统的影响写出故事的"结尾"。但我们可能预测，这种制度在边缘上而非接近核心的地带发生相互影响。

第四节　三种模式之间的主要差异

仍有必要提示一下三种模式的上诉传统之间的主要差异。

——美国的上诉阶段比英国或民法法系国家都要庄重（grander）得多。美 35
国不仅跨越了50个州的联邦－州双重系统，而且在所有民事和刑事案件中都有上诉权。同样，美国每一位公民都有更多的诉讼、审判和上诉。

——从法官受尊重的角度看，美国法官居于民法法系国家和英国同事之间的地位。相对于公务员职业而言，美国法官通常被看成是具有相当高的身份的角色。他们通常在中年时期担任法官，在实务、教学或政府生涯中取得了令人瞩目的成就，受到本州或全国的最高行政者的信任。然而，除了极少的情形（一般是过世之后）之外，他们不会上升到由英国顶极法官所享受的那样至尊的地位。英国法官人数很少，是从顶级的出庭律师中统一选拔出来的。而美国法官则不

〔56〕 *Id.* at 405.

〔57〕 *Id.* at 406.

〔58〕 *Id.*

〔59〕 Merryman, *supra*, note 4, at 32.

同，他们代表着较为异质的背景，无论是以法学院校的隶属关系，出身地域，还是以法律实践或公共服务的类型来衡量，都是如此；他们的权力更大一些，包括了宣布制定法违宪的权力。

——美国的律师和法官对于书面文件的依赖程度，要少于民法法系国家（比如说法国）同行，但远甚于英国的律师和法官；相应地，我们在美国比法国同行的"口头"（行为）多，而比英国同行要少得多。

——美国法官在准备口头辩论方面所投入的时间远比英国法官要多得多。民法法系国家的上诉法庭则审查初审的完整卷宗和辩论记录，对于事实作出他们自己的认定。额外的口头辩论受到相当大的限制。

——美国法官很大程度上依赖于工作班子网络的支持——秘书、法律助手、幕僚律师（staff attorney）。在其他体系中制度性的支持则次要得多。一位英国上议院大法官（Law Lord）向我承认，他很羡慕我们美国最高法院的大法官拥有这样的支持。

——美国上诉法官一般对初审法官的事实认定采取一种标志性的遵从（defer-
36 ence）；在法国，法官没有这种不愿意接受新证据或审查事实问题的倾向；在英国，当上诉法院的法官能够询问证人、采纳新证据、考虑新争点、传讯新的当事人时，却极少这么做。[60] 另一方面，美国法官在根据宪法宣告制定法无效、推翻法律裁决，甚至行使其监督权力时并不勉强，他们在借助于立法史解释制定法时会感受自在。英国和民法法系的法官通常狭窄地聚焦于手头的案件；而美国法官至少有兴趣为了将来决定手上的案件而铺设指导原则（lay down guidelines）。[61]

——美国上诉法院的决定没有法国那样全体一致，但比伦敦上诉法院多了许多集体思考、意见交换和理由论证，后者只需口头宣告各自的意见。

美国法官从学者那里的受益比传统的民法法系司法区中要少，在法院报告的风格、内容、意见书的发表等方面的裁量代表权比英国要少得多。法官在美国传统的中间阶段。

——美国法官将上诉意见书视为一种重要的终端产品，通过其发表和作为先例的地位而传承法律的发展。民法法系国家的意见书不是正式的先例，英国的意见书发表则是相当稀少的，如前所述，甚至发表的意见书也不是自动地被认为是铁板一块的先例。

——美国的法官通常比在民法法系司法区和英国拥有更宽阔的寻求救济的途

---

〔60〕 Martineau, *supra*, note 31, at 7 ~ 8.

〔61〕 Karlen, *supra*, note 30, at 157 ~ 58.

径。比如民法法系国家法官可能没有可以强制某人做某事的权力，英国在裁定进行重新审判方面则有严格的限制。

第五节　变迁中的传统

尽管这三大上诉传统之间在价值观和实践中都有明显差异，但随着相互借鉴 37
的经历，在边缘上也有所混合。

一、美国

我们美国所借鉴的要比我们乐于承认的多。尽管我们的历史与经典的民法法系法典逆反，但我们发现自己处在一个这样的时代，国会试图通过法典式的详细立法来进行微观管理。我最近偶尔得知，如今制定法平均“占密密麻麻的印刷文本的9页以上，而50年代不到2页。”[62] 极端的例子是新条款规定了一个复杂的定格制度，以决定一个人属于《社会保障法》意义上的“残疾”，而1987年采用的《判决指南》(Sentencing Guidelines)要求联邦初审法官判决被告有罪时适用其规定的错综复杂的、机械性的、亦步亦趋的计算公式（calculus)。

我们正在借鉴民法法系的还有，法院就复杂的事实事项利用一种特别技术顾问（master）的服务时，在建立一个案件档案方面具有讯问（制）的特征。而且，由于我们有600多位联邦审裁法官（magistrate judges）和破产法官承担非常重要的工作，我们可以发现自己正在鼓励走向重要的司法官员职业化发展的道路。此外，我们一些法官正在借鉴英国人集中进行口头交流的做法，比如，11个联邦巡回法院中，有大致一半上诉案件是在痛苦地研究法律理由书并在口头辩论中积极地沟通之后以简易裁定的方式处理的。最后，随着欧洲市场的统一化，
欧洲的民法法系制度可能“随着欧洲人协调和统一他们的法律而经历一次复 38
兴”。[63] 我们可以预测，还会有更多的借鉴。

二、民法法系司法区

这一过程是双向进行的。民法法系也反映了其他传统的影响。不仅制定法中

---

〔62〕 Frank M. Coffin, “Working with the Congress of the Future,” ch. 8 of Cynthia Harrison and Russell R. Wheeler, eds., *The Federal Appellate Judiciary in the 21st Century* (Federal Judicial Center, 1989), p. 203.

〔63〕 James R. Maxeiner, “1992: High Time for American Lawyers to Learn form Europe, or Roscoe Pound's 1906 Address Revisited,” 15 *Fordham International Law Journal* 1, 4 (1991~92).

的实体法在通过完善法典而发展，而且法官也必须做大量的工作来填补和解释法律。此外，由于意见书的有规律地出版，尽管在事实性的语境中有点简短，但法院有一种尊重早先判决的强烈倾向。于是，立法至高无上的全盛时期成为过去了，随之而来的是对立法成熟性的怀疑和司法审查的兴起。随着合宪性判决的出现，对于作出这种判决的法官的尊敬也在增长。

梅里曼教授精致地描写了采用“现代刚性宪法”正在产生的缺陷和对立法合宪性的司法审查的建立。他写道：“法律的重心开始经历从民法法典向宪法、从私法向公法、从普通法院到宪法法院、从立法实证主义到宪法原则的剧烈转移。”[64]

三、英国

大西洋彼岸也能感觉到对于变化的信任。根据英国法律委员会 1977 年增补的建议，简化了对行政法案的司法审查程序，用格里菲思（Griffiths）大法官的话说，“对法院挑战各级行政行为的运用已巨大地增加了。”[65] 他采用迪普洛克（Diplock）大法官的说法，“这是英国法院在其不恰当地生涯中的最大成就。”[66] 另一方面，没有一部成文的、不可废止的权利法案仍然是 20 多年讲座之后的一
39 个现实问题。剑桥大学副校长大卫·威廉姆斯 1990 年在提到大量的皇家委员会对人权问题的调查时，对美国法律协会说，“特别调查不能成为这样一部权利法案的替代品，司法正面临着日益增长的难题。”[67]

四、欧洲的惯例／制度（Institutions）

除了内部改革和借鉴其他传统之外，英国和欧洲的两法法系传统都感到了就像大陆板块移动一样强大的外在压力。

（一）欧洲委员会

首先是欧洲委员会的惯例——欧洲人权与基本自由公约（1950 年）、欧洲人权委员会（1954 年）和欧洲人权法院（1959 年）。欧洲公约由欧洲委员会全体

---

〔64〕 Merryman, *supra*, note 4, at 148.

〔65〕 Griffiths, “Judicial Independence Abroad—Controlling Britian's ‘Uncontrolled’ Constitution,” *Judges' Journal*, Summer 1989, at 37.

〔66〕 *Id.*

〔67〕 David G. T. Williams, Address, *American Law Institute-Remarks and Addresses*, *67th Annual Meeting*, May 15 ~ 18, 1990, at 44.

21 个成员起草，所有签署人均有义务“保障在本辖区内的每一个人”享有第 18 条规定的权利，并在其他几个协议上附加这一条款。

欧洲委员会的独特之处是它在将愿望付诸实施方面的有效机制。其国际人权委员会可以审查个人对各国的投诉，认定事实，并努力达成和解。如果不能达成和解，则案件可提交人权法院。1987 年该法院发出了大约 200 个裁决，都是根据和解释一部成文宪法而作出的，这就是 1950 年《欧洲人权与基本自由公约》。

决定的类型是令人注目的，涉及获得司法救济的权利、拘禁的条件、人身惩罚、犯人的权利、窃听、对表达和新闻自由的限制。如果还记得英国法和议会至
上主义，那么没有比英国法院、议会和官员接受和补充欧洲人权法院的决定的程 40
度更令人惊异了，有时甚至意味着对旧法律的废止和制定新法律。欧洲大陆上的民法法系国家也有同样的经历。

（二）欧洲共同体

第二个系列的向心性质的制度是 1958 年罗马条约建立的欧洲共同体中的制度。12 个国家隶属于欧洲议会的部分统治，其部长委员会类似于欧洲共同体的内阁，还有经对抗性竞争选举产生的欧洲议会。将欧洲共同体拉向中心的是它自己的欧洲司法法院。[68] 它宣布罗马条约是宪法性工具，成员国及其公民有义务遵守其条款并通过各国政党的司法程序保障执行。据此，欧洲司法法院以三个主要方式实施它的影响。

它向国内法院“解释”罗马条约，主要是在经济竞争、物质和服务的自由流通方面。它对欧洲共同体颁布的规定行使重要的行政行为司法审查权。它解释欧洲共同体条约中包含的基本人权，观照共同传统和欧洲人权法院的见解。当欧洲共同体进一步整合其市场和货币体系，则欧洲共同体法律将通过其欧洲司法法院的上诉判决而变得更加重要。

这才刚刚开始认识到新的区域主义的重要性。剑桥大学副校长威廉姆斯冒险地声称：“很显然，英国正在迅速地获得一部宪法，虽然这部宪法是全欧洲范围的……对大英帝国而言，欧洲共同体可以被看做是一种核心因素的更广泛影响，是自 17 世纪以来的宪法的重新调适。”[69] 梅里曼教授则描绘了一种更广阔的

---

〔68〕 For the factual statements concerning the European Court of Justice, I rely on Martin Shapiro, " The European Court of Justice, " ch. 4 of Alberta M. Sbragia, ed. , *Euro-Politics*(Washington, D. C. : Brookings Institution, 1992) , pp. 123 ~ 56.

〔69〕 Williams, *supra*, note 67, at 46.

影响：

41 一些观察者以中世纪时期欧洲为罗马民法—教会普通法（canon law *jus commune*）所统一作为类比。他们将 EEC* 的法律与欧洲人权公约看做是新欧洲普通法的基础，这是继几个世纪中国家－民族的荣耀被夸张之后，基于共同的文化、共同的利益形成的。作为普通法传统母国的大英帝国是 EEC 的一个成员，是公约的一个部分，这一事实表明了民法和普通法传统亲善共容的可能性——也具有必要性。尽管一直存在困难和失望，但欧洲联邦主义是一个活生生的、至关重要的力量，这是当代民法（和普通法）体系的重大结果。[70]

这些论述是在 1985 年出版的书中作出的，已被证明是惊人的预言。到 1991 年，赫曼·施瓦兹（Herman Schwartz）可以写出拒绝东欧共产主义的后果了：

所有东欧国家都想进入欧洲联盟（E. C.）和欧洲委员会，他们加入后者时……必须同意受欧洲人权公约的拘束，欧洲委员会和欧洲人权法院的制度共同构成了最有效的国际人权的工具。[71]

调适和渗透的过程是加速度的。多国联合的增长，国际条约的繁殖，大型的地区共同市场和自由贸易区的出现，地区性公约、协定和法庭影响的增加，所有这些力量对于当今特别是未来的律师发出了信号，他们不能安全地将自己的专门技术局限于一种传统。他们必须意识到其他传统的主要特征，不仅因为这些可能对他们的案件和客户产生重要影响，而且因为其他体系的特征可能给我们提供某些好处。

---

* 欧洲经济共同体（European Economic Comunity）。——译者注

〔70〕 Merryman, *supra*, note 4, at 158.

〔71〕 Schwartz, *supra*, note 2, at 81.

第三章　州—联邦法院体制："一个整体"

读者在第一章被带进了联邦上诉法院，旁听了六个案件的门诊。由于该法院 43
是联邦法院，因而获得的印象可能是这些案件与州法院或州法律没有什么关系。如果是这样，那么近距离的分析就会发现这种印象是多么的具有误导性。因为在每一个案件中，州法律要么是隐含其中，要么是已经被不同的事实或不同的诉讼策略采用过。

请在这六个案件里寻找一下州法律的痕迹，无论是实际的还是潜在的，你必须寻找很长时间。在那个有表达障碍的医学院学生的案件中，主要请求是根据联邦康复法案提起的，这一点不错，但是再看一眼就会发现，"系属"（或待审）（pendent）请求却是根据一项州的民权法案提起的。日常性的麻醉毒品（narcotics）公诉本来可以由联邦检察官在联邦法院提起的。诉求从承保人那里追偿损害赔偿的那个公司的诉讼因为某污染物排放而直接涉及州的法律，不仅涉及范围的存在，而且涉及启动哪个范围以及如何构成对请求的适当通知。

由黑人警官提起的违法解雇的案件不仅涉及联邦民权制定法，而且也可以在 44
许多州根据州的民权制定法提起这类案件。而劳动管理案件恰巧只涉及联邦劳动关系法，然而即使在这种具有高度国家性质的法律领域，案件中有时也会出现复杂的问题，比如，州调整工人或雇员行为的法律是否能够被赋予有效性——无论联邦立法的幅度如何。最后，诉求获得联邦人身保护令救济的犯人本来可以获得很好的建议，先在州法院中进行全方位的努力，不仅为了满足"穷尽一切救济"的条件，而且因为州法院本来可能根据州的宪法给予他一种根据联邦宪法无法获得的救济。

即使是这样小打小闹的交叉案件也已经展示了州与国家法律体系的相互交织和相互影响，这构成了我们包揽一切的"联邦"体制的特征。这是一种双重权力概念，中央国家政府与多元的下级即各州政府之间分享权力，我们常常在"联邦"的第二层意义上称前者为"联邦"，而后者则拥有剩余的权力。许多国家都使用了"联邦"这个概念，但极少有——如果有的话——哪个国家象美国这样设立平行的州法院系统和全国法院系统，两套体系相互补充，各自建立在相同的设想、原则和规训的基础上。这种类型让人联想起天文学家称为“双子星座”（a binary star）的现象，也就是两颗星球围绕相同的引力中心旋转。

尽管在设定这种二元体制的元件的适当范围时已经产生了紧张关系，但从来没有一种意图认为一种体制次于另一种体制。如今州这个元件可能在法学教育、学术研究以及律师协会的活动中受到的关注太少了，这是我们一个不可估量的损失。本章的目的就是要认识到在双子星座中州这一元件引人注目的重要性。

第一节 追根溯源：重新找到视角

45 因此，这要求精密/微妙的衡量/平衡行为，使我们的开端富有特色。第一个建议/方案涉及司法制度的结构，也就是“一国的司法制度的设置……是由最高审判庭和一个或多个下级审判庭（tribunal）构成的。”这句话中涉及下级审判庭设置的文字后来被删除了，因为一些人坚信州法院完全可以服务于这一目的。会议（Convention）考虑到国会在“任命”下级审判庭方面的更富有许容性的权力（这种许容性的权力会给任命州法院作为这种审判庭打开方便之门），最终确定了现在的“颁布命令和设置”（ordain and establish）这样的措辞。[1] 根据朱利叶斯·戈贝尔（Julius Goebel）教授的解释，这些措辞发出了一个信号，就是“联邦下级法院必须经创设（created），而州的审判庭的任命却可以不经过这一程序。”[2] 然而，最高指示实际上并没有发出这样的信号。

《联邦党人文集》一书在努力清除致命的反联邦党人就批准上述文件进行的攻击时，亚历山大·汉密尔顿（Alexander Hamilton）正视了联邦地区法官的问题，他在 No. 81 中写道，“在州法官的帮助下，在几个地区分别设立巡回法院进行审判。”[3] 尽管他由于变化了所涉及的任期和司法宣誓从而放弃了这些措辞，但他在 No. 82 中进一步写道，“全国体系和州的体系应当视为一个整体（ONE WHOLE）。后者的法院理所当然在性质上是联盟法律执行的辅助者……”[4]（文中的大写是汉密尔顿所为。）

州法院作为联邦下级法院的问题在第一次国会期间再次提出来又很快被搁置

---

〔1〕 Julius Goebel, Jr., *Antecedents and Beginnings to* 1801, vol. 1 of *The Oliver Wendell Holmes Devise History of the Supreme Court of the United States* (New York: Macmillan, 1971), pp. 210 ~ 12.

〔2〕 *Id.* at 246 ~ 47.

〔3〕 *The Federalist*, introduction by Edward Mead Earle (New York: Modern Library, 1937), p. 528.

〔4〕 *Id.* at 537.

一边，但并非没有受到其所代表的利益的重视。不仅联邦地区与州的疆界相连，而且，除非有相反的表示，否则在联邦法院进行的普通法审判也要适用到州的法 46
律。戈贝尔（Goebel）教授将这一点当成了“粘合现有的美国法的多样性的联邦法理的概念时的一个睿智的……解决途径”。[5]

我们还记得，联邦法院在开初时只对一些事项行使管辖权——军事、条约权利、异籍、针对联邦的犯罪。直到1875年司法法案[6]出台，联邦法院才获得了广泛的联邦问题管辖权（“根据联邦宪法和法律以及条约提起的……所有具有民事性质的诉讼，无论是普通法还是衡平法诉讼……”）。可见，只有那些没有任何历史感——我得加上一句——对未来没有直觉的人们，才会将州法院视为第二等级或将联邦法院视为预设的精英。

为什么重新找到“一个整体”这个视角非常重要呢？至少有以下五个理由：

第一，我们的二元法院体制不是完全割裂和相互独立的，它们以大量的重要的方式相互交叉、相互交织，这些方式要求技能高强的法律实践者谙熟州和联邦法院两套体系。

第二，正是州法院至今仍在审判着大多数全国性的纠纷，州法院以巨大规模构成我们二元体制的组成部分，却很少受到赏识。

第三，学生和实务工作者在他们的实践中对于上述事实的忽略，不仅体现在50个州的终审法院，而且更重要的是，可能在46个中级上诉法院中也是如此，这是非常危险的。取得判决质量的改进，无论是在程序方面还是实体方面，都是通过这些相当新的中级上诉法院来完成的。

第四，州法院的法理在廓清宪法的边界、增进官员和机构受期待的行为方面体现出它的特殊价值。这两套网络基本上是平行的。十多年以前，汉斯·林德（Hans Linde）——他后来成为俄勒冈最高法院的大法官——指出，第一个翻开本州宪法的是州法院，因为这些法院“在第一时间出现并第一个运用逻辑解释宪法”。[7] 布伦南大法官满腔热情地赞同加州最高法院大法官莫斯克（Mosk） 47
的评论说，“我发觉一种象凤凰一样完美的事物正在复苏，那就是联邦主义，或者如果你喜欢，可以称之为州的权利，各州法院依赖于本州的宪法就是

---

〔5〕 Goebel, *supra*, note 1, at 502 ~ 3.

〔6〕 Act of Mar. 3, 1875, ˡ1, 18 Stat. 470.

〔7〕 Quoted in David M. O'Brien, *Constitutional Law and Politics*, vol. 1 (New York: Norton, 1991), p. 629.

明证。"[8]

第五，面对与州法院和联邦法院的角色理性化相关或与保障州的司法制度真正独立相关的某些体制性的问题，所有这些因素的重要性都相形见绌了。

第二节 比较与关系

一、鸟瞰

开宗明义，我们来对两套体系作一鸟瞰，一面一面地看。从表一中我们可以见到一种乍看起来令人迷惑的制度。在最上面是联邦最高法院，将州法院体系和联邦法院体系都囊括其中，并为二者之间提供最终统一的连结。右边是州法院体系，包括四级判决形成体制：行政机构和地方法院或者特别法院、享有一般管辖权的州初审法院、中级上诉法院、终审法院。左边是联邦法院体系，只有三级（包括联邦最高法院），却是一个更加复杂的分支体系：治安法官（magistrate）和破产法官作出的判决可以向地区法院上诉，由上诉法院进一步复审，但另一轨道却是由行政机构那边直接开往上诉法院的（行政机构已经对行政法法官的判决进行过复审）；州的终审法院和联邦巡回法院都是几乎所有案件的最终裁判者，因为尽管联邦最高法院每年收到来自州法院和联邦法院的四五千件复审请求，却只接受其中的150～170件进入口头辩论，而其中的大约100件经过辩论之后作出完整的意见书，占全部辩论案件的2/3。

图表一关于州和联邦的平行垂直结构的概略图揭示了一个不对称的事实：州的体系中多了一级——中级上诉法院。这一制度相当新却已广泛采用，现在已在38个州设置了46个，其中大部分是在1958年之后出现的。而且在此我们看到，过去不得不在终审法院排着长队等候的案件现在大部分由州的上诉法院来分担了。

---

[8] William J. Brennan, Jr., "The Bill of Rights and the States: The Revival of State Constitutions as Guardians of Individual Rights," in Norman Dorsen, ed., *The Evolving Constitution* (Middletown, Conn.: Wesleyan University Press, 1987), pp. 254, 269.

二、案件负担和机会方面的差异

除了结构上的比较之外，最好再比较一下案件负担方面的差异和共同点。艾 50
伦·塔尔（Alan Tarr）和玛丽·波特（Mary Porter）在他们的最新研究成果《国家与民族中的州最高法院》（*State Supreme Courts in State and Nation*）中，将1940～1970年间最高法院的业务量与1960～1975年间联邦上诉法院的业务量进行了比较。[9] 他们的研究显示，二者的商事案件与刑事案件在全部案件中所占的比例大致相等，而州法院受理的侵权案件是联邦法院的两倍，而州法院案件中占很大比例的不动产纠纷（real property）、家事法纠纷和房产纠纷（estate cases）在联邦法院中却几乎没有。此外，正如戴维·奥布赖恩（David O'Brien）教授所评论的那样，"除了刑事案件之外，州最高法院的诉讼大部分涉及经济纠纷——无论是否与各州调整公共设施、城市区划、小额商务或劳动关系及工伤赔偿、自然资源、能源及环境的法律规范有关。"[10]

联邦法院在公法案件中遥遥领先，其公法案件是州法院的两倍。但我们不能过分强调这一差异，因为州法院在1959～1979年之间的判决中涉及联邦问题的数字达到了3倍。1983年的调查报告表明，在公布的州法院法律意见书中有25%处理了联邦问题。[11]

建议当今——特别是未来——的执业者对传统的诉讼策略进行认真的再思
考，这种策略在一定程度上自动地指示着他们将案件提交或移送至联邦法院，然 51
而这种策略已不堪一击了。民权案件并不一定总是要向联邦法院起诉，一些州的民权制定法甚至在没有涉及州或官方政府行为时也允许诉讼。律师们可能因为在联邦法院起诉或将案件移送至联邦法院而在其同行中感到自豪，却发现她的案件被放在一条长长的、缓慢移动的流水线上，冷冰冰地一步一顿地向前挪动着，因为刑事案件要优先解决。或者，这个案件本来可以最终到达联邦地区法院甚至到达联邦上诉法院那里的，却因一个致命的问题而出轨：本案涉及州的新法律，为什么本案不应当交给州法院去得出答案呢？当然，这意味着案件被至少推迟了

---

〔9〕 G. Alan Tarr and Mary Cornelia Aldis Porter, *State Supreme Courts in State and Nation* (New Haven, Conn: Yale University Press, 1988), p. 6.

〔10〕 David O'Brien, *supra*, note 7, at 628.

〔11〕 Daniel J. Meador, "Concluding Remarks: National Conference on State-Federal Judicial Relationships," 78 *Virginia Law Review* 1895, 1900 (November 1992).

48

图表一 联邦—州法院体制

联邦法院

美国最高法院

由联邦宪法第3条创设：9个大法官由

官。在联邦上诉法院和州最高法院作出

裁量性复审(1992年的数据)

4775件申诉——占总数的78%

64件获得支持——占总数的80%

联邦上诉法院

11个巡回法院和华盛顿特区 | 联邦巡回上诉法院（比如专利、海关、税务等）

联邦行政机构

州际贸易委员会、税务法庭、保障与交易委员会、全国劳动关系委员会、联邦贸易委员会等。

联邦国际贸易法院

联邦请求法院

联邦行政机构

公务员职位（civil service position)。听审并向各种行政性委员会或行政机构发出报告和建议/推荐。

机构

实体制度保护委员会、合同上诉委员会、国际贸易委员会、专利商标委员会、商事和农业秘书处的某些决定。

联邦地区法院

94个地区法院。每一地区有2~28 位法官（纽约南部地区法院）。管辖权：根据联邦法律提起的请求同州籍的当事人之间的超过一定数额的民事请求民事请求。审判有陪审团或没有陪审团。

破产法官

审判破产案件

联邦治安法官

从事初步/临时听审/负责保释、在复杂案件中帮助地区法官

（* 信息来源：最高法院书记官办公室）

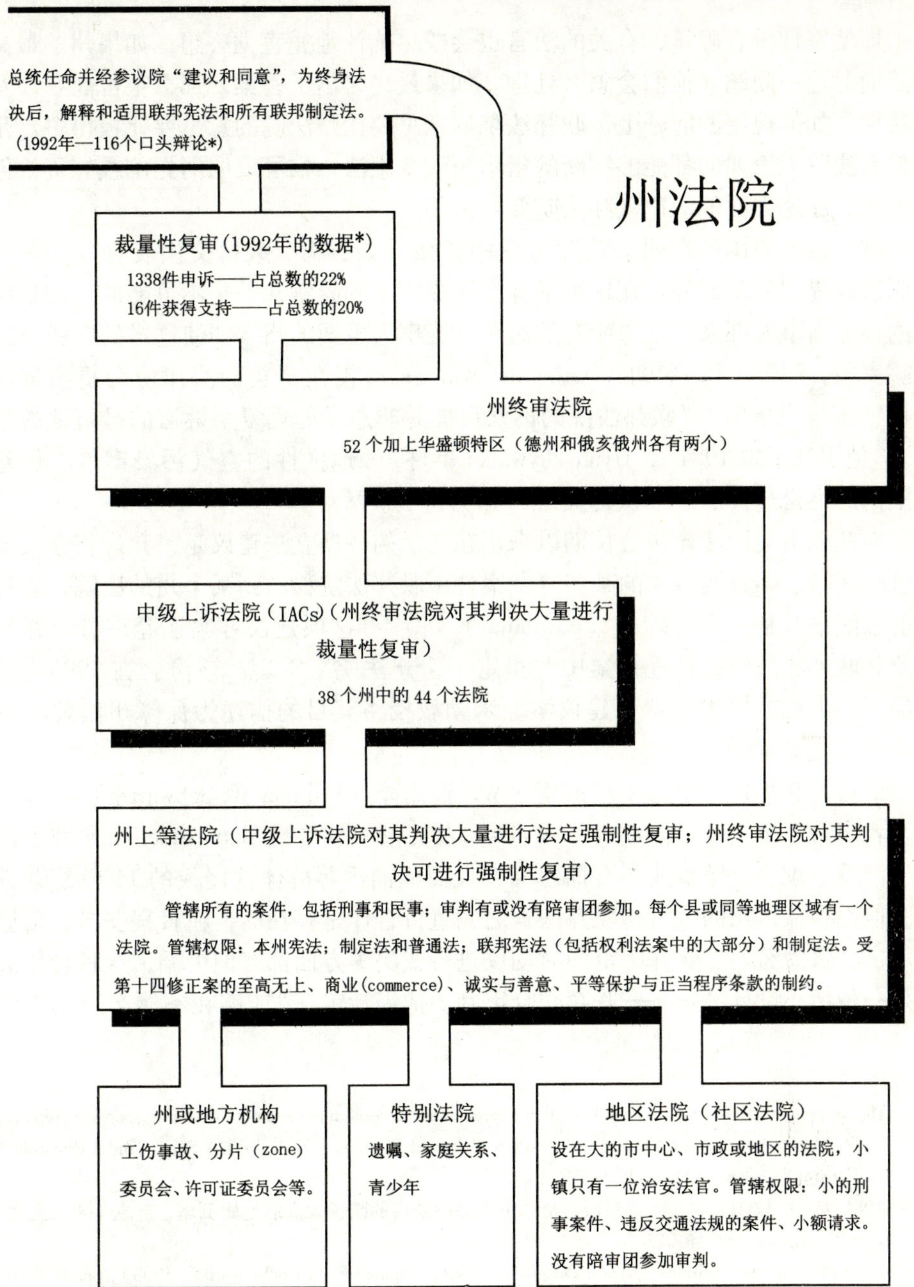
总统任命并经参议院"建议和同意"，为终身法
决后，解释和适用联邦宪法和所有联邦制定法。
（1992年—116个口头辩论*）
州法院
裁量性复审（1992年的数据*）
1338件申诉——占总数的22%
16件获得支持——占总数的20%
州终审法院
52个加上华盛顿特区（德州和俄亥俄州各有两个）
中级上诉法院（IACs）（州终审法院对其判决大量进行
裁量性复审）
38个州中的44个法院
州上等法院（中级上诉法院对其判决大量进行法定强制性复审；州终审法院对其判
决可进行强制性复审）
管辖所有的案件，包括刑事和民事；审判有或没有陪审团参加。每个县或同等地理区域有一个
法院。管辖权限：本州宪法；制定法和普通法；联邦宪法（包括权利法案中的大部分）和制定法。受
第十四修正案的至高无上、商业(commerce)、诚实与善意、平等保护与正当程序条款的制约。
州或地方机构
工伤事故、分片（zone）
委员会、许可证委员会等。
特别法院
遗嘱、家庭关系、
青少年
地区法院（社区法院）
设在大的市中心、市政或地区的法院，小
镇只有一位治安法官。管辖权限：小的刑
事案件、违反交通法规的案件、小额请求。
没有陪审团参加审判。

15 个月。[12]

即使案件没有确认，有关的法官也会绞尽脑汁地凭直觉去想，如果州的最高法院面对这一问题，他们会怎么处理。如果最终得出了答案，那么很可能在涉及州法律是如何规定的问题上，联邦法院的意见要比州法院的意见要死板得多。州的最高法院无论如何都能够在新的指示中改变想法，推翻或取消先例或有资格创制先例，在这方面他们比联邦法院要自由得多。

越来越多的律师在州法院针对一些产品〔如石棉、数据交换装置（DES）〕的制造商提起复杂案件。在这种案件中构成完全的异籍几乎是不可能的，比如所有的一方当事人都来自于与所有的另一方当事人不同的州。即使这样的问题也还能够克服，阿瑟·R. 米勒（Arthu R. Miller）教授在“美国法律协会复杂诉讼项目”报告中指出，“联邦法院的诉讼可能并非总是处理复杂诉讼的最可欲的途径。”他引证了象 1981 年 Hyatt skywalks 事件*、地区性的空气污染案件、保险范围内的诉讼这样的“一次性灾难”作为例子。[13]

52 因此，由美国法律协会长期以来正在考虑的一项立法建议是，允许将涉及多个管辖区域、多方当事人的某些复杂案件由联邦法院移送到某个州的法院，受移送的法院最好是一个特殊的（particular）州。[14] 这项建议方案还允许分散在一些州和联邦法院的案件进行集中并指定一个州法院来审理。该协会在 1993 年 5 月的年会上正式提出了这一建议案。米勒教授将其目的描述为保障州法院“继续参与”复杂诉讼。[15]

最后，联邦司法中心主任威廉·W. 施瓦译（William W. Schwarzer）法官和合著者南希·E. 韦斯（Nancy E. Weiss）及艾伦·赫希（Alan Hirsch）研究了产生于涉及空难、宾馆事故、石棉污染、大面积油污等群体性侵权的 11 件复杂诉讼，他们确认，州的法官与联邦法官之间进行合作是存在的，在日程安排、证据开示、和解的努力、合并听审和对动议进行裁决等方面都有例可循，这种合作甚至是一种精心设计的州——联邦联合审判。他们断定，“能够在不颁布新的立法

〔12〕 The average length of time between federal certification and federal application of the state response as reported in 1977 by Professor David Shapiro in his article “Federal Diversity Jurisdiction: A Survey and a Proposal,” 91 *Harvard Law Review* 317 (1977).

* 1981 年 7 月 17 日，由于设计错误，密苏里州堪萨斯市的凯悦大酒店走廊倒塌，造成 114 人死亡，200 多人受伤。——译者注

〔13〕 The American Law Institute, *Complex Litigation Project*, Proposed Final Draft (April 5, 1993), pp. 208 ~ 9.

〔14〕 *Id.*, ch. 4, pp. 205 ~ 66 (Draft Proposal '4. 01, Comments, and Reporter's Notes).

〔15〕 “All Finishes Complex Litigation Project...,” 61 *United States Law Week* 2709 (May 25, 1993).

或规范、甚至不需要一个体系从属于另一体系的前提下实现"进一步的紧密合作。[16]

这一研究在对亚历山大·汉密尔顿"一个整体"的措辞经久不衰的余音表达了共鸣之后断言，"许多法官都表达了一种将法院视为一个统一的体系和一个'全国性的资源'的看法"，因此将两个体系之间的合作视为在改进司法管理过程的努力中的一个全国性的方法。[17]

三、相互关联的领域

我们在司法联邦主义行程中的第一个实质性的调查是州法院与联邦法院之间相互交叉和关联的领域，包括紧张关系，也包括相互合作。这些关系是露出岩层的富铁矿，是法律学生在注册进入联邦法院课程时，以及任何一位超越狭小区域的执业者都必须牢记在心的。灵敏而娴熟地适用调整这些关系的不同原理，很大 53
程度上依赖于有效地定位我们独一无二的联邦主义形式的功能。

为了最简洁地展示这一领域的各个侧面，我打开一个标题为"司法联邦主义的推挽"（The Push-Pull of Judicial Feder alism）的盒子，以强调在不同情形下驱动联邦或州法律居于主导地位的主要力量。

四、定量的观察：州法院的主导地位

简单看一眼纵向结构，甚至只是瞥一眼州的中级上诉法院最近的发展，还不是对州法院所占据的广袤的有利地形侦察的开始。图表 1 精确地揭示了两套法院体系的审级结构，从它显示的状况来看，两部分在规模上是大致相等的，然而这是一种误导。

上诉法院比较

	联邦	州	比率
法院	13	100	1：7.5
法官	179	1 189	1：6.5
案件	47 013	238 007	1：5

---

〔16〕 William W. Schwarzer, Nancy E. Weiss, Alan Hirsch, "Judicial Federalism in Action: Coordination of Litigation in State and Federal Courts," 78 *Virginia Law Review* 1689, 1690 (November 1992).

〔17〕 *Id.* at 1733.

司法联邦主义的推挽

54

联邦法律的推动力		州法律的挽力
	最高法院的审查	
最高法院审查州法院的宪法性决定		但如果判决明显依据“充分和独立的州的理由”则最高法院不予审查
	联邦的宪法解释	
州法院可以适用联邦对于其本州的宪法解释		但可以拒绝联邦模式并从州宪法中找到更好的保护
	联邦问题	
联邦法院的先例原则上具有拘束力		但在没有相反的联邦裁决时州的判决具有拘束力
	准据法	
联邦法律可以优先于与之不一致的州法律		但州法律适用于异籍案件并成为任何案件的判决规则除非州法律另有规定
	异籍	
联邦法院在异籍案件中可对州法律的新问题作出判决		但必须查阅州的判例且联邦的判决没有先例效力
	人身保护令	
如果违反了联邦法律 联邦法院可以释放州的犯人		但在经过州的程序和法院审查前不得复审
	禁令	
联邦法院可以禁止执行州法律		但它可以放弃这一决定，系属于平行的州法院程序解决

因此，我们制作了图表2，这一图表传递了两个体系的规模之间存在巨大差距的概念。先把联邦最高法院放在一边（因为联邦上诉法院和州最高法院对于绝大多数案件而言都是终审法院），我们来看一看州法院体系在下面的维度上占据了上诉判决的多大规模：

图表二　数量：州法院和联邦法院体系 55

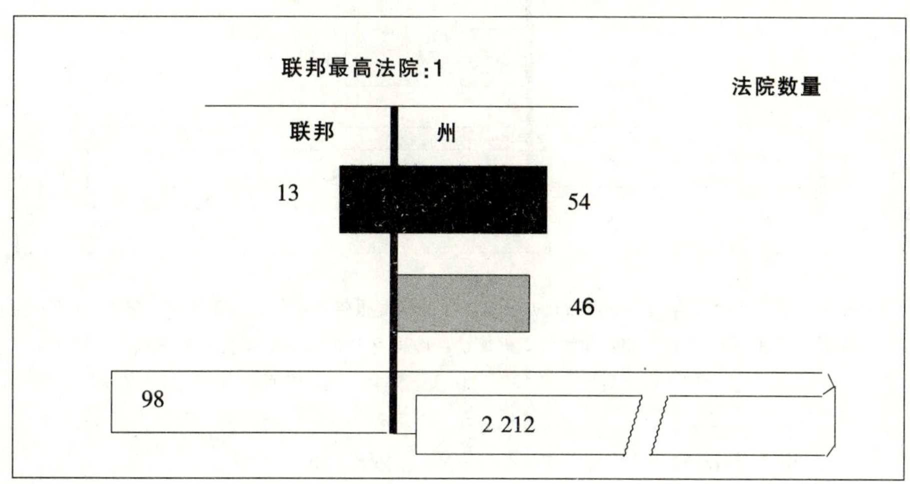

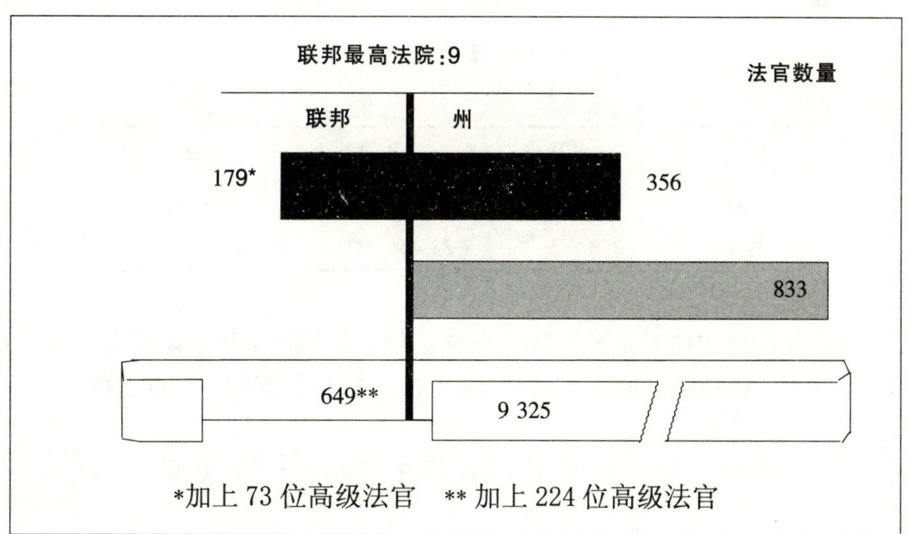

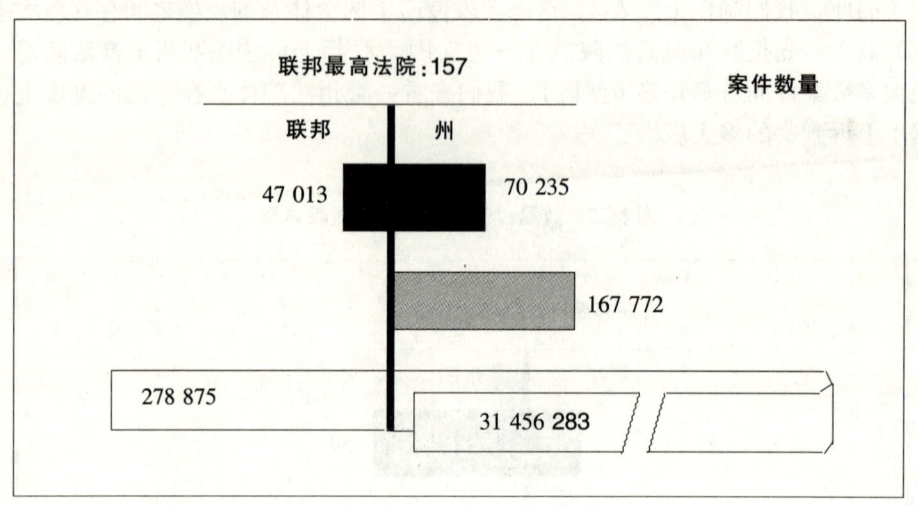

资料说明：联邦：1992 年美国法院行政办公室主任的年度报告。案件：初审法院，第 4 ~6 页；上诉法院，第 1 页；法官，第 20 页。州：州法院案件统计：1990 年年度报告。案件：初审法院，第 4 页；上诉法院，第 69 页。法院：初审和上诉审，第 185 ~237 页。法官：第 275 页。

总计，州上诉法院所作出的判决占立案总数的 85 ~90%。

在行使一般管辖权的初审法院，这种差距更为明显：

56

初审法院比较

	联邦	州	比率
法院	98	2 212	1：23
法官	649	9 325	1：14
案件	278 875	31 456 283	1：113

总计，州法院占初审立案总数的 99%。如果我们把限权法院计入在内，差距将更加巨大，限权法院的法官大约 1.8 万位，每年处理案件 7300 万件。

第三节　另一类州法院：中级上诉法院

中间上诉法院（IAC）是上诉程序风景里的一个相对新鲜而主要的制度。近年来州法院体系的最重要的发展就是这种法院的象雨后春笋一样的增殖繁衍。

1891年至1957年之间，拥有这种法院的州从7个增加到13个，66年之间增加了6个。[18] 在过去30年之间，有25个州又设置了一个或更多的这种法院。现在有38个州共设立了46个IAC，其他的州正在酝酿。[19]

从图表2中可以看出，1989年IAC处理的案件占提交联邦和州法院上诉案件总数的60%和所有州法院上诉案件的70%。1989年对州法院案件的统计显示，"IAC在州的上诉体系中显然是一匹劳力马。"[20] 他们同时也成为大多数案件的终审法院。以1987年为例，针对IAC的判决寻求裁量性复审的申诉中只有14%获得州最高法院的同意。[21]

在联邦法院，来自机构和地区法院的上诉是强制性的，也就是说，上诉是作 57
为权利事项的。在多数州的制度中，中级上诉法院都处理大量的作为权利的强制性上诉，行使纠正适用法律错误和程序错误的职能，在理论上，终审法院则通过依据裁量权而选择那些"极度重要"[22] 的案件和问题从而服务于法律发展的职能。

这种纠正错误与发展法律之间的区别常常被夸大了，其结果是IAC的价值在关于法院的著作中被贬低了。本杰明·卡普兰（Benjamin Kaplan）是一位杰出的学者和老师，作为马萨诸塞州最高法院（Massachusetts Supreme Judicial Court）的法官，也担任过麻省的IAC即上诉法院（Appeals Court）的法官，他是这样表述二者之间差异的：

> 处理上诉案件的中间程序无论在哪个法院都必须是相同的。除了琐碎轻率的案件之外，任何一个案件都必须放进本州和国家的法理之中。也许会发现二者在原理（doctrine）方面有交叉路口，因而必须作出选择……案件可能似乎受到已宣示的原理的限制，这就提出一个问题——应当扩张这一原理……还是应当受制于这一原理。经常，非常经常的情况是，在应当适用什么法律的问题上存在障碍或困惑……上诉程序偶尔——却比人们可能在成熟的法理中所期待的情况要经常——也会真正

---

〔18〕 Court Statistics Project, *State Court Caseload Statistics*: *Annual Report* 1989, National Center for State Courts in cooperation with the Conference of State Court Administrators: Williamsburg, Va., 1991, p. 24.

〔19〕 Court Statistics Project, *Annual Report 1990*; number of IACs is derived from cumulating state court data at pp. 185 ~ 237; Joy Chapper and Roger Hanson, *Intermediate Appellate Courts*: *Improving Case Processing* (Williamsburg, Va.: National Center for State Courts, 1990), p. xi.

〔20〕 Court Statistics Project, *supra* note 18, at 26 ~ 27.

〔21〕 Chapper and Hanson, *supra* note 19, at xi and 63.

〔22〕 *Id.* at xi; *see also* Court Statistics Project, *supra*, note 18, at 23 ~ 24.

> 地创新……法官会通过分析、比对、历史的或哲学的反思、直觉而作出决定，不过这种“偶尔”的情况却比人们可能在成熟的法理中所预期的频率要高。正是通过我所提到的这些程序，以及我们所有的人所熟悉的其他程序，法律就被“造”出来了，而渐进的演变的情况比革命性的跳跃还要多。中级法院分享了所有这一切，并最终成为与最高法院的意义相同的造法者。[23]

尽管IAC的角色举足轻重，但制度性信息却极少收集、整理和分析。有些州拥有的IAC达到5~14个。有些仅仅限于民事或刑事上诉。有些可能几乎完全
58 局限于强制性上诉，其他的则受理一些裁量性上诉。大多数州的上诉都直接进入IAC，而另一些州的终审法院却承担了第一次复审，而把案件分派给IAC。[24]

因此，执业者不必以为了解一个IAC的司法权宪章就足以在另一IAC执业。但是除了在管辖权方面的差异之外，实务运作的规则和模式也存在多样性。因为IAC为大法官布兰代斯（Brandeis）在新州立冰厂诉利布曼（New State Ice Co. v. Liebmann）一案的反对意见中所作出的经典评论提供了一种现行的、引人注目的例证：“联邦体系中一个令人欣喜的事件之一就是，一个勇敢的政府——如果是自己的公民选出来的——作为一个试验室，尝试新的社会的经济的经验，而不必冒其他国家那样的危险。”[25] 作为本书中核心内容的上诉程序的传统措施已经被IAC以不同却重要的方式进行了修改。

在对新泽西、亚利桑那、佛罗里达、马里兰各州1980年晚期的实践进行比较研究的成果《中级上诉法院：改进案件进程》（*Intermediate Appellate Courts: Improving Case Processing*）一书中，乔伊·卡珀（Joy Capper）和罗杰·汉森（Roger Hanson）详细介绍了许多新的领域。[26] 这些领域包括加速上诉程序的一些措施；限制或分配法律理由书或口头辩论；涉及意见书的篇幅、发表甚至制作要求的正在变化的政策；以及在某些类型的案件中运用两位法官合议庭的尝试。

州法院的开拓作为一个例子，其意义在于——用实务者的话说就是——

---

〔23〕 Benjamin Kaplan, “Do Intermediate Appellate Courts Have a Lawmaking Function?” 70 *Massachusetts Law Review* No. 1, at 10, 12 (March 1985).

〔24〕 Chapper and Hanson, *supra* note 19, at xiii; Court Statistics Project, *supra*, note 18, at 24~28.

〔25〕 285 U.S. 262, 311 (1932).

〔26〕 Chapper and Hanson, *supra* note 19, at 15~22.

"麻省令人注目的司法制度成为了'独任法官司法（single justice session）'"。[27] 这是一种制定法自 1974 年以来即已授权的实践，民事案件就中间裁定提起的上诉可以由一位大法官听审，通常是中级上诉法院的一位法官（justice）。作为这些法官之一的鲁道夫·卡斯（Rudolph Kass）大法官指出，"无论好与坏，对于初审法院的中间裁决的复审在麻省要比其他州更容易获得受理。"[28] 他还说，"独任法官复审是一种安全价值系统，它调整某些审判制度中的主要的错误，比如案件严重地偏离轨道、给一方当事人制造不可弥补的不利、给对方当事人设置剧烈的障碍，或者所涉及的法律错误如此刺眼，简直就是一种反复无常或稀奇怪 59
异的想法。"[29]

尽管存在这样的安全价值，但这一系统不能轻易地开启。在最近一个时期，不多于 1/4 的申诉获得了同意。执业者面对着制作法律理由书的激烈挑战——为什么请求大法官不是只为了放个马后炮"批评"（second-guess）初审法院，为什么初审法院的行为严重地滥用了自由裁量权，为什么如果中间裁定获得支持则客户将遭受严重损害，为什么初审法院适用法律错误，为什么这一问题的重要性超越于本案而对公共政策产生影响，为什么现在给予救济在司法行政方面具有意义。[30] 因此，上诉代理人在州的体系中还有另一次机会，而在联邦法院中却没有。

第四节　州的宪法：正在移动的疆界

也许在可以预见的未来，上诉代理有一个最大的前景，那就是在州终审法院进行的州宪法诉讼。我的感觉是，联邦上诉法院与州终审法院的上诉实践大同小异。尽管在州法院，代理人面对的是 5 ~ 9 名大法官，而在联邦法院只有 3 位法官，但在我偶尔访问州法院时，我没有看出来有什么迹象表明代理人在那里所采取的方法与其在联邦法院的方法有什么不同。我的观察既包括法律理由书的准

---

〔27〕 John H. Henn, "Civil Interlocutory Appeals to the Single Justice Under Massachusetts General Laws, Chapter 231,'118, First Paragraph," *Boston Bar Journal*, January-Februaty 1989, reprinted in *Practice and Procedure Before a Single Justice of the Massachusetts Appellate Courts* (Massachusetts Continuing Legal Education, Inc., 1990), p. 139.

〔28〕 Rudolph Kass, " Reflections of a Single Justice," reprinted in *Practice and Procedure Before a Single Justice of the Massachusetts Appellate Courts*, *supra* note 27, at 31.

〔29〕 *Id.*

〔30〕 F. Anthony Mooney, "Single Justice Practice: The Lawyer's Perspective," reprinted in *Practice and Procedure Before a Single Justice of the Massachusetts Appellate Courts*, *supra* note 27, at 5, 13 ~ 15.

备，也包括进行口头辩论的方式。

然而，如果一位实务者的任务是说服州终审法院推翻、更正或创制先例——无论是宪法性或非宪法性的先例——敦促他们偏离联邦最高法院的裁决，那么他占有明显的优势。在联邦上诉法院，他很少——极其少——会极力主张偏离联邦最高法院的裁决，无论那些是否是宪法性的裁决。只有在裁决时间已经久远的极
60 少数案例中，案件所面临的条件发生了明显变化，如潮的批评已为该先例掘好了坟墓，这时下级上诉法院才敢小心翼翼地尝试一下埋葬者的任务。联邦上诉合议庭甚至在偏离已为大量兄弟法院确立的先例之前也会犹豫再三，最后才极不情愿地创造出一项在联邦巡回法院中标新立异的判例。然而，代理人在州法院就不会这么复杂，法院是自己的法律的驾驭者，不受口头辩论的攻击（insulted），那些口头辩论会提出一些政策和意识，以此预示已经到了对过去一项规则进行再思考的时间。

这种开放的氛围在州宪法原理的引人注目的新近发展中具有异常重要的意义。1970 年末期，布伦南大法官为了给新泽西州的律师作报告而整理了一些思想，决定发泄他对于美国最高法院判决的沮丧，他感到那些判决已经从宪法对于个人权利保护的水准标尺上回落/缩退。他表达了这一思想，即这种行为是在招致州法院涉足于违反宪法。后来，《哈佛法律评论》请这位大法官编写并发表这一谈话，成为题为“州宪法与个人权利保护”的文章，[31] 这一文章被证明是昭示了一种移动的某些迹象，这种移动后来被贴上了不同的标签，诸如联邦主义的“转世”（reincarnation）[32]、“复兴”（renaissance）[33]、“凤凰鸟似的复苏”（phoenix-like resurrection）[34]。

到 1986 年为止，各州共有 300 份法院意见书宣称，根据更加严格的州宪法要求，联邦法院的宪法的最低标准不充分。[35] 到 1987 年已达到 350 份。[36] 1990

---

[31] 90 *Harvard Law Review* 489 (1977).

[32] Justice Shirley Abrahamson (Wisconsin), “Reincarnation of State Courts,” 36 *Southwestern Law Journal* 951 (1982).

[33] Justice Stewart Pollock (New Jersey), “State Constitutions as Separate Sources of Fundamental Rights,” 35 *Rutgers Law Review* 707 (1983).

[34] Justice Stanley Mosk (California), “State Constitutionalism After Warren: Avoiding the Potomac’s Ebb and Flow,” in *Developments in State Contitutional Law* (New York: McGraw-Hill, 1985), p. 201.

[35] Ronald K. L. Collins, “Looking to the States,” *National Law Journal*, Sept. 29, 1986, at S~2.

[36] Paul Marcotte, “Federalism and the Rise of State Courts,” *ABA Journal*, April 1, 1987, at 60, 62 (citing Professor Collins).

年达到600份。[37] 1986年，民事案件的数量超过了刑事案件。[38] 除刑事程序问题之外，州法院的意见书还处理了堕胎问题、教堂状况问题（church-stateissues)、性别歧视、表达自由、公共教育基金、州内平等权利补充与宪法性侵权、环境法。[39]

有一个案件是我本人参加过的，涉及杀人犯罪嫌疑人不得自证其罪的权利受到侵犯，在嫌疑人没有获得辩护律师的适当代理的情形下，警察不得对嫌疑人进 61
行审讯，但警察违背了这一规则获得了嫌疑人对罪行的供述。我们法院认定，这一行为违反了第十五修正案所保障的权利，但这一判决被美国最高法院推翻了。[40]

在我们法院作出上述判决时，我们查阅了5个州最高法院的判决。最令我感兴趣的是，自从联邦最高法院发表意见以来，有许多州对他们自己官员的行为采取的标准仍然高于联邦最高法院在莫兰诉伯宾（Moran v. Burbine）一案中解读的联邦宪法所确立的标准。这些州包括康涅狄格州、佛罗里达州、加利福尼亚州、伊利诺斯州。[41] 州法院在适用自己的宪法方面的兴趣的复苏并未呈现出拒绝或规避联邦最高法院支持更多的个人权利的判例的一致趋势，一位学者曾经得出的结论是，根据一项严格限定于刑事案件的研究，在每一个拒绝过联邦最高法院先例的州法院中，最高法院的每两个意见书会被采纳一个。[42] 他指认了22个作为“采纳者”的州，它们在至少5个案件中采纳了最高法院的原理，作为“拒绝者”的州只有4个，它们在5个案件中拒绝了这一原理。[43] 不过，两个阵营中的新判决都持续存在着争议。

对于学生和实务者而言，重要的不是州法院的宪法性裁决是否“自由”或者“保守”，而是州的宪法现在是一个成熟为可以开发的领域了。法学院必须教授这一领域，学者们必须在著作中给它一定位置，而出版社也必须出版。而法律实务者必须学习如何分析和提出州宪法问题。

---

〔37〕 Barry Latzer, “The Hidden Conservatism of the State Court ‘Revolution’,” 74 *Judicature* 190 (December-January 1991) (citing Professor Collins).

〔38〕 Marcotte, *supra* note 36, at 62.

〔39〕 *Id.* at 62, 64.

〔40〕 *Burbine v. Moran*, 753 F. 2d 178 (1st Cir. 1985), *rev'd Moran v. Burbine*, 475 U.S. 412 (1986).

〔41〕 *State v. Stoddard*, 206 Conn. 157 (1988); *Haliburton v. State*, 514 So. 2d 1088 (Fla. 1987); *People v. Houston*, 724 P. 2d 1166 (Cal. 1986); *People v. Griggs*, Ill. Sup. Ct., No. 69790 (Sept. 24, 1992), 52 *Criminal Law Reporter* 1029 ~ 1030 (Oct. 14, 1992).

〔42〕 Latzer, *supra* note 37, at 190.

〔43〕 *Id.* at 193.

第五节　体制的裂缝：州法院的桎梏

在讨论我们的二元法院体系作为“一个整体”的概念时，我们已经提到它
62 们之间的交叉和交织、州法院在作出判决方面的绝对数量优势、州 IAC 的不同实践和实验，以及州宪法的成就。一个质量上乘、真正可获得的、独立的州司法制度对于州—联邦法院体制的有效功能的发挥明显具有重大意义。这里讨论的重炮火力一直集中在常常为那些理解和看重州法院——特别是州的上诉法院——所提供的机会的实务者们所忽略的优势上了。

然而，通往州上诉法院的路却要经过州初审法院。我们不能不坦率地承认，有几个桎梏妨碍了州法院认识到他们作为我们司法体制中同等的而且受到同样尊重的当事人的全部潜在价值。尽管本书不可能对此展开全面而公平的讨论，但有三个核心的问题必须提到：长期的资金供给不足，法官的遴选，异籍管辖权的永久存在。

一、资金供给不足

在一个大多数州面临沉重的赤字而学会在极度的预算紧张的条件下生存的时代，州法院体系发现自己特别脆弱。尽管他们构建了一个单独而独立的州的政府部门，承担着向公民提供获得哪怕是有限司法/正义的任务，但州法院一直被简单地当做是一种普通的（行政性）机构（agency），是行政部门的一个部门。

概览 20 世纪 90 年代州法院的全景可以看出几乎无可救药的危机。法院关门了，新建的法院由于缺少法官，司法的空虚（vacancies）还没有填补因而还没有启用；更新装备和设施的计划取消了，民事陪审团审判被推迟了，规定了以支付大笔费用为使用陪审团的条件，并且中断了很长一个时期；刑事追诉——即使是重罪追诉——由于缺乏举行及时审判的能力而被驳回；降低犯罪率的项目、青少年保护项目以及公职辩护服务都被取消或打了折扣；假释人员被削减了一半；监
63 狱中挤满了犯人，不得不提前释放；公众使用书记官办公室的权利以让被压缩的工作人员能够顾得上处理文书工作为限；法院的雇员承受着被大量减员、无薪休假、冻结招聘、减少或停止补偿、压减旅行和法院保障，以及取消培训项目等

压力。[44]

美国律师协会承认司法制度中的确存在危机，设立了一个司法制度基金特别委员会（Special Committee on Funding the Justice System）。通过对所有的州司法体系进行调查，它对自己的发现作出的总结：

> 调查所获得的中心信息是不容忽视的：美国的很大一部分司法制度由于资金的短缺和不平衡而处于崩溃的边缘。[45]

二、法官的遴选

在杰克逊思想（Jacksonian）时代的民粹主义全盛时期，民众崇尚的党派性（partisan）的法官选举成为时尚。自那时起，对于司法制度政治化的不满导致了大量改革。

如今指定州法官的方法音域很宽，从地方行政长官任命而经立法机构确认，到由立法机构任命，最后到党派性或非党派性的选举，最后到某种形式的密苏里方案（先由行政长官指定再通过非竞争性的连任选举）。1990 年，34 个州和哥伦比亚特区在本州至少某些级别的法院中采纳了密苏里方案。[46] 但仍有 15 个州在其所有或部分主要法院中沿袭了党派选举法官的做法。

对于通过民众选举法官的不适当方式，前任内布拉斯加州的首席大法官诺曼·克瑞沃莎（Norman Krivosha）是这样说的："立法者是有宪法制定/修改权的（constituent），因而应当由公众选举。法官受到法律禁止而不享有宪法制定/修改权，因此将他们置于公众选举之下完全没有理由。"[47] 大法官史蒂文斯（Ste- 64
vens）在制作联邦最高法院对最近一个案件的意见书中写道："司法机构的理想特性与选举政治的真实世界之间的基本紧张关系不能由享有信誉的法官（crediting judges）来解决，当要求公众竞选出被选举的机构时，法官在总体上是不关心公众的意志的。"[48]

---

〔44〕 For a general survey of such efforts, *see* Andrew Blum, "Systems Try to Stretch Their Dollars," *National Law Journal*, July 1, 1991, at 1; and report of American Bar Association Special Committee on Funding the Justice System, *Funding the Justice System—A Call for Action*, August 1992.

〔45〕 American Bar Association Special Committee, *supra* note 44, at ii.

〔46〕 National Center for State Courts Information Service, "Special Report: Trends in the State Courts," 15 *State Court Journal* 4, 9 (Winter 1991).

〔47〕 Norman Krivosha, "In Celebration of Their 50th Anniversary of Merit Selection," 74 *Judicature* 128, 131 (October-November 1990).

〔48〕 *Chisom v. Roemer*, 111 S. Ct. 2354, 2367 (1991).

除了缺乏适当性之外，还必须考虑法院在选举中耗费的时间以及由于法官抛头露面所带来的负面影响，且不说提出当今政治性战役所要求的令人震惊的数额对于司法而言并不现实。为竞选州最高法院大法官已经花费了 270 万美元。[49] 法官们关注的是塑造他们自己的形象，讨好选民，致力于群众来信和掐头去尾的演讲，并且依赖于提供资金支持的律师和对于单一问题有兴趣的利益群体的努力，这种状况会将任何关于司法 /正义的梦想变为噩梦。

不知道面对如此多的障碍，州法院如此经常地表演何以取得成功。

三、异籍管辖权

自 1789 年《司法法》以来，联邦法院一直行使听审涉及不同州籍的当事人之间州法律问题的争议，这就是所谓的联邦法院异籍管辖权。最初的担心是，州法院会对州外当事人带有偏见，联邦党人不信任由债权人主导的州立法机构；现今主要的努力是允许非居民的大企业能够在州法院诉求将他们的案件移送到联邦法院。[50]

结果却是增加了联邦法院的负担，这类案件占其案件总量的 1/4 而占其陪审团审判的一半，[51] 这迫使联邦法官致力于对州法律可能如何规定这类问题的扑朔迷离的猜测上，这是对联邦主义理念的嘲弄，它滋长了州法院是次等法院的理
65 念，取消了占律师界重要部分的代理非居民企业的律师为州法院的改进而工作的激励机制。

然而，在对联邦法院和州法院之间的角色的理性配置成为现实之前，州法院必须有稳定而充分的资金供给，以确保州法院由一个有品质的司法人员来运作。还必须改变法官遴选制度，特别是党派选举法官的制度，从而保障州法院由独立的司法人员来操作。

州法院体系的优化和独立的目标，对于所有那些参与我们二元联邦—州司法体制的人，对于我们大多数严肃活动的健康所依赖的尚未进入这一体系的普通公众，都具有同等重要的利益。

---

〔49〕 Mark Hansen, “The High Cost of Judging,” 77 *American Bar Association Journal* 44 (September 1991).

〔50〕 For a recent and comprehensive analysis of this problem, the reader is referred to Larry Kramer, “ Diversity Jurisdiction, ” *Brigham Young University Law Review* 97 (1990). *See also* my own article “Judicial Gridlock: The Case for Abolishing Diversity Jurisdiction,” 10 *Brookings Review* 34 (Winter 1992).

〔51〕 Kramer, *supra* note 50, at 99 ~ 100.

第四章　在法官办公室

一、上诉法官的工作场所（workplace） 67

在英国，人们把律师的办公室或者法官在庭外办公的房间称为法官办公室（chamber），这个词被借用来形容美国法官的工作场所，这个词依然有一种陈腐的内涵。大约半个世纪前，雷金纳德·海因（Reginald Hine）在其《一个杰出律师的自白》（*Confessions of an Uncommon Attorney*）[1] 一书中，曾提到当时法律职业中出现的诸多变化，他回忆起 1901 年自己作为一个雇员刚刚开始法律职业生涯时的情形，那时“法律文书（documents of title）一律是用工整优雅的字体抄写在羊皮纸上的，而今天人们只是用普通的仿羊皮纸将其打印出来。”当然也有好的变化，比如，“律师们不用再像以前那样在蜘蛛网一般密杂的办公室里冥思苦想。”

今天的法官们也许不用再在“蜘蛛网一样的办公室”里办公，当然法律文件也不再能够享受被亲手抄写到羊皮纸上的待遇，甚至不再被打印到纸面上，然而，冥思苦想仍然是法官们重要的工作状态。当代的律师事务所，尤其是那些盘踞多个楼层的大律所，正在倡导着一种收费昂贵，高度电子化的工作模式，展现在我们眼前的画面通常是：年轻的助手们匆匆地穿过走廊，不舍昼夜地在电脑前
殚精竭虑，拥有精密复杂的电子设备的银行，永远忙碌的会议室。再来看看初审 68
法官（trial judge）的工作室，只要他们没有开庭，就总是能看到律师源源不断地进进出出，在这里进行审前会议（pre-trial conference）。而上诉法官的工作室始终只有那些固定的人员坐镇——上诉法官、秘书和法官助理。这里只能听见轻声的交谈和敲打键盘的噼啪声。

从某种意义上说，这种表面上的安静是带有欺骗性的。阅卷、思考、撰写，虽然一切都进行得寂静无声，这里的工作人员却正在以最大的努力按照一定的规则解决问题，这些问题往往已经使争议双方陷入了困境，导致法官、陪审团或者

---

〔1〕 Reginald L. Hine, *Confessions of and Un-Common Attorney*（New York：Macmillan, 1947）, p. 4.

行政机关的某项判决无法执行，并且发展下去极有可能引发上诉。总之，虽然这项工作显得安静而孤寂，却决不简单。它的出色完成有赖于一个允许长时间沉思的环境。因此我用英文中历史悠久的“chamber”一词来形容上诉法官的工作室，是想传达一个希望：希望能够保存一种宁静、富有尊严和优雅感的环境，以保证这项需要深思熟虑的工作得以从容不迫的进行。即使今天的美国，案件量大幅上升，电子设备迅速普及，审理案件的节奏被迫加快，我们仍然需要捍卫这份充满智慧的沉静。

我自己的 chamber 一共有三间房间，毗邻本区（缅因州，美国东北部）首席法官的 chamber。我居住在这里并在此完成大部分的工作。我常喜欢跟朋友开玩笑说，自己半个世纪的职业生涯其实仅仅是一段 6 英寸的距离，因为我现在居住的房间和 47 年前为本地区法官担任书记员时的房间仅仅隔着一道 6 英寸厚的墙壁。我仍然记得，第一次做书记员时，遇见了一位德高望重的前任法官，他用轻蔑的眼光打量着我，而我正站在一张立式书桌前，用鹅毛笔将他的每一条观点记录下来。

今天的法院，办公条件已经得到了飞速的发展。每张书桌都配备了电脑（包括我自己的在内），复印机、用来传输文件的传真机一应俱全，电子化的法律检索系统更是可以提供几乎任何一家图书馆的任何一部书，从而将各个 chamber 紧密地联系在一起。可即便是这样一个便捷的电脑时代，也丝毫没能减轻卷
69 帙浩繁的卷宗给法官们带来的压力。20 多年前，我担任法官时，就曾亲眼见证了美国最高法院的判例集（reports of decisions）如何从 384 卷（volume）增加到将近 500 卷——在我的整个法官生涯期间就几乎增加了 30%。更可怕的是，联邦上诉法院判例集第二套现在已经出到近 1000 卷了，该判例集里包括了联邦法院对上诉案件的审理意见，我第一次在其上发表意见时它才出到 355 卷，现在整整增加了 600 多卷。也许我还应该补充一下，这些卷宗放满了 46 个书架，长达 123 英尺。以至于每当我想找某一时期州立法院和中级上诉法院的终审判决书时，总要颇费一番脑子来估计它大致的卷宗号。

除了这些书架上的卷宗外，在我自己的书房里，还有几十本专论和法律评论，一些条约，程序规则的复印件。墙上是几幅画以及一些亲密同事的照片。开门出去便是我秘书的工作室，位于三间房间的中部。来看看她的工作环境——一张书桌，一部电脑，一部打印机，一台电话，最高法院的所有判例集，一台大型复印机，用来放置最近案件卷宗的文件柜。墙上贴着两张大幅照片，是我所有助理们的合影，加上他们各自的配偶和孩子，一共有 58 人。

最后，来看看助理们的工作室。进门就可以看见一句已记不清年代和出处的

箴语："如果终日和一群火鸡混在一起，就永远也无法像鹰一样翱翔。"每个助理都有一台电脑，电脑旁边我猜想是书桌，之所以是"猜想"，因为桌面上总是堆满了各种案卷材料、专著、法律理由书（briefs）、意见书草案以及笔记草稿（raw notes）等。一台传真机靠在角落里，同事们的意见书草稿（drafts of opinions）正是从这里源源传送出去。屋子的四周环置着书架，上面也摆放着一套联邦法院上诉案件的判例集，许多卷联邦地区法院判例集，50 卷美国法典注释（United States Code Annotated），一些重要的条约，以及一本《联邦案件摘要》。门附近还有一个小型的篮球网，有时助理们就用投篮来消解工作上的疲累。

二、法官办公室大家庭（Chambers Family） 70

（一）秘书——行政人员

非常幸运，近 30 年来，我一直有位非常出色的秘书，在联邦政府的三大部门协助我工作。其中 2/3 的时间都用来帮助我处理在法院的事务，主要是一些秘书工作。用传统的说法，她就是我的"誊写员"。"誊写员"这种古老的说法起源于拉丁语，意译为"替人写字的奴仆"。确实，尽管一开始就为她配备了人工打字机，后来是电子打字机，最后是文字处理软件，她大部分的工作时间还是用于笔录我的口述，抄写我的手稿或者其他助理的打字稿。一遍又一遍地抄写。每当想起仅仅因为一些细小的格式上的变动，她就要将所有草案从头到尾重新打一遍，我就不寒而栗。

当然还有一些别的工作。我的秘书要对整个办公室的运行进行总体监督，和助理们一起工作，看看他们是否按基本程序办事，还要帮助我处理与国会相关的工作以及法院里部分行政性事务。她要负责订购各种办公用品和设备，并做好记录。不过她工作中最重要的部分还是文秘工作。

反观我现在的秘书们的工作内容，其工作重心转变之大常令我感叹不已。今天文秘工作尽管仍然重要，却不再是首要的。在电脑的帮助下，我和我的助理们都可以提交出一份字迹干净的意见草案。所有的改动也变得轻而易举。最后要做的只是将存储了文案的磁盘交给法庭的书记官付印。再也不需要排版，再也不需要铅印（hot lead）。

文字工作变得简捷了，其他四项工作却要求更高、更复杂了。办公室的行政事务包括和司法系统中的其他法官办公室及办事处进行联络，不断发展、完善现
行的操作规则和制度，统筹管理法官办公室中的各种事务并与法院所在巡回区的 71
政策保持一致，保证办公室物资充备，设施齐全。负责人事的工作人员必须对所

有的规则、要求和程序都有着充分了解，包括评价制度、病假制度、差旅制度以及政府福利制度。各种档案工作、保证机会的公平性、为各种图书和设备的存货制作详细的目录清单，都比以往更复杂，从而对工作人员提出了更高的要求。最后，很重要的一点是秘书还要充当我们的内部电脑专家。我的秘书为我们所有人进行培训，随时监控着我们使用的设备，亲自充当故障检修员或者打电话请来外援，还要向我们推荐各种新兴的软件和设备。

当我充分意识到，与过去相比，秘书的职责已经发生了深刻的变化时，我建议用“司法行政助理员”（judicial assistant administrator）来重新命名这个职位。也许不用多久，不断发展的现实又会给它起上新的名字了。

（二）法官助理

1. 起源和基本概念。说到法官助理这个话题，我必须指出，他们对于一个法官的工作和生活、对于其所在法院的重要性都是不可低估的，人们对法官助理这个角色在当代的作用还是了解得太少了。法官助理制度是由霍勒斯·格雷（Horace Gray）创设的。当时他就任马萨诸塞州最高法院的首席法官，从1875年开始他每年都从哈佛大学法学院聘用一名毕业生来协助自己的工作。1882年，这位以严谨、有条理著称的法理学家成为了最高法院的大法官，他继续坚持这种做法，由他聪慧的弟弟，约翰·奇普曼·格雷（John Chipman Gray）教授来选任每年的法官助理。[2] 之后，小奥利弗·温德尔·小霍姆斯（Oliver Wendell Holmes, Jr.）法官继承了格雷的做法。后来的费利克斯·法兰克福特（Felix Frankfurter）法官，同时也是哈佛大学法学院的教授，开始成批地挑选优秀的三
72 年级学生，送往华盛顿为法官做助理。对此，哥伦比亚法学院的卡尔·卢埃林（Karl Llewellyn）曾经这样评价：“我应该把这一举动列为法兰克福特为我们的法律事业所作出的最伟大的贡献，正是凭借着他的先见之明，不懈努力以及个人威信，使这一‘两个法官’的个别举动具有了发展成普遍性制度的可能。”[3] 这真的成为了一项普遍性的制度。目前有2000多名法官助理在为联邦法官工作，还有600多名助理为破产法官和审裁官（magistrates）工作。[4] 另外，州终审法院（state courts of last resort）、中级上诉法院和初审法院的助理人数也接近这个

---

〔2〕 John Bilyeu Oakley and Robert S. Thompson, *Law Clerks and the Judicial Process* Berkeley and Los Angeles: (University of California Press, 1980), p. 11.

〔3〕 Karl Llewellyn, *The Common Law Tradition* (Boston: Little, Brown, 1960), p. 321.

〔4〕 Annual Report of the Director of the Administrative Office of the United States Courts, 1990, Table 28, p. 14.

数字。

一个世纪以前，让法官助理们终日忙忙碌碌的工作很可能只是核对被援引的判例材料，更正长条校样，为具体的法律问题研究制作备忘录，还有就是各种零碎跑腿的事情。今天有些法官也许仍然只让助理们做极其有限的工作。而我不禁要怀疑，这样枯燥而机械的活儿是否能够吸引优秀、聪颖、有着伟大志向的年轻毕业生们的热情参与。事实上，这项制度的创设者和发起人格雷法官，当时给他的助理们提供的工作空间，很可能更为自由、广阔，也更具挑战性。著名的教授、学者塞缪尔·威利斯顿（Samuel Williston）在晚年的时候曾回忆起 1888 年他为格雷法官担任助理的情景。他写道，

> 除了查看受理案件的法律理由书（brief）和卷宗外，格雷法官还常常让我为他经办的案件写意见书。当然，这并不意味着我的意见可以替代他自己的意见。他是一个非常仔细的人，总是亲自审查那些案件，并亲手写意见书，我的工作只是作为一种参考建议。[5]

而我以为，如果年轻的威利斯顿（Williston）完成的足够出色，格雷法官决不会吝于引用他的意见，更不会因此而觉得有失颜面。奥克利（Oakley）和汤普森（Thompson）教授将威利斯顿（Williston）的工作和今天法官助理们的工作进行了比较，称其“既不是左右法官意见的人，也不是受雇代写文章的人”[6]，他们还认为格雷法官是“这种传统的主要开创者”。[7]

由联邦司法中心（Federal Judicial Center）出版的《司法写作手册》（*Judi-* 73
cial Writing Manual）描述了当代法官助理的几种工作范围：①限于资料搜集、制作法官备忘录、编辑、引证核对（cite-checking）以及对法官的意见草稿（draft）做注释；②允许助理们就一般的案件撰写意见草案的第一稿；③在最后定稿前让助理们对法官的第一稿进行改写；④即使在最复杂的案件中也允许助理们撰写意见草案的初稿。[8]

对那些将助理的工作内容限制在①、②两种范围内的法官，有人这样形容：“他们就如同在很浅的水中，很快便会沉没。”我并不完全同意这种说法。一般

---

〔5〕 Samuel Williston, *Life and Law* (Boston: Little, Brown, 1940), p. 92.

〔6〕 Oakley and Thompson, *supra* note 2, at 14.

〔7〕 *Id.* at 15.

〔8〕 Federal Judicial Center, *Judicial Writing Manual* (Washington, D. C., 1991), pp. 10 ~ 11.

来说，在任何时期，法官助理的工作大体总是和引证核对、撰写备忘录及一般性的意见书草案联系在一起的，在大多数法官办公室里情况也的确如此。不过确有极少数法官，因为精力过人或者长期找不到合适的人选来委派工作，而亲自起草每一份重要意见书的每一个细节。然而，我们中大多数人，可不愿意在没有助理帮助的情况下独自处理联邦或州立法院那些数量和难度都成指数级上涨的案件。

先不考虑其他因素，单就法官这份工作对时间的要求而言，就使最大效用的使用法官助理变得尤为重要。通常，一位上诉法官，在经过 3 至 5 天的开庭审判后，会回到法官办公室，在 3 至 4 周的时间内他需要起草 6 至 10 份法律意见书。其中也许有一两份属于重要性一般（insubstantial）的意见，比较容易处理，其实更多情况下，这类案件会被预先的筛选程序过滤掉。2 至 4 份意见书的难度适中，有的是因为涉及某些法律问题需要比较深入的研究，有的是因为需要阅读的卷宗材料比较多。但总是会有两到三个大案子，可能需要花费一个月左右的时间来研讨和撰写意见书。一个上诉法官每年发布的意见书可达 50 份以上，而可能还有这么多是没有发布的。这样的工作量至少相当于 20 世纪 60 年代的 3 倍之多。据美国律师协会（American Bar Association）的《司法意见书写作手册》
74 （*Judicial Opinion Writing Manual*）报道："许多法官在上世纪 70 年代每年只需制作不到 40 份意见书，而到了 90 年代这个数字已经超过了 100 份。"[9]

今天，助理协助法官进行的工作内容已经不再局限于建议、搜集资料、准备备忘录和引证核对。这一点我们将在第十一章作详细阐述。尽管每个上诉法官都可能有自己的协作方式，我们仍然可以从中归纳出三种主要的模式：

第一种是法官专制（authoritarian）模式。在这种模式下，一些非常重要的工作也交给给法官助理们做，但限制极为严格，又缺乏详细的指导。比如说，让一名助理起草一份法律意见书，他必须先做一份提纲并获得法官的认同。或者，法官的脑中已有一些观点并且直觉觉得可以找到相应的案例来支持这个理论，此时助理的工作就是在这个骨架下面加上血肉。这种协作形式和以前某些技术高超的医学专家采用的形式最接近，当医学家要面对众多病人时，他的技术助理和住院实习生就会分担类似性质的工作。

杰出的医生评论家（doctor-essayist）刘易斯·托马斯（Lewis Thomas）数年前曾为权威的诊断专家赫尔曼·布卢姆加特（Hermann Blumgart）医生做过内科诊疗的工作助理：

---

〔9〕 American Bar Association, *Judicial Opinion Writing Manual* (St. Paul, Minn.: West, 1991), p. v.

> 为赫尔曼·布卢姆加特医生当助理是一种智慧的享受，对精神也有助益……他有着超凡的洞察力，当他走向一位新病人的床沿，他就已经可以迅速的判断出病情严重与否……观看一个医学大师为病人进行身体检查的整个过程是一种充满美感的经历，就如同观看一位伟大的芭蕾舞演员的舞蹈或一位大提琴演奏家的音乐会一样。布卢姆加特非常迅捷地完成了这一过程，随后再问几个问题，便把我们带到病房外面的走廊上来讨论患者的病情，之后他便作出诊断，有时是宣判死刑。[10]

在这样一位大师的带领下，助手和实习生们的职责只是一丝不苟地做好那些零星的杂务事。我敢说今天很少有上诉法官能够怀着同样的自信来面对一起棘手案件。

第二种模式则更符合通常情形。它赋予助理们更多的自由空间，可称作助理 75
自主模式。法官作出最基本最主要的决定，而一些次要的决定则可以由助理们来完成。这种富有新意的合作模式让我想起文艺复兴时期在画家的工作室中大师和学徒之间进行的交流。欧文·斯通（Irving Stone）曾经描述过佛罗伦萨画派画家多密尼哥·基尔兰达约（Domenico Ghirlandaio）的画室中的情形，那时年轻的米开朗基罗正在那里当学徒，学习画画：

> 基尔兰达约负责整体设计，每块镶板的具体设计，以及这块镶板和其他镶板之间是否能融洽和统一。大多数重要的人物肖像都由他亲自完成，但也有几百幅分派给了工作室的其他成员……只有那些从教堂可以看得非常清晰的地方（这些地方将会安放有壁画的镶板），基尔兰达约会亲自制作整块镶板。其他大部分都由高级学徒来画。至于那些侧面的弦月壁，不容易看见，他就让初级学徒试着做。[11]

从这种师徒关系的模式还可以发展出第三种模式，我称它为平等合作（collegial）模式。在这种模式下，几个平等的工作者全力以赴一个共同的目标。助理们完全理解法官的根本意图和职责所在，无须特别解释。由于经验丰富，助理们得到了充分的信任，从而能够非常自信地作出判断。我们的法官办公室已经完全达到了这种信任程度，我的专职助理（career law clerk）为我连续工作了10

---

〔10〕 Lewis Thomas, *The Youngest Science*: *Notes of a Medicine-Watcher*, (New York: Viking, 1983).

〔11〕 Irving Stone, *The Agony and the Ecstasy* (New York: Doubleday, 1961), p. 27.

年。她在我和其他助理之间起了很好的沟通作用，加上我也会亲自把自己能透露的事情尽可能地告诉他们，我的助理们往往很快便能了解我的价值判断和方法，并能够帮助我来解决很多问题。尽管他们心甘情愿地扮演着幕后英雄，他们也和我一样为我们法官办公室的所有工作成果感到骄傲。

如果来听一下我们在作出某项决定前所进行的讨论，即使涉及那些最重大的问题，你也决不会在这里看到专制带来的不平等性。当然，就像乔治·奥威尔（George Orwell）在《动物庄园》（*Animal Farm*）一书中写到的那样："所有的动
76 物都是平等的，但有些动物要比别的动物更为平等。"在法官办公室，由于我是总统亲自任命，经参议院批准的，就职时还立过誓，所以我要比我的助手们享有更多的权力。也许这种平等合作的模式并非在所有的法官办公室都适用，但它非常适合我们。

不管是哪种协作模式，都为助理制度注入了活力。助理们将他们从全国各地的优秀教授那里新近学来的理论应用到法官办公室的工作中来。这些年轻的助理们掌握着许多上一代人所陌生的新方法，他们聪颖过人、活力充沛，他们喜欢提问、善于表达，富有理想。他们为法官提供了一种持续不断的学习氛围，为每个人打开思路，活跃思维。在他们的协助下工作成了法官珍贵的额外收益之一。

2. 招募助理。选择助理是法官和其同事的一项重要工作。虽然这项工作占据的时间并不长，但其间所耗费的努力——学生申请者、他们的推荐教授、法官、法官秘书以及法官助理的努力，却是巨大的。法学院中年级的学生在学期的中间阶段就要开始着手制作简历，开具成绩单，修改、完善或新写一篇样文，说服那些忙碌的教授们为自己写个人推荐信，并完成一份带着恭顺却又没有过分迎合意味的求职信，而且，在这封求职信中，他应该表现出希望能为这位法官服务的强烈愿望和兴趣。每一位申请者通常要同时给 10 位、20 位甚至 50 位法官发出这些资料。

也许这项工作看起来并不难，但我们必须联系当前助理选任的混乱背景来考察。由于某个地区的法官总是会担心新毕业生中最优秀的那部分人被别区的法院先行"抢"走，法官助理的选拔日期被不断提前。以至于学生们在申请助理时，往往才完成了学业的 1/3。有关部门也常常试图将选拔日期推迟到一个统一的日
77 子，这一天所有的法官都会集中打电话给申请者通知其被录用，申请者来决定接受、拒绝或仍然需要时间考虑，情形类似于一场加利福尼亚的淘金运动。然而这种努力的结果往往只是让法官和申请者都更加厌恶整个选拔过程。

尽管我历来在招募助理方面做得很成功，他们能力都很强，还和我成为了好朋友，我却不敢说这其中有什么不变的法则可以遵循。我的助理们来自全国各大

法学院。他们本科时的专业从数学到哲学应有尽有。他们也可能干过和法律完全无关的工作，比如饭店老板、木匠、报社记者，还有的则曾和残疾人、穷人以及不识字的人一起工作过。由于为我工作的助理必须在资料搜集、写作以及编辑上有着很强的能力，我通常比较青睐那些在学校的法律期刊担任重要工作的学生。

我同时还在寻找这样一名助理，除了其他一些基本的素质外，他还需要能写出干净、朴实、有力而又不是用法律术语堆砌出来的美文。很简单的要求？不。文笔优美的助理往往使我受益匪浅。判断一个申请者写作能力的第一线索就是他的申请信。一种极端是极为单调、僵硬、刻板的文字。另一种极端则近乎全是个人思想的自由漫步，讲述着对于人生的渴望和抱负，往往以华丽散文的形式出现。而我要寻找的助理正在这两者之间。

此外，申请者的样文能更好地帮助我对他进行考察。句子是否过于冗长？或者太短、太支离破碎？有时候，一篇文章援引的案例或者脚注太多，常常让我很费力才能跟上作者的思路。有时候摆出一套非常学术气的论点，然而之后的分析却显得十分外行。这当然不是什么写作风格，而是一些更重要的东西：即基本的法律分析能力。样文并不一定要写得像准备刊印的长篇法律评论那样精良。他们可以是在短时间内写成的一些小文章；真的，因为它所需的时间比较少，所以在工作中是非常有用的。我在浏览完一篇样文后，有时也会更仔细地阅读某一部
分，然后问自己：如果这是我写的，在逻辑上我自己是否会觉得满意？通常最后 78
的考察资料就是申请者的教授们或者雇主们写来的推荐信。不是所有的推荐信都会涉及写作能力，我比较感兴趣的是那些我所尊敬的教授们写来的涉及写作能力的推荐信。

尽管申请者的求职信、简历、样文以及推荐信都为我提供了大量的信息，面试仍然具有关键意义。在这轮竞争中，几乎每一位留到最后的申请者在各方面都十分优秀，我要找的自然就是一些“不同寻常”的东西。这些东西可能有关申请者的兴趣爱好；可能是因为教授的推荐信写得别具一格、见解独特；也可能是有证据表明该学生确实将法律职业看做为人类社会做贡献的一种渠道。甚至有的时候，面试交流中一些充满灵感和智慧的思想会感染了我，让我坐在椅子上开始想象：如果这个人为我做一年的助理，一定很棒。而那些保守沉默、神情中透着一丝傲慢、对社会漠不关心的人恐怕无法引起我的兴趣。我知道由于自己总在寻找这样一种“与众不同”的东西，我错过了很多杰出的申请者，不过令人高兴的是，很多次我真的找到了我想要的这些东西。

在我面试一位申请者之前，他或她会先花半小时左右的时间与我现在的助理交谈，了解一下我们法官办公室的工作方式。然后我们一起用午餐——申请者，

我自己，我的助理以及我的秘书。这是一个和法律无关的场合，但它也很重要。有时我们会发现一个申请者笔头功夫非常好，可行为举止却矫揉造作，刻意掩饰着自己的不舒服，仿佛是在屈尊和我的秘书谈话。对于这样的申请者，我们只好请他另谋高就。

3．基本要求：保密性。对于一名法官和他的助理来说，保密是其关系的基石——甚至在生活中也要如此。当代社会，公众知情权的对象包括每一个政府实
79 体及其功能，在这样的时代将秘密性当作司法的法官办公室的重要守则似乎显得过时。但法官之间、法官与其助理之间讨论的东西必须得到保密。那些要求公开单个法官是如何投票及其原因的想法是毫无道理的，因为最后公布的法律意见书中会详细阐明案件事实、各种假设、依据（authorities）、推理过程以及结论。而单个法官的意见已经在此得到了检验。

将法律意见书最后出来前的非正式谈话、激烈交锋、协商以及妥协披露出来，只会歪曲这些原本富有创意、处于尝试阶段的程序（process）——该程序的目的正是得出一个大家都能接受的结果。如果一个法官在发表意见时不得不担忧自己的言论，或深思熟虑或信手拈来，或是沉思后的结论或是被激怒后的反驳，都可能在将来的某一天在公众中传播开来，那将使他背上沉重包袱，阻碍讨论的进行。

这项有关保密的忠告不仅针对法官与助理的谈话而言。它还应被扩展到其他地方。助理不能向外透露在某个合议庭（panel）或法院中，是哪个法官负责撰写法律意见书。他在法庭上与辩护律师交谈时也必须十分谨慎。甚至在与其他法官的助理们打交道的时候也要小心。助理们应该请示法官，是否适宜与别的助理进行交流，以及在何种程度上披露己方的立场及理由。

4．与“聪明人”同行。英语中存在着大量暗示性的集合名词（suggestive collective nouns）：一池（pod）鲸鱼，一群（gaggle）鹅，一个（pride）狮群。很早以前我的一位助理曾为我们的法官助理大家庭找到了一个合适的集合名词：一批聪明的法官助理（a clever of clerks）。这个词，与其说是我们用来自夸的，不如说是自嘲的。从某种意义上来说，法官与法官助理之间的关系在一本阐述上诉程序的严肃著作中是不会占有一席之地的。但事实又并非如此。因为年轻聪颖的助理们与法官之间的友谊是审判事业之外一笔难以言喻的额外收获。它使法官们得以始终保持着激情与创新的活力。无论如何，我必须在描写法官办公室的章
80 节中提一下那些与助理们一起走过的日子，那些令人着迷，偶尔也交织着苦恼的日子，占据了我生命中很大一部分时间。

多年来，我们发现生命中有越来越多的时刻值得一起来庆祝。我们（我的

助理们，我的妻子和我）喜欢在我家、某个助理的住所、或餐馆里举行各种聚会。可能是为了庆祝一个人的生日，或者谁通过了律师资格考试，谁找到了一份工作，谁要离开了，谁要回来了，也可能是为了感谢秘书长期的辛勤工作，或者一起欢度圣诞、光明节，有时也可能是冬至这样的特殊日子，或者一些婚礼（那些我被特许参加的婚礼）。

除了这些传统节目之外，秋天的时候，我们也去爬山，或在宁静的小河上泛舟，在冬季体验户外滑雪的激情，或去缅因州的几个小岛上游玩，我们还在古老的避暑别墅中享受龙虾宴。每过几年曾经的助理们都会举行一次聚会。只要我们的旅行计划允许，我们就会到华盛顿、纽约甚至旧金山举行这样的聚会。有时候，我的助理们还会展现出悲剧演员的天分。有一次我们在晚宴期间重演了《第十二夜》。印象较深的一次演出还有《绿野仙踪》，在这出轻喜剧里，铁皮人和他著名的朋友们沿着那条黄色的砖头路，终于来到了翡翠城，找到了魔术师奥芝……这一次不是无精打采的弗兰克·摩根（Frank Morgan），而是一个勇敢的小女孩扮演的，才几个月大，是某个助理的女儿。

糟糕的是，这样的童话演出进一步演变成了生活中的恶作剧，倒霉的是法官，有一次这样的恶作剧甚至被永远的定格在了录影带上。在过去的10年中，坏点子恐怕已经成为一种传统，正如他们预计的那样，我是非常容易受骗上当的。整个骗局可以从一份颇具吸引力的助理申请开始，申请者名叫斯坦利·伊古利特（Stanley Egret）。封面是我的助理们对他的正面评语，这让我对该申请者颇具好感，他大概也认为这是一个加分的绝好机会。匆匆瞥了一下他的简历细节以及斯坦福大学法学院教授们热情洋溢的推荐信后，我就把这些申请材料带回了家进行进一步的审查。直到那时我才读到斯坦利隐晦的写道他曾参与了“一个不大的事件，导致我犯了加重强奸罪，并因此在旧金山附近的圣昆廷（San Quentin）监狱服刑10年。”一封来自圣昆廷监狱官的信证实了他的说法：“我们发现 81
只要通过一根大链条将他与一台很沉的书桌捆绑在一起，就不需要全天候的监视了。”

很不幸，这些愚蠢的行为正是我那些助理们的“诡计”。在每年的4月1日附近，我就会收到一些看上去很合理的信件：一个法学院教授的来信，我曾对他的书作出评论，于是他写信来谦虚地向我请教如何改进那些我提出批评的地方；美国法院行政办公室（Adminisrtrative Office of U. S. Courts）的负责人寄来一封正式的备忘录，简要列举了减少开支的各种办法，包括取消秘书和法官助理，而将整个法官办公室电子化……并要求法官们“自己花钱购买必要设备”；更近的一封备忘录尤为尖锐，宣称高级法官们必须拥有每分钟50个单词的打字速度，才能保住他们法官办公室中的计算机；最近的一封信很无礼，伪造成我的编辑唐·富斯廷（Don Fusting），信中说其一位同事的客户觉得我的这本书是“一个出色的工具……可以拿来拍成表现司法法官办公室日常工作情况的黄金电视剧或者一部长篇的特写电影”。

很遗憾，目前我还没有能够取得什么重要的成功来回应这样的嘲笑，但总有一天……

在我们考察上诉法官办公室的工作状态前，我们必须先好好研究一下一个上诉案件启动的地方，正是在这里，许多上诉案件的卷宗还没有到达上诉法官办公室，就已经决定了被驳回还是被接受的命运。

第五章　上诉的开始

荒谬的是，在一件上诉被接受之前很早的阶段，我们已经开始了对上诉程序 83
的详细审查。本章的论点是，自提交诉状或提出控告的那一刻起，实际上初审法院或机构采取或不采取每一个步骤可能都最终对上诉事宜产生着深远的影响。有许多看上去有价值的案件并没有提起上诉，而有些上诉的案件却只不过是亡羊补牢。

的确如此，毫无保留地主张原审判决错误的现象已经成为许多法律助手的成年礼（a rite of passage）时刻。刚刚入道的法律助手从法学院刚刚出炉，高分的记录令他们踌躇满志，揪住一个新鲜而富有挑战性的问题而沾沾自喜：这可是个在创制新规则中一展身手的好机会！然而，在她花费大量时间进行研究之前，我要求查阅初审档案及其附录，以确定该案存在适当的反对、请求或动议，并要求查阅初审法官在相应语境中的裁决是否受到了公平的评论。在这些事情都做完之后，我们最常援引的是塔卢拉·班克黑德（Tallulah Bankhead）在阿尔贡金（Al-
gonquin）庆祝印第安学者团体成立大会上致辞时的那句精辟评论：“没有什么刺 84
眼的东西。”创制新的法律尚待时日。

如果初出茅庐的法律助手需要对错误保留的重要性保持敏感的话，那么他们更迫切/必须保持的是一个实务工作者对于这种错误隐患（*terra incognita*）的警觉。

第一节　死亡的阴影笼罩在哪些地方

一、美国传统

我们在第二章中提到过，上诉法院在民事案件中审查事实问题的方式与初审法院认定事实的方式差异不大，甚至会接受新证据。英国的上诉法院也会这么做，但范围较小。然而，对这一最新传统的讽刺在于，错误令状的古老思维方式发生了动摇——按照传统的概念，上诉的目标是攻击初审法官所被指称的错误，而不管关于事实和法律问题的新立场是否会导致不同结果。结果，我们的上诉法院将脚伸进了初审法官的鞋子里，就象初审法官那样去观察事实和争议。

然而，支持我们坚持依据下级法院所做的档案审查的，并非只有历史和传统。还有基于维护初审法官或机构与当事人对抗制两个方面的公平的直觉，这种公平的直觉是一种意识，即一方的对手应当有机会维护、解释或驳斥某些受挑战的裁决，而初审法官应当有优先的机会首先接触这一问题。不错，如果上诉法院准备根据同情的程度而考虑某些未保留的问题却不考虑另一些问题，那么结果将会是极端的不公允占领阵地。

还有一种谨慎的认识，如果后面出现的问题被允许在第一次上诉时提出，这会成为律师们玩弄法术的激励，当他们不能在初审程序中纠正错误时，他们会在
85 面临不利判决风险时保持沉默，而将这些问题在上诉中亮出来作出新的武器。最终的结果是，在对开放性（open-ended）上诉机会的洪流关上闸门之后，又会出现一个制度性的自我保留的因素。

这种态度是否过于技术化？我应当马上承认有一个规避严重错误的阀门存在。在下列情况下，上诉法院会考虑在下级法院未保留的问题：如果不考虑这一问题则会产生“对正义的严重损害”，或者如果这一问题涉及法院的管辖权，或者在刑事案件中如果犯有非常基本或“平常”（plain）的错误。有些法院的态度比以上条件更消极。然而，我冒险地预言，随着不断增长的积案，上诉法院将会越来越严格地坚持问题保留的一般条件。

二、初审法院的雷区

我的目的不在于展示在一个布满陷阱和暗礁的案件诉讼过程中的所有步骤的决定性的或是百科全书式的全景。我的目标要低一些，旨在以一种感性的方式引起学生或实务者形成一种意识。因此，我先写了第三章作为一个剧院的节目表，并提供了审前阶段、庭审阶段以及庭后阶段等机会，层层推进至考虑上诉。

（一）诉答

放弃争点的危险自诉答时就开始了。也许最常见的预测就是，原告的诉请——比如说——是合谋侵犯了他的民事权利，他的结论十分武断，却缺乏具体的事情，比如时间、参与者、事件等等。这种诉求就是面临被驳回命运的诉求之一。原告招致败诉还有一个原因，就是非常狭隘地限定他们的案件，在诉求中遗漏一些事实本身已合理提示的诉因。举一个例子：一原告只主张了一个故意的精神侵害而丧失了主张较易证明的过失伤害的赔偿机会。

图表三　通往上诉之路 86

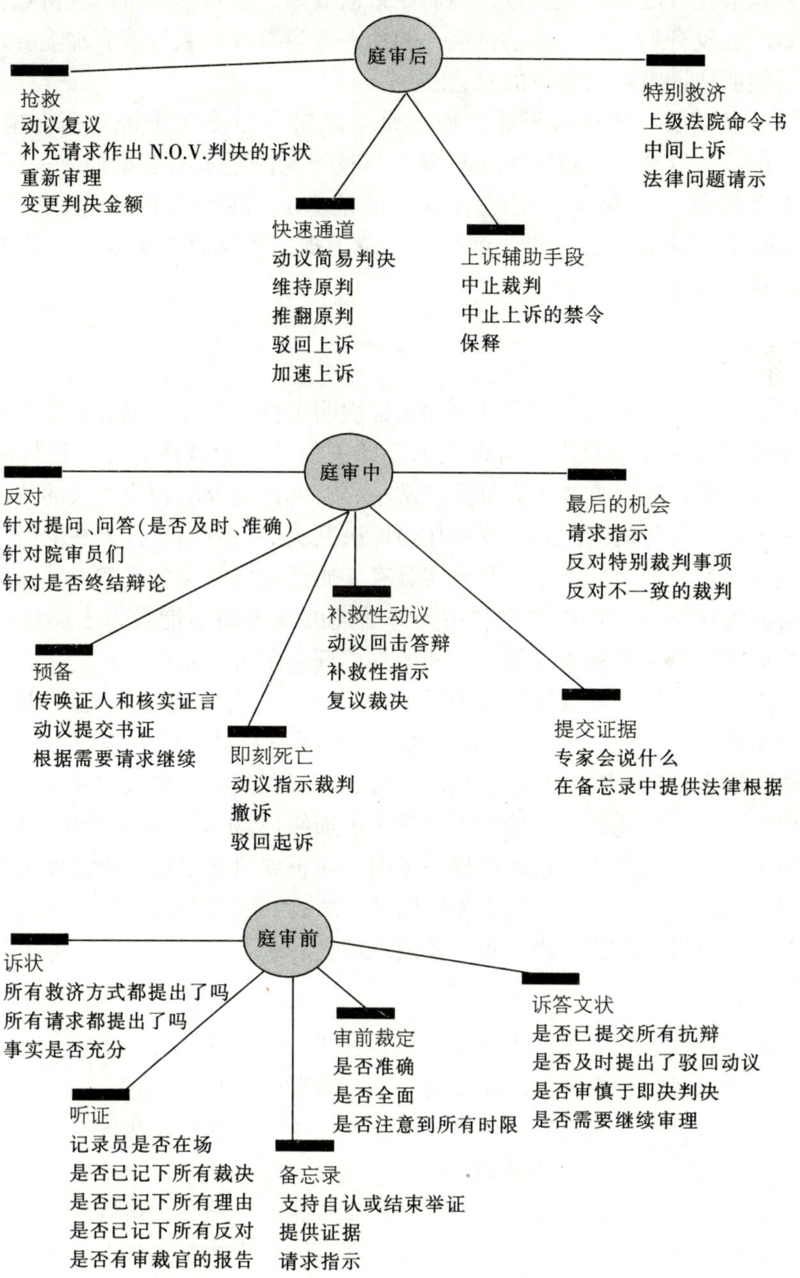

87 另一个例子是，在合同纠纷中没有附带主张侵害赔偿，而由于侵害赔偿的时效较短而该案侵权之诉时效已过，因而导致被驳回。有时本来可以获得赔偿却败诉了，是因为没有列入唯一有偿付能力的那一方当事人，或者没有加上寻求禁令救济而不能抓住损害赔偿救济的机会。

诉答（和动议）不仅对于原告而言是个陷阱，即使对于被告而言也一样。许多被告由于没有在程序规则所强制规定的时间内提起某些防御而丧失了机会，比如对人管辖权、审判地（更适宜审判的地方）、诉讼文件送达、证明强制（suppression）或者指控或当事人的分割。疏于提出确认性防御与原告没有提出主张的后果一样蹩脚。

（二）审前程序

当诉答状、宣誓证词、笔录证言和物证表明案件不存在“真正的”“实质性事实”争议时，在审前程序中可以谋求以即决判决作为救济途径，这种机会正在增加。这要求任何一方当事人都要非常小心，无论是谋求即决判决的一方还是反对的一方。很常见的情况是，反对作出即决判决的一方当事人会在上诉中大喊冤枉说他没有足够的时间开示那些确实具有实质性重要意见的事实。然而这种主张大都会因为律师在初审中没有利用允许展期的规则而不能获得上诉法庭的支持，按照规则，如果解释需要更多时间的具体理由则可以延期。

当事人输掉一场球赛既可能因为反对对一个不良提议的承认，也可能是因为纠正这个承认。比如，当事人如果不在规定的时间内对联邦治安法官作出的建议向地区法官提出反对，则要受其拘束成为地区法官的建议；当事人如果对法官在审前裁令中对当事人立场的陈述错误听之任之不加纠正，则对当事人产生拘束力。

某案中的专家提供了一份表格展示了因未纠正或更新早期的承认而付出的代
88 价。该案争议是关于货物买卖是否能够因某些瑕疵而获得赔偿。卖方试图根据统一商法典的规定提出防御，声称买方在发现瑕疵后未及时通知。在上诉中发生了以下对话：

法官：你所说的这一点（及时通知）在你的审前陈述的哪个地方？

律师：我们没有具体地提出这一点，尊敬的法官大人。

法官：你不只是没有具体地提及，而且作出了恰恰相反的答辩——你承认（对方给予了）适当通知。

律师：但是我们提交那个答辩到现在已经两年半了，我们发现他们是在6月就发现了瑕疵，而不是象我们原来所陈述的在9月才发现——

法官：是在你们提交审前备忘录之后吗？

律师：不是，法官大人，是在那之前。

法官：就是这个时间，对吗？

律师：是的，法官大人，我们的确发现——

法官：好了，继续下一个要点。在我看来，在这一点上你已经死掉了。

（三）口头辩论

成熟的律师是带着一双紧盯上诉可能性的警觉的眼睛来到法庭的。他会在备忘录中埋下伏笔，使之包含能够预测到的问题和机会，这是一种从经验中历练出来的快速决策能力，一种对法院规则的智识，是一种永不松懈的警戒。以下情形要求在不同程度上运用这些武器。

令人高兴的是，对于新手和对于老手，对于愚才和对于天才，准备武器都是一种原料（source）方面的实力的较量，这隐藏在一系列行为之后，包括所有的证据开示和支持、同意或反对证据承认的主张、提议提交证据、请求指示陪审团。然而，尽管准备是必不可少的装备，却不是充分的装备。

比如，在提出或反对争辩证据时，适当的行为更多地是产生于过去出庭经验的大量积累。不成功的经验可以成为最好的老师。在口头辩论中有效反应/行为的要素是：①明智地觉察是否提出反对；②适时/及时提出反对、请求或回应； 89
③精心巧妙地抓住机会，以简短的语言陈明要点；④涵盖所有根据；⑤注意到档案是由反对、主张和裁决构成的；⑥在试图再次提出同一问题的时候重复自己的反对。

有时也会发生被反对的“证据”是非证明性的（nontestimonial），比如法官不以为然的面部表情。在提交本院的一个案件中，律师走近法官要求初审法官在他进行交叉询问时不要再作出轻蔑的表情。我们在档案中并没有发现陪审团受到不当影响的危险，于是我们在我们的意见书中加进了以下建议：

> 尽管我们裁决不支持律师，不过我们认为他采取了适当的行动来保持自己的客户。当律师确定有必要抗议某些肢体语言或表情时，他应当象本案的律师所做的一样毫不犹豫地走近法庭。而法官也象本案法官一样，不应当对批评表示不快，当然除了明显无聊的或不必要的抗议。[1]

如果律师在作出反对时动作太迟缓，可以采取可补救的行为。如果摇摇摆摆

---

〔1〕 *Coleman v. De Minico*, 730 F. 2d 42, 47 n. 4 (1st Cir. 1984).

的大门刚刚打开，那么还有机会把马——大半匹马——拉进来。动议反击可反对的答辩、请求追加赔偿的补救性指示以及请求重新考虑裁决，可能不会跟第一次避免损失那样有效，但是往往在上诉中对于说服上诉法庭处理这一问题产生影响。

临近口头辩论终结时，律师会面临几个关键点需要作出行动。如果被告已经在原告的案情（plaintiff's case）结束时动议因证据不足而指示判其承担责任，那么该动议必须在就此问题展开的所有证明结束时再次重申。如果一方的对手正在
90 作出不适当的终结陈述，则律师必须在机敏、礼貌和必要之间寻求平衡，有时要打断对方并将反对登记在案。如果为了避免无礼而保持沉默，则律师必须尽快寻求补救性的指示，或者在极端情形下谋求失审（mistrial）*。

然后就到了法官对陪审团作出指示了。许多时候，案件的档案表明上诉律师已经在初审法官向陪审团作出指示之前提出过反对，却在嗣后保持沉默。许多法院裁决要求——包括联邦民事诉讼规则第51条也这样规定——当事人在该陪审团退职（retire）之前对疏于给出指示提出反对。而在许多司法区，当事人对一项指控（charge）的精确反对必须重申，即使非常清楚地表明初审法官已不容置疑并且已经确告律师说“你的反对将被保留”。[2]

最后，即使在陪审团已经退职之后也不能放松警戒。如果案情复杂，如果已经请求过作出特殊裁判，则陪审团可能重新回来作出裁判，该裁判是间断性而非连续性的。补救这种缺陷的时间是在那个时候，也就是纠正尚有可能的时候，而不是在陪审团已经解散之后。

三、天真的新信徒和无能的律师所

为了示范在上诉中弃权某些问题的司空见惯的现象，我举两个典型的案例。第一个是由明显的新手提起的假想型上诉。尽管上诉是假想的，但这一案件中的确存在着许多这类案件都会存在的典型错误。第二个案例就更悲哀了，因为它是由一家很大的名气很旺的律师所提起的一件真实的上诉案件，这里只能隐去名称。这些故事隐含着一个伦理就是，律师们在他们进入上诉法院视界之前要想办法扔掉令人生畏的上诉。

---

* 失审是指当院审团无法达成裁判所需要的多数时，案件无法作出判决，需另行组成陪审团审理。——译者注

〔2〕 *McGrath v. Spirito*, 733 F. 2d 967, 969 (1st Cir. 1984).

案例一：天真的新信徒

很久很久以前，当空想先生（Anon Dogood）* 正在努力成为对社会有用的人才时，他被指定为一名犯人的代理人，这名犯人因为被指称破坏关于犯人刮脸的规定而被罚在一个没有暖气的房子里监禁几个星期。条件之恶劣、被指控的侵犯之频繁、监禁时间之长促使“空想”先生提起了民权诉讼，指控（被告）侵犯了该犯人受宪法第八修正案所保护的不受残酷和非常处罚的公民权利。该诉讼将看守、监狱长、矫治委员（commissioner of corrections）都告上了法庭，索赔金额总计50万美元。 91

“空想”先生热情满腔，精力充沛，不仅谨小慎微地会晤了他的客户，而且获得了精神病医生出具的检查证明，这位专家同意就该犯人被过度隔离地监禁的后果作证。他还在口头辩论的前夜非常幸运地找到了一位前任监狱管理官员，这位官员愿意作证证实曾经就监狱对顽固或捣乱的犯人实施过分孤立的监禁的性质进行过剧烈的讨论。这就是一个重要案件的制作。

随后发生的事情是，这个犯人激动地作证说他因为皮疹而拒绝刮脸，孤立的监禁造成他的极度不适。然而，道路自此急转直下。当“空想”律师传唤精神病医生作证时，被告提出了一个不堪一击的理由就专家证人的资格提出反对，声称这位医生在上个月已经退休。没有料到的是，法官裁决该证人没有资格。而“空想”先生就没有再就这位医生的宣誓证词的证明内容提供证据，比如向法官提交一个该医生所要说的内容的概要。

当那位前任官员被传唤至法庭时，更糟的事情发生了。“空想”先生忘了审前裁令中的一个条件，即向对方发出所有准备传唤的证人的通 92
知，而且也没有尝试证明他未能符合这一条件的正当理由，甚至在第11个小时的时候都没有这么做！结果这位证人被排除了。被告传唤了一位同狱犯人，他提交了手里的一份文件，上面记载了原告参与了大量

* Anon意即“马上”；Dogood（贬义）意即“（空想）改良社会、不切实际”，作者以此蔑称作为这位初出茅庐的律师的名字，译为中文大致为“空想”律师或“不切实际”律师。——译者注

的犯人骚乱活动。“空想”先生大为光火地反对允许这位证人阅读这份报告并把它纳入法庭笔录——他的理由仅仅是这张纸没有相关性，他显然想不到用另一个理由提出反对，即同狱犯人不是证明一个犯人的档案的特别可信的信息来源。

最后口头辩论总算结束了。“空想”先生精力旺盛地对法官未指示陪审团小心审视那位同狱犯人的证词提出反对，根据是他在交叉询问中承认他曾经承诺过要在以后的假释诉讼中考虑合作。他还反对法官指示只有当原告确实遭受金钱损失或健康方面的持续损害时才能判予损害赔偿，但他既没有提出替代性指示，也未在作出指示之后重申这一反对。

陪审团经过了相当长时间——好几个小时——的考虑。在一个关节点上陪审团给法官递来一个字条，询问如果不作出损害赔偿的决定，是否能够记载陪审团不喜欢将单独监禁的做法作为本案证据。法官在征求律师的意见之后告诉陪审团，原告只请求就损害赔偿作出判决。“空想”先生当然不会想到去动议补正诉状／诉求，请求从他提交的文件中删除任何提到单独监禁的地方或者（请求）禁令救济。

“空想”先生回到家，对法律所允许的不公正产生了深深的幻灭感。他的客户回到他的牢房，再度产生对于法律职业的蔑视。

总结起来，“空想”律师在口头辩论期间尽管煞费苦心却犯下的至少 8 个错误，不仅预先注定了他的案件在陪审团面前遭受失败，而且关
93 闭了上诉成功的任何机会：在诉状中祈求的救济过于狭窄；在审前裁令中未进行符合条件的努力或提出不符合条件的借口；未尝试获得延期以允许就准备处理“突袭”证人的防御获得机会；未提供预期从精神病医生那里获得的致命的宣誓证词的证明内容；对犯人档案提出的反对只提出了一个相关性的理由，而没有质疑证明力；未提供替代的指示；在陪审团获得指示后未重申两次反对；未尝试补正诉状以使之包括较宽的救济。并非所有这些努力都可以成功，但是如果作出过这些努力，“空想”本来可能赢得某些陪审团的判决，而且肯定会在上诉中获得一次新的审判——只要他保留了他的争议。

案例二：无能的律师所

这次上诉是一宗反托拉斯案件，原告将他的一大堆竞争对手以及地

方、地区、州和全国商会一起告上了法庭。原告主张，被告不仅联合抵制他的经营，而且合谋垄断他的商业势力范围，违反了谢尔曼反托拉斯法。在长时间的口头辩论之后，陪审团认定支持全部被告。以下简要说明在上诉中原告主张（论点）的实质性内容及其带有共同性的弱点，都是没有保留争议。

论点一：陪审团认定，被告未对州际商业施加实质影响，这一认定与证据评价不符。然而，要检验支持陪审团作出被告胜诉之判决的证明评价，就必须有一个要求重新审判的动议，而本案中未提出这一动议。

论点二：向陪审团提出的特殊问题适用过错法律标准来确定对州际贸易的影响。然而，原告只是一带而过地提出了这一问题，说他不展开分析这一点，并且在法庭指示结束时只字未提。

论点三：陪审团对特殊问题的答复是不连续的。然而，原告只是在终结陈述中提到了不连续答复，提示如果不这么做“可能”失审，但
未要求将争议再次提交陪审团，而且当法官在再次召集陪审团时征求他 94
的建议时，得到的回答是没有什么建议。

论点四：陪审团错误地认定被告没有垄断的具体动机。然而，在将这一问题提交陪审团时原告没有就特殊问题提出反对。

论点五：给陪审团的关于注意的定义是错误的。然而，却没有充分具体地陈述反对的根据。

论点六：法官的指示只包含抽象的声明而没有法律内容或针对事实适用法律。然而，反对的语言却闪烁其辞，仅仅提到了不同类型的反托拉斯之诉，而没有明示法官在哪儿有错误以及为什么说法官错了。

我总是纳闷，客户或者他们的律师同伴是否明白以上这些错误是不是太不职业了。

四、给律师的建议

希望读者不会处在上述两个案件中的律师的位置上，为此我提供以下建议。

初审案件中的律师对于这样一个事实一定有适当的重视，即他在法庭上的任何作为或不作为都会同时播下上诉的种子，因此他有几个微妙的任务。首先他必须估计初审法官和陪审团对于反对、请求、动议重新考虑、建议的敏感性。法官是否感觉到暗示其可能会上诉是一种侮辱？有些初审法官感觉，当法庭的大门关上的时候，唯一的世界就是庭审／初审，而他们就是那个世界上至高无上的主

95 宰。另一些法官可能反感上诉的想法，但可能对案件没有太大兴趣，或者可能表现出对于个别问题的偏见，或者可能反感对于他们操纵中的案件的任何含蓄的批评。也有的法官可能非常谨慎地避免任何被撤销的机会，因而在允许提出反对和要求方面持比较宽松的态度。最后，这位法官在聆听、反应、阅读所提交的备忘录，以及害怕改变自己的主意方面，都有一种要求的范式。

律师的路数会包容和适应这每一种范式。他也许比较苛刻和挑剔，也许比较恭顺。但他的一个核心问题是不能胆小笨拙。如果法官专横跋扈，在律师能够说话之前就作出裁决，那么律师必须有礼貌地请求获得表达的机会。耐心和坚持是总体原则，因为在某些时候，一旦话题过时和冷却，法官就可能无法再从容地重新考虑一项裁决（ruling）。

与此同时，律师要尽量有效地对法官作出回应，他必须保持一种微妙的平衡。有两种极端的初审律师：一种是集中全部火力攻克陪审团的律师，一旦不能赢得陪审团判决的支持就一蹶不振；另一种是对初审法官和陪审团极度不信任，他们只谋求为不可避免的上诉构造一个初审档案。而老成世故的律师则会谋求一种快乐的方式。也就是说他们会维持一种均衡的感觉，如果问题能够很容易地改变陈述法或者如果证据不会让他们付出代价，他们就会忍住不提出反对。

除了既对初审法官和陪审团保持敏感的反应又不忽略或过分强调上诉所要面临的问题之外，律师还必须时时记住冷冰冰的档案在复审者那里会产生怎样的效果。他必须记住，大多数上诉法官首先关注的是律师是否给过初审法官合理的机会去理解反对和纠正错误。律师应当想象自己在 10 个月乃至 1 年之后要回答上诉合议庭如下问题：

> ——这一问题你提醒过法官注意吗？
>
> 96 ——你具体是怎么说的？
>
> ——法官的回答是否表明他对你的反对仍然存在误解？你是否努力过把这一问题指出来？
>
> ——在法官裁决后，你是否动议过重新考虑并提出你的理由？

总而言之，有上诉意识的律师会在与他的客户进行关键性会晤——也就是标志着要开始诉讼的那次会晤——之后马上开始将两次审判合在一起思考。当然，他的关注点在于初审，收集所有相关事实，形成案件的所有理由，运用所有法律授权。但与此同时，他也会全盘考虑可能会与上诉相关的问题，无论自己的客户最终是否会成为上诉人或被上诉人。

我必须加上这一告诫。我写上面这些时就好象同一位律师同时操作案件的初审和上诉审一样。然而，大量的主要诉讼是在非常大的律师事务所手里，这些律所采取专业化分工，由不同的组分管初审业务和上诉业务。在这种情况下，上诉律师的明智做法是和他们的初审业务同事一起将所有的余留问题处理完毕。

第二节　决定上诉

一、要问的问题

当资深的巡回法官约翰·C. 戈德堡（John C. Godbold）担任联邦第十一上诉法院的首席法官时，他写下过这样锋利的评论：

> 是否应当提起上诉是诉讼中一个尚未开发的前沿阵地。教材长篇累牍地阐述如何准备和判决案件以及如何对付上诉。我所读过的教材没有哪一本用一点点心力去关注对初审结果不满的当事人是否应当上诉。律师思考是否要提起初审的方法与他们考虑是否要上诉的方法也形成同样强烈的反差。能干的律师会津津乐道于他们在初审中瞄准获胜机会的能力。他们会殚精竭虑，在可以选择的所有方法中作出判断去避免不能胜
> 诉的任何选择。然而，在一个案件走过初审之后——无论案件好坏—— 97
> 他们如果败诉，那么同样能干的律师却会不再对他的案件进行精确的分析就赞成上诉。[3]

在这一评论之后的长达十几年之后，关于决定是否上诉以及在此问题上关于律师与客户关系的公开讨论仍然是一个边缘地带。在走向审判之前，老练的律师不会留下任何余地使他们的客户来来回回地权衡。但给我留下了深刻印象的是，案件在败诉之后律师和客户之间没有进行过多少讨论，司空见惯的行进命令似乎都是“可咒的鱼雷！全速向前！”初审律师可能干得很漂亮，在初审阶段已经为上诉埋下了许多伏笔，但并非总被承认却恰恰存在的危险是，判决的标准会发生重大变化。

“不惜以任何代价上诉”综合症在统计数字上畸高。民事上诉通常大约80%

---

〔3〕 John C. Godbold, “Twenty Pages and Twenty Minutes: Effective Advocacy on Appeal,” 30 *Southwestern Law Journal* 801, 804 (1976).

(只增减几个百分点)、刑事上诉通常大约90%都是败诉了，而且大多数上诉判决都是意见一致的。既然如此，律师们实际上花费了大量的时间、而客户们是在花费大量的金钱做无用功，而上诉法官们和他们的法律助手们则无效地投入大量宝贵时间，在那些他们最终发现下级法官早已处理过的没有什么大错的程序中又走了一遍。如今，所有上诉法院都面临着强大的压力，无论是州法院还是联邦法院，都要求诉讼律师方面对于提起上诉的努力有一种清醒的觉悟。

当然，客户可以合理地得出结论，及时上诉的成本和金钱与胜诉的机会相比是值得的：法官、陪审团，或者二者都可能犯了严重错误；即使根据当时的法律没有错误，但有理由相信上诉法院愿意废止过时的先例，这与保证在上诉中撤销
98 原判决的可能性有相当大的不同，可能有一种现实的机会将初审法庭的理由的范围缩小或者将救济的范围缩小。或者，一个法律问题的解决可能对于某客户未来的业务行为非常重要。

还有一些理由需要在思考提起上诉是否正当时审慎考虑。在刑事案件中，律师可能想尽可能推迟他的客户不可避免的羁押（incarceration)，这是可以理解的，然而底线是这一决定不需要负责任。然后有一个实用主义的理由。根据联邦最高法院的指示（teaching)，法院为贫困的被告人指定的律师，如果客户坚持提起上诉，而该律师如果想辞去该案的代理，则该律师必须提出能够“有说服力地”支持该案上诉的所有根据——做完这个习题要求他投入的时间，可能几乎跟写一份完整的法律理由书并论证上诉理由所花的时间一样多。人们不能责备这位无助的律师要将全部上诉进行到底。最后，还有一种胆怯。上诉中如果在律师看来没有实质性争议而撤回上诉，可能冒着一种风险，不利于在将来由他的客户根据无效的律师帮助而提起的人身保护令诉讼。只有那些有能力拥有健康的自信和稳固的声誉的律师才可能会努力敦促他们被判有罪的客户不要提起无益的上诉。

值得质疑且可能受到制裁的民事上诉包括从消耗时间中占便宜，无论这一时间是用来使客户继续污染环境，或者用来尽可能长时间地滞留有争议的资金，或者用来使不被认可的雇员谈判工会苟延残喘一两年，或者用来迫使胜诉却经济拮据的原告接受不利的和解条件。

无论一位客户是否筹划着提起民事或刑事上诉，律师都必须提出艰巨的问题：错误是否达到了影响结果的程度，或者能否被识别为无害错误？胜诉的机会与上诉的成本相比是否值得（上诉成本不仅包括自己的费用和支出，而且可能
99 要承担对方的律师费，以及到上诉判决形成之日本来可以积聚的利益）？即使能够获得再次审判，那么是否有超越于后面那次审判的机会？在继续寻求通过法院

程序而将纠纷打到最后的途径之外，是否还有其他出路？

在一个谋求上诉是否明智尚且存疑的已终结案件中，必须有一个目标明确的判断/判决（judgment）。罗伯特·斯特恩（Robert Stern）曾经强烈要求“未尝试过该案件的律师所能给予上诉的较高客观性”的帮助。他阐释如下：

> 败诉的律师往往太轻易相信所有不利于他的裁决都是完全错误的，或者甚至是大逆不道的。上诉法官不会从这种偏见开始，而一位赞成该案的新律师，至少在一开始是这样，也可能与同样第一次看到该案的法官意见更一致，因此他在关于胜诉机会的问题上能够提供更好的建议和提出更有说服力的论点——如果有的话。这种建议在决定是否应当提起上诉时可能是无价的。在这个阶段咨询一位不同的律师（当然他也可以是同一律师所的成员）可能经常是极端重要的，即使这位受咨询的律师并不完全或主要负责上诉事务。[4]

二、制裁的新时代

在决定上诉时有一种新的紧张氛围。随着上诉法院启用制裁的倾向的不断增加，游戏规则正在发生嬗变。这起因于案件负荷令人生畏的增加，由此带来州法院和联邦法院都在诉诸一些用于将他们从没有价值或没有技术含量的上诉理由中解脱出来的措施。这还不是产生于法院的意识中的自我利益，但却产生于一种认识，亦即将时间耗费在无谓的案件上，不如将这些时间用于其他那些比较有价值的上诉案件。在更加平静的时代，可以使两类案件的处理都有充裕的时间，如今交通的拥堵和时间的压力迫使作这样的选择。

（一）制裁的范围 100

因此当下州和联邦上诉法院都正在以日益增加的频度对当事人及其律师在作为或不作为两个方面的疏漏或懈怠施以制裁措施。有两个宽泛的制裁根据：违反关于提交上诉的时间或文书内容的技术性规定；以及更常用的是，针对提起轻率上诉或者在提起上诉方面没有正当理由地拖延。

在联邦法院，《联邦上诉程序规则》第31（c）条规定，上诉人由于未及时

---

〔4〕 Robert L. Stern, *Appellate Practice in the United States*, 2nd ed. (Washington, D. C.: Bureau of National Affairs, 1989), p. 71.

提出法律理由书而可能被撤销上诉；对于懈怠的被上诉人的制裁是丧失进行口头辩论的机会。在州法院，除一两个州外，全部采取了相同或者更严厉的制裁措施。疏于遵守关于提交文书的规则会导致（以严厉的命令进行的）训诫、给律师所发出伦理授权函件、退回法律理由书命其修正、裁定其承担过分或不相干事项的成本、迟延损害赔偿、驳回/撤销（dismiss）上诉人的案件、被上诉人丧失口头辩论机会，以及接受上诉人在法律理由书中提出的事实，宣判为藐视法庭、罚款、吊销某人在上诉法院的执业许可证。

除了具体规则之外，还有一种抑制无实质内容之上诉的宽泛的政策。在联邦法院，《联邦上诉程序规则》第38条规定："如果上诉法院确定上诉是轻率的，则可以判处其向被上诉人承担损害赔偿和一至两倍的诉讼成本。""损害赔偿"被解释为合理的律师费。在写本章时，各联邦上诉法院根据本条规则而针对当事人及其律师作出的承担成本和费用的决定已经占双面印刷的罚款记录（fine print）专栏中的24页了。此外，美国法典第28卷第1927节规定，任何律师"在任何案件中将诉讼程序不合理地复杂化"都必须由其个人承担"超额的成本、开支和不合理发生的律师费"。在罚款记录中对案件的解释涉及这一规定的
101 有24页。很明显，律师们在决定是否上诉时能够付得起放任自流的代价的状态一去不复返了。

并非全部却是占绝对多数的州法院也获得了具体的授权，对提起轻率上诉或玩弄拖延战术施以制裁。制裁的范围从轻到重包括承担一倍成本、双倍成本、三倍成本、损害赔偿（包括合理的律师费）、"实际的"律师费、援引藐视法庭规定、补偿判决中上诉部分金额的10%～25%（如果上诉人没有完成上诉以及提起上诉的目的主要是为了拖延）、维持原判决以及适当规训（discipline）。

对律师的利益造成特别损失的是，这个新时代的制裁所影响的不只是当事人而且直接影响到律师。这里有一个本人所在的上诉法院制裁律师的判例。在一宗人身伤害案件中，诉状提出了10个要点（count），陪审团的判决在所有请求上都支持了被告。上诉人上诉称，"地区法院在证据和程序上都存在错误，并且对他存在普遍的偏见。"[5] 上诉人不仅没有在法律理由书中一一论证他所列举的上诉要点，而且"极少或没有讨论"这些问题。[6] 尽管如此，法院还是讨论了几个问题，认定其没有任何实质内容，于是结论写道：

---

〔5〕 *Lisa v. Fournier Marine Corp.*, 866 F. 2d 530, 531 (1st Cir. 1989).

〔6〕 *Id.*

> 我们相信，这是一个评定上诉人的律师个人承担被上诉人的上诉费用和上诉中的合理律师费的适当案例。在其代表上诉人提交的法律理由书中缺乏有意义的论证，使本次上诉失之轻率，因此给被上诉人造成了不必要的负担。[7]

（二）给律师的建议

思考违反规则或轻率上诉的制裁领域的新近和迅速发展，产生了第一个警示：上诉律师必须把握一种新的学科，也就是被我的律师朋友们称为“客户控制”的学问。其基本意思是，在形成是否上诉的决定时要扮演积极的角色。律师必须在他认为重要的问题上增加机会的平衡，要考虑一个忙碌的法院会怎样看 102
这些问题——也许是由对手推动的。在这种节骨眼上，“第二种意见”非常有用。

在任何情况下，在难以预见法院最终就轻率上诉作出裁判的任何案件中，律师在就是否上诉提出建议时都应当考虑到这一层。我的一位前任法律助手曾经告诉我，一个客户不仅在上诉中败诉，而且受到上诉法院严厉惩罚。当这位客户当初向律师所表达对初审判决的不满时，该律师所制作了一份函件，以强烈的措辞告诉他上诉很可能不成功，即使存在会被讨论的问题，也可能面临制裁。这个律师所留住了自己的客户。

有的时候——也许频率正在加快——律师可能不得不自食其果撤回案件，而不是将上诉进行到底。在自己对客户的义务、信用的损失、招致上诉法院制裁的可能性之间寻求平衡可能是一种备受煎熬的决定。当然，有时律师相信一项已经过时的法律规则却仍然有效，他坚信自己的理由应当占上风，然而法律可能最终认定这位律师只是在毫无道理地与风车作战。唉！这种令人尴尬的不幸永远是可能的。

如果选择对于受雇律师而言非常困难，那么对于指定律师而言就几乎是不可能了。也就是说，当法院指定的律师得出结论认为客户的上诉没有实质意义，根据最高法院现在的要求，在他辞去上诉代理之前，他必须向上诉法院提出可能支持该客户的每一种合理的主张。对大多数人而言这要比将案件进行到通常的提出法律理由书和言辞辩论阶段简单一点。

最后提醒律师注意的是，在这个制裁的新时代，律师必须认真思考对于客户

---

〔7〕 *Id.* at 532.

的义务是否要求他在法律理由书中包括提出对另一方当事人实施制裁的请求。这个问题已经摆上了“职业礼仪”（professional courtesy）的桌面上，但法院在涉及
103 制裁的问题上，如果律师没有提出请求，则一般采取十分节制的态度。如果上诉的确没有实质意义，只是拖延了结账的时间，那么对于客户和对于法院来说都有责任要求制裁。

（三）向法院提出的问题

如果说律师在制裁的新时代面临着一块未开垦的新领域，那么法院也是一样。法院与律师之间的大多数争论都涉及初审阶段的制裁，然而在上诉阶段仍然余留了大量问题导致误解和紧张。违反规则如何适用制裁也许比较容易，无论如何，规则是确定的，而适用起来通常不太超出律师的预期。

比较困难的问题产生于当上诉法院断定上诉是轻率的或不当地拖延了案件时，法院不必在慎重考虑几星期之后表明同意初审结果，然后根据自己艰苦卓绝才赢得的后见之明作出和宣告该上诉系轻率上诉的判决，当法院作出这一判决时，它应当阐述引致其结论的因素，使普通法关于这类制裁的规则得以建立起来。如果是否需要作出象撤销案件这样的制裁的具体情形模棱两可，或者如果从初审档案中显示责任归咎于客户或律师不那么确定，则应当获得通知和回应的机会，所以有些州就此作出了专门规定。

第三节 通往上诉之路

一、中间上诉：一次选择机会

当初审结束时并非完全完成了。在终局判决与几个月之后提交上诉法院的时间之间有一个窗口，给当事人提供了一个接济（aid）其理由（cause）的机会。首先，有明显的补救性动议，比如请求重新考虑的动议、请求陈述理由的动议
104 （如果没有用裁令）、动议作出不顾陪审团裁判的判决或者动议重新审判。然而，当所有改变初审结果的机会都用尽的时候，仍然有一些机会去引起上诉法院的早期注意。有一些机会可以使上诉法院在考虑正式的、已经完全成形的上诉之前先注意某个问题。这些都被称作中间上诉。

一位负责任的老练的律师不会轻易地或自动地形成一个中间上诉。他不希望用一些不成熟的努力去消耗他在法院的信用。然而在某些场合下，提出动议是值得的，比如中止（stay）判决，或停止（enjoin）执行命令等待上诉，或同意向

刑事被告保释，或同意简易维持或驳回，或加速上诉进程。这些动议和附属备忘录必须异常清晰和简洁，它们的第一读者将是那些老练而多疑的参谋律师/幕僚律师（staff attorney），他们的兴趣仅仅在于档案中的事实和法律难点，而不在乎花言巧语；它们的第二读者将是那些在紧迫的时间压力下工作的像被恶魔缠身似的动议或紧急事务法官。

然而，如果动议有正当理由而且法律理由书的陈述简明扼要，在一定范围内也有大量的积极结果：如果初审法官太离谱，那么可以速战速决地取得撤销决定或发回重审的胜利；如果获得中止、禁令或者保释，则可能成为取得最终胜利的良好预兆；甚至如果在经过周密考虑之后动议被驳回，也可以从一位甚至可能多位法官那里获得教育和上诉利益的鼓励：至少，延长了上诉的日程安排。

二、汇集初审档案

人们也许以为在一次上诉中收集、组织、提交初审档案的附录是一件非常低层次的、拉杂的体力活，实际上其中包含了律师的危险和机遇。危险在于，如果上诉人未将对于决定某一争议必不可少的某些笔录证言、对话、裁判或物证包括在内，则法院非常非常可能不会去搜寻原始档案。

机会在于，以一种迅捷的方式帮助上诉法庭完成了法庭的工作。我这么说的 105
意思是，不包括那些不必要的证言笔录或其他证据；提交一个清晰的附录一览表和页码顺序，将所有打印的事项用易于记忆的表格重新制作一遍；在法律理由书的补遗中统一标明最重要的笔录证词、法官的指示、重要物证、初审法庭的判决所在的页码；为自己预留在需要时补充初审档案的机会。在此问题上我能够提出的最好建议就是，去询问法庭书记官办公室的人员，不仅询问当地规则和信息手册，而且询问关于该法院的好恶倾向。

三、弃权陷阱

最后，在上诉法院还有一个放弃争点的风险，尽管这种风险不象初审法院那样多。提交上诉的争点如果没有在法律理由书中确认则视为放弃。此外，只以一种粗略的方式主张的争点，比如总是搰（隐藏）在某些脚注中的争点，可能被认为是放弃争议。有的时候，上诉直到提交应答性法律理由书时才开始讨论完一个争点，就会发现在此问题上自己已经被法院关在门外了。即使是改变一个争点的主张根据，都有可能被认为构成了对该争点的放弃。

通往上诉法院之路如同通往西天取经的征途一样险象环生。如果律师们能够挺过火焰山、飞越黄风岭、横渡流沙河、捣毁白骨洞，历经八十一难而不死，并能成功地保存所有争点，他们才很肯定地取得了向上诉法院这座神殿提交实质性问题的权利。*

* 作者在此将上诉胜利描绘成朝圣者的成功（Pilgim's Progress），而在描述通往上诉之路之艰难险阻时，引据了许多中文读者不熟悉的典故，比如 The Slough of Despond，The Valley of Humiliation，The Doubting Castle，The Celestial City 等，其语言之生动和寓意之深刻，用我国脍炙人口的西游记中的典故更能传神。故在翻译这一段时一反自己信守的法律翻译规则，而采用了意译方法。——译者注

第六章　法律理由书：一位律师消费者的反思

据我所知，在人类进取的领域中，没有哪一个在区区几页纸上书写和构思的 107
论证（argument）能够象作出上诉判决那样具有决定性意义。而上诉实践的重炮就是法律理由书。一个平庸的律师要学会将技巧和判断汇在一起制作一份有效的法律理由书，其困难程度就跟一个成功的小说家掌握写作一个动人的小故事的难度一样。在我自己的图书馆里，我拥有一打一打的论文和一摞一摞的书籍详细讨论法律理由书写作的“几要”、“几不要”，还有成百上千的这类作品。

我的宗旨不在于加入这些值得加入的行列，而是试图谆谆劝导一种看重艺术形式的基本态度，这种形式上的技巧有助于执业者认识到他们的全部潜能。没有一种固定的公式，不过还是有某些保持基本水准的原则，其目的在于如何使一份10至50页甚至更长的文件尽可能具有可读性、完整性、公平性和说服力。

我要向法律理由书的作者所说的第一件事，就是法律理由书必须至少适合于三个受众。首先，法律理由书必须谋求说服老于世故的（如果不是玩世不恭或
愤世嫉俗的话）上诉法院的参谋律师，使他相信该案的确值得进行口头辩论而 108
不应当简易地维持或以简短意见书的方式驳回上诉。即使法官的甄别合议庭必须赞同任何将该案从口头辩论中抽出来的决定（join in decision），参谋律师的第一印象仍然是十分重要的。第二个受众包括所有审判本案的法官和他们的法律助手，法律理由书是递交给他们的第一介绍信。对于第一阶段和第二阶段的所有受众而言，清晰地陈述争点和简洁地加重强调争点都具有至关重要性。第三个受众最为重要：就是被指定写本案意见书的那位法官和他的法律助手。即使达到了某种程度的表面清晰和简洁，也还必须有足够考究的详细论证和对事实及法律的引证，以便为有利于自己的上诉意见书提供弹药。

所有这些受众都很重要，而我还想描述一下我是如何使用法律理由书的，比如我从中寻找什么，什么对我会有帮助，什么会令我激动，什么会令我气恼，以及总体说来我在自己的办公室如何准备在法庭进行的口头辩论，以及如何准备随之而来的判决过程。如果写到我自己作为一名上千份法律理由书的消费者的口

味，似乎过于褊狭，因此我应当加上一句：我怀疑我的反应远不是独一无二的。

第一节 阅读法律理由书

一、阅读的语境

上诉法官工作中的一个非常重要的部分就是潜心阅读法律理由书。他们在心里想着，法律理由书的作者如果能够使人通过阅读其作品而洞察所发生的一切，那会对作者本人有所帮助，我会邀请他到自己的办公室来。*

（一）阅读法律理由书的场景

上诉法院的开庭周期是每个月一次或每六周一次。在法庭集合之前大约两
109 周，大概有二三十份法律理由书以及一并提交的一大摞一大摞的附录送至法官的办公室。法律理由书的篇幅在 15 至 100 页之间，有的更长；这样法律理由书的总量达到 2000 至 3000 页，另加 3000 至 5000 页附录（包括诉答文状、动议、听证和庭审笔录、物证、初审法庭裁决）。仅仅是法律理由书就堆积成 1 至 2 英尺高。

着急的法律理由书作者最好牢记他是在与两打同行竞争，每个人都要求从 3 位乃至更多法官以及同等或更多数量的法律助手那里占用宝贵的几分钟或几十分钟。另外这种阅读还不是在阅读清晰的、审美的、令人愉悦的、可以速读的诗歌，而是那些上诉人或被上诉人攻击司法错误或令人不快的失败而主张权利的尖利的号角。这种主题从简单的街头拘留，到从技术上说最复杂的环境问题、反托拉斯或产品责任问题。

我自己阅读法律理由书的习惯，由过去在晚上花几个小时，在写完意见书之后放在一边才开始阅读法律理由书，现在慢慢改进为把阅读法律理由书作为我在办公室的主要活动。我发现白天阅读能够保证警醒，其价值要大于“节省”白天的时间去做其他琐事。最多，大量的整块时间应当用来阅读，以使在那些重要的案件中可以查阅附录或者阅读要引证的判例。我会尝试阅读每个案件的每份法律理由书，但它们并非平分秋色。我的目标是对法律理由书有足够的熟悉以便在

---

* 在翻译这句话时有些疑惑，美国法官不是不可以在法庭以外与律师接触吗？那么我的理解是，作者在此要么是指作品如果生动则如同直接对话，要么只是一种诙谐的调侃——“这位仁兄写得不赖啊！破个例，把他请到我办公室来！”——译者注

与我的法律助手讨论时有所裨益，他们每个人都阅读了分给他们的法律理由书，他们把更多的注意力放在细节上。我在很久以前就不再要求我的助手制作包括事实、争点、主张和评论的法官备忘录了，对我而言，要求没有经验的助手少写一点而代之以大量讨论案件，收获要大得多，在讨论中如果我认为必要我会自己做这样的记录。

（二）一个改变偏见的故事 110

每到这时，我的周期性的苦恼便开始了。如果我拿起的第一份法律理由书还算漂亮，我便开始我的漫步巡视渐渐步入判决。我称这个过程为“循序渐进的判决形成过程”——至少对我而言是循序渐进的。另一种情况就不能在早期形成确定的决定或者在这个过程结束时达至理想的平衡，我的思想轨迹一直象逆风行使的航船一样颠簸摇摆。或者，用一个比喻，作出决定对我而言很象是追溯一条河流的源头，顺着每一条小支流退回到它在一片沼泽地中的发源地，只有回到干流，沿着狭窄的河道溯流而上，才能最终找到真正的源头。

阅读一份上诉人写的优秀法律理由书，其立场看起来十分合理。但是一份被上诉人写得好的法律理由书——他的立场受到了一位初审法官意见书的支持——看起来也无懈可击。然后与法律助手在办公室展开讨论，对我的暂时立场提出质疑。这种质疑可能事后为口头辩论推翻，又会产生一种新的偏见，然后这种新的偏见可能为口头辩论后的法官合议所动摇。正如研究和写作会提示新的问题一样，合议庭法官的直觉可能被证明是错误的。意见书写完之后经过传阅，他们法官的反馈意见可能改变思维的进路、论证过程、甚至结果。只有当这个过程结束之后，才能说决定形成了，这一决定是在经过多达七轮之后才形成的。

在我看来，保障法官中立不是依赖于在整个过程中对判断持怀疑态度，而在于承认每一个持续的判断都是暂时的、零碎的、可能受到修正或者撤销的，并在潜意识里不断洞察这个逻辑过程。未做过律师的人可能期望法官是一个果断的楷模。这一特征更适合于初审法官。真实情况更可能是，上诉法官在疑难案件中往往被置于一种长时间举棋不定的不愉快状态。

二、准备 111

（一）第一印象

当我拿起一份法律理由书时，我首先要找的东西是制作者的姓名或律所。这种习惯通常是一种中立的。我可能不知道也可能听说过这位作者或律所，或者，如果我的确有印象，印象也会是很模糊的。但是我必须承认，如果我把这位作者与过去口头误导的、无用的，或者其他不可靠的法律理由书和口头辩论联系起来了，那我就会从特别的警觉开始。同理，如果作者的姓名或名称唤起了我对过去坦率的、能干的、高度职业化的表现的记忆，那我会就放松下来，准备再次享受这种经历。

其次我要寻找的是初审法官是谁。在多数情况下这也是很无关紧要的。但我不能不说我的过去经历以有时会在我开始考虑一个上诉案件时影响到我的态度。在大多数情况下，某个初审法官会因为一系列已被忘却的裁决而站在我的意念之中，那些裁决有的站得住脚，有些则是可撤销的，但我可能记住了作为不断被上诉法院撤销的裁决书作者的那位法官。我忍不住要用略带怀疑的眼光开始接近对这位法官提起上诉的案件。最后，还有一些初审法官从我的意念中脱颖而出，他们一直是开明、敏锐、谨慎、杰出，在此我恐怕要从偏见开始了，预设性地考虑撤销这位法官的裁决可能性不大。

这些基本问题可能被证明是没有意义的，所花费的最多不过是一略而过的时间，我紧接着就想看见这是什么样的案件。有三种标记：目录表、问题陈述和论点综述。始终令我吃惊的是，有了这三个帮助，我能够经常浏览一下这些东西——多数时候是为了舒服——而不必去扫一眼整个案件究竟是什么样子。

（二）下级的决定

我真正开始全身心挖掘案件本身是从阅读下级法院或机构的裁决或意见书开
112 始的。我喜欢在投入于一方当事人的理由之前读那些过去被认为是无偏见的裁判者们已经说过的关于本案的情况，而此时我经常获得一种印象，即我们正在处理两个差异很大的案件。如果律师稍有些敏锐，他就会在他的法律理由书的附件中涵盖这些裁决或意见或裁令。

有时我从这种信息中一无所获，法官可能只是在边角上提到“同意”或“驳回”或“撤销”动议（“motion granted” or “denied” or “dismissed”）。有时法官会作出一个非常简短的、结论性的裁决，几乎没有给上诉法庭理解这一裁决的理由。然而有时则会有一份完整的意见书，在其中提出了全部关键事实，表明他们是如何受到证据支持的，以及将相关权威根据与事实联系起来并推导出结论的清晰的论证。在这种案件中，上诉法院除了心满意足地写上“维持下级法院的意见”之外就别无所为了。然而，即使下级法院的意见书没有处理好这一案件，但他详细阐述了事实、程序经过、所提出的争点、各方主张和论证以及该法院自己的论证，一般在上诉法院平衡该判决的背景 /语境和出发点时也是非常有价值的。

（三）门槛性的调查

1. 管辖权。任何上诉法官的第一个问题都是：这个案件是否适合于我们管辖？这一问题是由法律的性质所强制的，法律既授权法院又对其进行了限制。上诉法院只有权听审那些它已经获得授权处理的某些类型的争议，另两个前提是当事人适当地提交其解决，并且在允许上诉之前的前置程序中已经及时采取了所有必要步骤。换言之，必须享有事项管辖权、对人管辖权和上诉管辖权。

令人奇怪的是对于管辖权的调查会如此频繁地发现有一个致命的失误，当事人要么忽略了要么可能希望法院会忽略这一问题。所以我的助手有一个询问某些 113
问题的固定的裁令：所有的当事人是否都适当？如果是联邦上诉法院，是否真正存在着州籍的差异？是否所有的当事人都在上诉文件中列名或指认——这一问题过于技术化却十分必要？下级的裁定或判决是否具有终局性或者是可上诉的中间裁定？是否符合所有的时效规定？是否满足了穷尽一切行政救济和司法救济的要求？自下级作出决定之后是否使整个案件事由消失？

如果发现管辖权可能存在瑕疵的时间足够早，则法官应当努力与同事商议，以提醒当事人需要就此问题进行讨论并在法律理由书中展示论证。如果因为时间压力不允许提前通知，则上诉法院甚至在口头辩论之后也可能仍会欢迎提交补充备忘录。

2. 程序。程序规则几乎与管辖权原则一样神圣，不过这一问题更多地属于上诉法院的裁量权范围。正如在前一章顺带讨论过的那样，上诉法院会怎样考虑问题几乎总是受制于初审法院或机构的诉讼档案中所保留的信息的充分性。因此，即使在我开始认真阅读上诉人的法律理由书之前，我也会看一眼被上诉人的目录，以了解是否有什么所主张的争点没有保留下来。如果什么都没有说，那就指示我的助手去查一下初审档案，看看是否有过反对、请求、提供证据，以及在上诉中提出确认争点。如果我阅读的下级法院的意见书中没有提到上诉人法律理由书中所提到的某个论点/主张，那我就会嘲笑这个争点竟然在已经死去之后经过十一个小时的努力之后又复活了。但不仅仅是争点必须保留在下级档案中，而且必须在上诉时提出来。如果上诉人的主要法律理由书中没有清楚地提出来，则会有大麻烦。在脚注中或应答法律理由书中提到这一争点可能也无济于事。

3. 复审标准。我的第三个门槛性的调查是确认复审的具体标准——这些规 114
则会告诉上诉法院，上诉法院在何种程度上可以就事实问题和法律问题以自己的意见取代初审法院或机构的意见。一个宽松的幅度供我们在此范围内选择适当的指南。在某些案件中，当我们审查一个法律规定由机构行使裁量权的决定时，我们的“窗口”就仅限于那些符合反复无常的条件的决定；与此相反的另一端是纯粹的法律问题以及我们拥有尚方宝剑代之以我们自己的观点的问题。

对于复审法官而言，这意味着在大多数案件中，我们知道我们必须准备好默许那些我们既不愿意接受又没有充分的不合理或不予支持的理由允许我们推翻的决定。因此非常重要的是，律师要在他们的法律理由书中通过指认适当的复审标准来帮助我们。有时有的争点要求适用不同的标准，比如在法官的结论提出了一个事实和法律混合的问题时。一份清晰、确切、有权威判例支持的复审标准的陈述/声明可以把我解脱出来进入一个良好的开端。

三、实质问题

（一）为了事实而阅读

在准备阶段结束之后，我就转向案件本身。有时事实是确定无疑或没有争议的，有时事实问题被简单和直白地提出来了，但有时，比如在涉及高科技设计或方法的复杂的商事合同案件或贸易保护案件中，就必须花费几个小时去理解事实和争辩/主张。

除法律理由书以外，通常也很值得阅读初审档案中那些最根本的部分：诉状中有实际意义的文字、法官给陪审团的整个指示、关键物证、律师在表达反对时的有实际意义的语言、一位证人的关键证词，以及受到挑战或被诠释的制定法和
115 规章的整个体系。谨慎的律师会在法律理由书的附件中包括这类事项。很明显，阅读得越多，则理解得越多。然而，时间必须非常理性地分配。第一次阅读事实时所用的技巧，除获得一般性的理解之外，主要是识别需要法律助手特别额外工作或/和需要在口头辩论时间及律师的地方。

对于这一目标可有可无的是一个法官自己形成的习惯——我称之为司法的鼻子。这个器官异常敏感（如果不是过敏的话），能够嗅出法律理由书中散发出来的无论浓烈还是微弱的气味。司法的鼻子如果想要适当地服务于主人，就必须将那些只是不喜欢的气味和那些作为某些地区性疾病或虚弱表征的气味区分开来。前者是令人遗憾的，它不反映法律理由书的起草者的信用，却检验作为阅读者的法官的坚韧（fortitude），但可能并不表明恶意。这种良性的——却无益的——条件是具有以下特征：乏味、长句、被动式、指代不明、冗长的段落、语言不连贯、拼写错误、语气谄媚、自命不凡的愤慨、装腔作势的挖苦对手的正直。

更严重的——偶尔也会致命的——是散发出以下气味：

——错误陈述重要事实。法律理由书：没有证据表明政府的线人是可靠的。事实：警官的宣誓证词声称，线人已经在过去的6个场合提供过精确的信息。

——遗漏重要事实。法律理由书：请求指示陪审团被错误地拒绝了。事实：的确提出过请求，但是在给出指示之后没有重申。

——选择性地复述证词。法律理由书：警官到达时上诉人在厨房里。事实：上诉人的确是如此作证的，但警官的证词是她在地下室里，而在那里可卡因正在打开……可信性判决一般是不可上诉的。

——随便地提出事实，不提及档案中的任何页码。

——详尽其事地陈述事实。不辞劳苦地长篇叙事，梳理过每一个细节，包括
半页人物，几十页对话，以及在不同地方发生的事件，毫无重点和针对性，法官 116
看完之后试图弄明白，这位法律理由书作者的目的是不是想转移读者的注意力，不让他们发现自己的行踪。例子：在19页事实之后，跟着是5页苍白无力的论点，只引证了一个判例作为权威支持。

——提供一个复杂的法律和规范网络，不做任何减少其复杂性的努力。法律理由书的作者并不是意图误导人，倒是变得十分透明，指望读者博学并具有专业背景。

——不必要地重复事实。例子：法律理由书在陈述案件时先提出了一遍事实；在描述判决过程中所发生的情况时又大量地重复一遍；在介绍口头辩论时再次出现；而到了就实质性问题进行论证时这些事实又出现了。

（二）为了法律论证而阅读

处理争点、推进主张、对待权威支持的方式经常给我发出一个微弱的信号。对于初出茅庐的执业者而言，以下是一些首当其冲的备选者：

——忽略某个争点。在包含了许多争点的复杂案件中，快速阅读可能让读者对于法律理由书的着力点留下印象。再仔细地阅读一次（并与对方的法律理由书进行比较），可能发现被遗漏的争点，这个争点可能没有很好地处理——或者原因没有一种有说服力的方式来处理它，或者更无辜的是，因为作者认为它不重要。

——错误地陈述某个争点。出现这种情况表明了一种华而不实的设计，就象稻草人一样一戳就穿。比如，一位上诉人攻击初审法官拒绝从轻处理（depart downward from sentencing guidelines）。政府将主要力量放在主张强调法官可以行使裁量权的宽泛范围上。然而上诉人的要点在于，初审法官拒绝的根据是他认为这是一个自己无权决定从轻处理的事项，而不是行使任何裁量权。

117 ——所有争点万箭齐发。法官在阅读法律理由书时，如果其中提出了一打甚至更多争点，那可能有一种风险，就是所有的争点受到等量齐观。这位法律理由书的作者在选择和取舍的测试中不及格。

——在一个争点上的论证过剩。偶尔在一个争夺得很激烈的案件中的一个争点会最终出现在上诉法庭，于是一方当事人总会堆砌半打理由来支持或反对。在这种案件中，正如我的一位同事喜欢说的那样，“条条道路通罗马”。然而，更常见的是，我发现当几个好的论点之后再堆砌一些稀奇古怪或不着边际的论点，我反而开始对全盘论证表示怀疑。

——使用判例权威支持不得要领。当一份法律理由书使用州或联邦上诉法院的旧判例而不是最新判例作为权威支持时，当一份法律理由书不对对方当事人引证的判例作出处理时，当大段大段地引证判例却不做任何评述时，当在询问过程中引用的法律理由书文不对题时，最过分的是，当引证的判例已经被后来的裁决所推翻、撤销或严格限定时，司法的鼻子就开始打喷嚏。

（三）为了政策而阅读

上诉只能就问题的最狭窄范围提出。已有判例是如何要求的？制定法的意思是怎样的？初审裁决错了吗？陪审团的裁判有证据支持吗？在这类案件中，上诉法院没有什么余地去关心政策的含义。然而，如果提出的问题是一个新问题，如果法律权威存在分歧，如果制定法模棱两可，或者——有时——如果法律原理尽管清楚却受到广泛质疑，那么复审法院就应当在最宽泛的意义上关注政策问题。这并不意味着该法院应当象立法机关那样作为，但法院应当始终将目光盯着北极星（即指导原则）：如果我们以此方式决定本案，作为其基础的基本原则什么？我们是否准备将本案普适化使之一般性地适用于其他案件？我们可以毫无疑问地
118 说，在无许可证搜查谣传的黑手党总部问题上政策的理性直觉应当有足够的正当性，然而如果是允许国内税收局仅仅因为怀疑一家公司违反税法而搜查其办公室这样的问题呢？那么这两种案件之间在原则上究竟有什么差别？

经验丰富的上诉律师和学者罗伯特·L. 斯特恩（Robert L. Stern）曾经发表过他称之为“‘为什么’的重要性”的宣讲，他说，“法官想要知道一个判决以一种方式或另一种方式是否公平或公正——不仅仅是对于当事人，而且是对于公众或公共利益——以及裁判将会产生的总体／一般（general）后果。”[1] 他还引

---

[1] Robert L. Stern, *Appellate Practice in the United States*, 2nd ed. (Washington, D. C.: Bureau of National Affairs, 1989), p. 316.

用了拉特利奇（Rutledge）大法官虽然古旧*但至今颇具影响的评论：

> 也许我自己对法律理由书的主要批评是——除了其中相关的分析之外——缺乏对原则的讨论。有些案件由权威典据规定得很清楚，有直接的针对性和拘束力，以至于讨论原则无异于画蛇添足。然而，这种情况并不太多。一直奇怪的是发现上诉案件提出的许多问题都是先例所没有直接或准确规定的。

（四）附带决定

除了要考虑在上诉中期望达到的结果之外，法院还必须作出其他几种决定，很多时候法律理由书中都没有提到这些决定。一个主要问题是，一个案件是否应当按照最狭义的可能性作出决定使之具有最小的先例价值；或者法院是否应当用最大的刷子来画这张图。于是就有一个微妙的目的：选择最好的路径抵达自己同意的结果。比如，根据一项证据排除规则作出的一个判决可能因为法院没有管辖权而被维持。但是如果管辖权问题十分困难和棘手，而就实质性问题作出的裁决却明显是正确的，那么原判法院可能因为在实质性问题上获得维持而被宽恕，管辖权的问题就放到另一个时间再去解决了。

另一目的可能在早期被抛到脑后了，就是让意见中包含某些权威的断言（dicta）是否可能有所裨益，也就是声明不必要决定但可以表明法院的态度，这种态度可以为将来的法官和律师提供某些有帮助的指导。有时有必要给予这种指 119
导的意义会说服上诉法院根据先存/先在法律（preexisting law）而不是行使自己内在的监督权力而作出裁决。

还有一些需要考虑的问题是，是否需要快捷决定，是否能够直接根据初审法官的意见作出决定，是否需要制作完整的意见书或简短一点的备忘录，意见书是否值得发表。这也有一个救济的问题。在传统诉讼和集团诉讼中都在谋求制度改革，最棘手的问题可能不是责任，而是如何处理责任。最后，如果上诉属于没有什么实质性问题的范围，仍然会有令人不快的问题，即一方或双方当事人或者律师是否应当受到制裁。

精明的律师会在法院感兴趣的范围内考虑附带决定，并进行可能有所帮助的评论。

---

* 作者在此用了 venerable 表达尊敬而不是强调其过时。——译者注

四、我自己的喜好

关于法律理由书写作的文献中充斥着作者所推崇/喜好的训戒。这些可能都是有用的。但是在接受那些至理名言之外，我也列出自己的一张小小的单子，就是那些让我特别愉悦和让我感觉有助于我的东西。

——我喜欢读的法律理由书要反映一种谨慎构思的概要。即使这份概要被文本所掩饰，我也能感受到它的效果；每个要点之间要用最少的文字起承转合。正如我在第九章向一位要求遵守概要之规范的法官致敬一样，在此我也向做到这一点的法律理由书作者致敬。一位能够制作漂亮概要的律师实际上是在调动法官在起草意见书时意识到问题的秩序（顺序）。

——我喜欢发现法律理由书的附件，作为关键材料的备忘录，包括初审法官的决定、制定法、给陪审团的指示中的关键部分或者法官与律师之间的重要对话。

120 ——我喜欢信息丰富的内容一览表，其价值大于争点陈述（statement）。当它有所取舍并分先后次序排列时我尤其喜欢，比如它没有包括太多争点。

——我喜欢显示有组织能力和鉴别头脑的信号：没有被无关紧要的事实或对方已清楚地陈述过的事实所湮没；喜欢法律理由书的写法让我可以在准备口头辩论的时候快速浏览但如果我被安排制作意见书则会进一步发现它的内容丰富。

——我喜欢看见把最重要的争点放在最前面。当然，我期望看见作者是如何考虑对手最易受攻击的弱点的；如果看到作者开诚布公地承认在阅读者法官看来似乎是自己最脆弱的争点并对之提出处理方案，我会万分欣喜。

——我已经提到过，我喜欢看到全面搜索一个判决所蕴含的政策。

——我喜欢在法律理由书的末尾读到律师准确地告诉我们他想做什么，给我们一个可能处理的备选单。

——我非常喜欢一份应答法律理由书不试图穿越广袤的地域横跨到已经讨论过的问题。

——我喜欢，在那些过度摇摆的要点上，法律理由书中没有一个轻蔑的形容词或对于对手或初审法官的挖苦。

如果我所喜欢的这些都满足了，我就知道我阅读的这份法律理由书在第一次起草时进行了十分痛苦的编辑和返工——也许不只返工一次。

第二节　口头辩论前与法律助手的讨论

在阅读完我们下一次集中开庭（session of court）的法律理由书之后，我就召集我的法律助手讨论我们所阅读的东西。他们会阅读档案中那些更加细节的关键部分，也许还会做一些研究。我把我们的讨论称为“研讨会”（seminars），在
研讨会上我不是老师，而是学生。最经常的做法是，他们自带装在棕色纸袋里的 121
午饭围着我的书桌开始讨论，然后持续两三个小时，在此期间我们会讨论三至四个案件。接受初步的任务分配负责某个案件的法律助手会率先发言，由他开始简要陈述该案是怎么回事，然后就开始完全自由的讨论。

一、目的

这些会议的主要目的是帮助我吸收我在理解口头辩论、询问知识性问题、在法官合议时提出自己意见时所需要的有关信息。如果案件不复杂，我们的讨论就比较简短，也许几分钟就解决了。这种讨论会确认我的初步理解，使我能够准确地看到关键问题所在——总之，更好地把握案件。

在较为复杂的案件中，这种研讨会就不仅止于确认了。如果一份法律理由书长达上百页，提出了令人生畏的复杂事实和一大堆法律问题，那么法律助手就要花一天或者更长时间进行拆解、过滤、筛选和概括，使他/她能够在半小时之内向我转述重要的事实、争点和主张/论证。尽管我不能希望获得的关于案件的信息充分到可以形成任何有拘束力的意见书，但是一次好的研讨会却使我能够也许在一小时或一个半小时之内变成一个拥有合理智识的倾听者。

二、“开庭日”之前的研讨会

为了表达口头辩论之前的研讨会的性质，让我们重构一下在第一章中所描述的口头辩论之前可能需要做哪些准备。第一个案件是由完整的法庭（the entire court）进行的满席审判（*en banc*）。这是第二次围绕该案了，因为已经由一个三
人合议庭发出了意见书，而且正在等待全员法庭（full court）重新考虑。所以地 122
形是熟悉的。不仅事实、争点、主张是熟悉的，而且到此时法官个人的关注点也是轻车熟路了。在重新阅读原判意见书时，我能够看见不必要地扩大或其他类似的触动某个法官敏感神经的陈述。当该庭的某位法官仍然倾向于支持合议庭的推理和方法时，我把自己的工作视为努力缩小意见书的范围和避免所有不必要的争论；当然这一努力是否成功地赢得了多数派意见尚未可知。然而我与助手的讨论

将重点放在识别先前的意见书能够被修改的地方，以最大限度地缩小对《康复法案》和学校自治的不同解释之间的紧张，而不牺牲其基本原则和结果。

第二个案件是对一个毒品犯罪案件的上诉，上诉人声称法官在指示陪审团时存在错误，但这些声称的错误都因为没有提出反对或者要求具体指示而失权。政府方的法律理由书使这一案件变得十分简单。我们的讨论也比较简易，集中在是否应当由上诉人或者其律师承担诉讼费用或律师费的问题上。既然律师是由法院指定的而且本来可以从该案中退出的，因而我很快放弃了建议制裁的想法。

有毒废品保险合同案件创造了一次生动的讨论。我的助手在暴雨是否为保险合同所称的“突然和意外”的泄露（discharge）问题上举棋不定。这是本案的最大争点，不过如果初审法官支持了这个主要争点，那就还有其他几个问题需要面对，还需要读相当多的判例法和初审法院的大量档案。此外，在这个案件中我们的决定对于保险人和被保险人双方将会产生的严重的实际影响大大超过了案件本身。我会听审口头辩论，而不带任何纠正结果的想法。在这样的案件中，我不指望对适当的方法和结果确有把握。

123 第四个案件是由一位黑人警官自辩的上诉案件，他抗议在没有陪审团审判的情况下驳回了他诉求歧视性解雇的案件。在法律理由书中提出的大问题是，在签订和履行合同时禁止种族歧视的民权制定法是否适用于本案。最高法院最近认定，制定法适用于雇佣中的歧视。这一裁决也涵盖解雇中的歧视吗？其他法院曾经作出过相反的判决。我们也必须取一种立场。我们的研讨会使我处于一种不确定状态。然而，一天左右之后，我的法律助手——他阅读了档案的更多内容——回来建议说，初审法官可能没有充分注意到诉状中的其他主张，那些主张可能进入根据更宽泛的民权制定法所保护的不受歧视的权利范畴。本案诉状看来是表明，负责解雇原告的政府官员可能享有制定政策的决定权，如果是这样，那么他们的行为就会对整个市区产生拘束力。然而，任何一方当事人都没有在法律理由书中提到这一问题。我们必须在口头辩论中弄清（explore）这一问题。

在劳动管理案件中，雇主正在抵制一个恢复与工会进行集体谈判的命令，该案看来是没有什么余地了。公司在其处理有组织的劳动者方面的总体记录做得很好；雇员忠诚于工会的证据模糊不清；已经过去了很长时间。另一方面，劳动委员会有权在实体上受到遵从。这对于努力看清应当把线划在哪里是一种精妙的练习。档案和判例法都需要研习，然而从总体上看，除了事实和法律之外，还有一个关于救济的问题。既然公司有这样的记录，而雇员忠诚性方面的证据又不占优势，而且实体时效已过，那么劳动委员会的命令是否太苛刻？

要听审的最后一个案件是针对拒绝给予人身保护令的救济提起的上诉。这几

乎没有占用我们的讨论时间，因为（当事人）没有做过向州法院提出争点的努力，在初审中保存反对的努力也做得非常少。 124

三、附随任务

先回顾一下在一天的案件“食谱”（diet）中可能有哪些准备性的研讨会，这有助于示例这种讨论的方向。尽管在我们口头辩论前的研讨会与开庭之间的时间很短，但讨论却常常开辟了一个快速研究的新领域。如果一个判例被一方当事人有着特别重要的根据，则可能需要建议助手去检查一下该判例后来的发展情况，以便看清它是否已获得维持，是否被其他案件遵循、批评或者简直被忽略了。如果某些证词表现得异常重要，则法律助手可能在具体语境中认真地研读它并回来汇报。如果法律理由书包括从立法史料中节选的内容，而且如果这个案件在轮到讨论之前还有时间，法律助手就应当尽量找到这段内容的出处并阅读整个委员会报告。如果上诉中的争点已经在一篇值得尊敬的学术论文或法律评论文章中做过评论，则法律助手就会抽取这篇论文并根据自己的印象来汇报。

其他的附随任务还包括以下几项：我可能要求一位法律助手为我形成一个假设的问题，比如，律师会将他所力主的原则推进到怎样的程度。我可能要一位助手给我一份报告，汇报各巡回法院就某一主张作出的支持或反对的立场。我经常要求提交重要事件年历表。在涉及公司合营、子公司、合同、子合同、保险人等等争议中，一张组织体系的图表十分有用。我还会需要复印关键的法院意见书。

即使我本人做完了阅读、我的法律助手也完成了阅读，而且我们的研讨会也进行了几个回合的交流，但我明白，当我听审疑难和复杂的案件口头辩论时，我仍然感觉不够充分。我羡慕那些在我还在挣扎时就已经掌握了案件的同事们，在一位同事的一次特别聪明的介入之后，我对自己说，“我希望我已经那么说了”。但我提醒自己，我不能绝望，离感觉已经掌握还差得远呢，至少我已经开始了这 125
个过程，这个过程终将把我送到对决定有充分确信的那个点上。

第七章 口头辩论

127 本章不准备讨论涉及上诉法院诉答的所有应当讨论的问题。我们将从少数在我看来代表整个森林的树木的一般性质的观察资料开始，就象未开垦的处女地的生长：它是将一种艺术形式——“口头辩论”——转换成为与法庭之间的变化无穷的对话并赋予每一种对话以独一无二的应对方式（challenge）的当下条件；它可以用以作为法官和律师所期待的主张/论证；它是将各种“首要原则”蒸馏提取后剩下的一对一的基本游戏规则。

在讨论过这些东西之后，我们转向具体话题：有效准备的要素，应当预计的可能问题的蓄电池，在涉及关键问题上我所能够给予的唯一智慧——在面对有时过热的、过于活跃的法庭时在外表上保持自控状态并持续珍贵的几分钟。

第一节 改变艺术形式

128 **一、黄金时代**

在漫长的历史中，我们都把律师们向高高在上的法庭发表陈述想象成为巧舌如簧、口若悬河的范本。继德摩斯梯尼和西塞罗之后经典范本的最后例证可以在19世纪——特别是丹尼尔·韦伯斯特（Daniel Webster）的时代——的联邦最高法院的诵经台（律师席）上找到。

韦伯斯特在达特茅斯大学受托人诉伍德（Trustees of Dartmouth College v. Wood）[1] 一案中的口头辩论也许把形式主义风格发挥到了登峰造极的程度。双方展开的整个辩论长达3天。韦伯斯特的开场白陈述持续了4个小时。在对一则州法律——该法律的实施效果将会把历史上的私人机构（institution）变成公共机构——提出挑战时，韦伯斯特自普通法、英国法传统、古罗马法、大宪章、自然法开始，然后过渡到以实体性正当程序的寓意对宪法中合同条款的阐释，在他

〔1〕 4 Wheaton 17 U. S., 518 (1819).

冗长的结束语中，他精雕细琢地说出了一句有意轻描淡写却进入我们共同记忆的一句话："我已经说过，这是一个小小的学院，先生。但仍然有人爱它。"

韦伯斯特继续说，在当代法庭上少有人像他的用辞如此放肆：

> 先生，我不知道其他人感觉如何，但对我而言，当我看见我的大宪章就象西塞罗这样的人在参议院一样被那些恶意中伤的人密密层层包围时，我——发誓——绝不会让她轮到对我说，Et tu quoque mi filii！你也一样，我的儿子！[2]

斯托里（Story）大法官是这样回忆这一场景的："全体听众情绪极度激昂，有的流下了眼泪，许多人无法掩饰最煽情的心理挣扎，很多人极尽努力却仍然无法抑制他们自己的情绪。"[3]

这是一个黄金时代，修辞的富铁矿可以在富丽堂皇之中慢条斯理地开采、加 129
工和展示。

二、钨的时代

如果我们能够选择金属来描述当代的口头辩论，我会选择钨，据说它在金属中熔点最高。因为现代口头辩论的压力，对于上诉律师来说，在最短的时间内要适用最高的热度。典型的上诉法院会以每天5～6个案件的进度在3天或4天时间内听审25件或者更多案件，连同法官们在结束的那天举行的印象会议（impression conference）——或者象我的法院那样，使用法语的同义语"合议"（sembles）——并作出临时判决。

这意味着，在实践中可以分配给多数案件的时间都不到半小时。这些安排的结果就是律师懂得了关于他/她所要参与的训练中的三件事。首先，各方当事人的口头辩论时间不会超过15分钟；其次，三四位法官和至少同等数量的法律助手已经阅读并讨论过案件的法律理由书，而且至少某些法官脑子里会带着尖锐的问题来到法庭。最后，这是一个案件生命中的重要时刻，因为法官们在物理上的相聚讨论这个案件只有这一次，而且在大多数案件中，最后的决定也是在律师终结他们陈述之后的几个小时内完成的。律师在这种减缩的时间和法官的踊跃提问

---

〔2〕 Maurice G. Baxter, *One and Inseparable Daniel Webster and the Union* (Cambridge, Mass: Belknap Press, 1984), p. 169.

〔3〕 *Id.*

的强大压力下没有被熔化，并且在事实和法律所允许的最强烈的光线下成功地陈述客户的案件，的确是钨做成的。

那些教授和写口头辩论的人们总喜欢描述一次范例性的口头辩论作为一种模式。也许是这样的：上诉人轻快地触及一下案件的管辖权和程序，然后简洁地描
130 述一下重要事实，从那里开始一直走向提出关键争点，谨慎地提及遗留在法律理由书中的争点，最后指出一位通常值得称许的初审法官对该案的处理所导致的不公正的程度。随后就该被上诉人发挥了。他承认对手所陈述的事实和程序背景，但提请注意，如果认为初审法官所依赖的根据不足，那么上诉法庭能够也应当注意到所依赖的不是以下根据，比如说，上诉人没有资格提出这一要点以及在任何情况下放弃了这一要点。然后他娴熟地罗列证据，证明其充分性，引导上诉法官们从整体上注意初审法官的指示。他在结束语中会响亮地提醒说，下级法院有权获得最大程度的尊重。

这种口头辩论确有其事，不过这是在相当常规、乏味或无足轻重的案件中出现的。法官们实际上已经把地盘让给了律师。律师必须准备好用构思好的和有趣的方式去填满那 15 分钟，或者再表现好一点，在确信没有什么需要再说的时候干脆坐下。在这种案件中最受欢迎的结束语是，“除非法庭有问题，否则我的陈述都在法律理由书里了。”

然而，在大多数案件中，一位、一些或者所有法官都会对案件感兴趣，而且阅读和思索过案件。要展示的可能是与法官之间以及法官们相互之间的解构性的和不可预知的对话，这种对话多多少少会是富有成效的、富于理性的和有所裨益的，其程度取决于律师的技能和准备。

律师们几乎还没有陈述完自己的姓名，就有一位法官开始询问某些在诉讼早期的问题了，这些问题常常是无关紧要的。律师们提供一个答案并转到事实上，只被询问到一个与初审法官就证据的某一点的具体对话。最后终于到了第一个真正的争点，但很显然是一位法官看错了。到了律师向这位法官澄清的时候，另一位已经打开了一个完全没有预见到的领域。当律师勇敢地试图站在自己角度来思考时，时间到了，法庭——发善心——给了这位律师延长的一分钟。

131 所发生的都是针对案件的一个小片断进行的未经筹备的、偶发性的讨论。这种讨论远不是什么复杂的、经过组织的、需要平衡的或者结论性的。律师也许会感觉到什么都没有做完就结束了。然而法庭与律师之间的这种交流却是精神饱满的，饶有生趣的，一位或者也许更多法官从中获益匪浅，也许的确还没有触及到争点，但法庭已经没有什么问题了。最后的评价将其特征描述为创造性的无序也许是适当的。

三、在法院开庭日的口头辩论

在第一章简要描述的六次口头辩论可以被看做是对教科书这一谱系的悖逆，那些教科书在井然有序这一极端上，而那些案例却在创造性的无序（混乱）的另一极端上。第二个案件适合作为范本，这是一个常规性的毒品犯罪追诉案。被告人的律师对这个初审败诉的案件竭尽了全力，但检察官的口头辩论要高明好几个等级。每位律师都可能说出了自己想说的所有的一切。然而，满席审判的那个有障碍的医学院学生的案件就接近于谱系中无序的这个极端了。7 位法官每个人都事先准备了一堆问题，而且他们相互之间就一些争点展开了争论，特别是在枯燥的、技术性的一个要点即是否存在实质性的事实争议的问题上，法官们就象讨论学术问题那样完全自由，双方的律师离开法庭的时候无疑都是带着极度的懊丧。

在污染案件中的口头辩论，律师伺机抓住问题力图陈述一个复杂的事实状况和一则错综复杂的制定法的概要（scheme）并做一点澄清，最后还留下了一点时间就初审法官裁决的几个争点进行了争辩。由上诉人即警官自辩的那个上诉案件则是一面倒的状况，法庭一致允许作为法律外行的上诉人想用多长时间就用多长时间，这样迫切要求检察官更加得精力充沛，使他被逼入一种未曾预料到的不同境地。他看到自己曾经以为可以轻易取得胜利的案件骤然之间有了逆向的可能。

劳动案件在这方面有点相似，因为通常尊重像劳动关系委员会这样的机构的认定的原则对于上诉人而言是不可逾越的障碍，然而，在这个案件中，法官显然 132
被雇主一方的律师的辩论打动了。最后一个案件，即人身保护令案件从审判、法律理由书到辩论都是非常糟糕的，被上诉人根本不需要争辩。把这种案件放入口头辩论的日程表上只有一个原因，就是让那位可怜的州的犯人确信他的恳求的确受到了法官的听审，而不是由那些躲在背后的法律助手或幕僚律师们处理的。

于是，我们在开庭的日子里从某种程度上是在千差万别的混乱和秩序中面对上诉辩论的。没有普适于所有目的的固定模式。然而，即使没有杰出辩论术的处方，也会有一些可供遵循的原则——不只是一些需要避免的坑坑洼洼，以及可以培养的规训（discipline）。在我说得更多之前，我先问一些存在于读者下意识中的问题：这个游戏值得玩吗？如果期待法官正确地决定一个案件，尽管律师的能力良莠不齐，那么良好的表现价值何在？杰出的口头辩论是否充分地服务于法官和律师从而为其所要求投入的时间和精力提供了正当理由？

第二节　口头辩论的作用

一、对于法官

对于上诉法官而言使用口头辩论对话的多样性和重要性已被广泛认同。我确认它有五个主要的功能。

1. 口头辩论为法官增进理解——和消除误解——事实、程序过程、争点和法律提供了一个方便而高效的途径。他们以辩论前的阅读以及与法律助手的讨论为基础，能够敏锐地抓住有怀疑的弱点。

2. 除了澄清他们的理解之外，认为他们本来可能发现了隐匿的争点或处理案件新方法的法官可以验证自己的想法。

133 3. 通过对律师的提问和评论，法官就他们的关切和倾向相互通报信息。口头辩论真正是法官们之间商议案件的第一阶段。许多时候我开始对提起上诉的决定中的强势和弱点有清晰的想法都是开始于辩论，只是因为从一位同事的提问受到启发，这可能要比我一个人的眼睛能够发现得多得多。

4. 以上这些作用都与增强法官对于自己的最终决定能够站住脚的信心联系在一起。在那些没有口头辩论、没有与博识的律师交流的机会而作出判决的案件中，总会有一种可能性——哪怕可能性较小——即某些在下级法院发生的重要事情，比如一个合同条款，被致命地忽略的情况。

5. 最后，口头辩论服务于重要的公开/公共（public）目的。当真正生动的法官们能够为公众所见，展现他们的精力和疲倦、睿智或愚蠢、文明或粗鲁时，一切都不言自明了。无论传递的是什么印象，观察者都会明白，是法官们自己——而不是那些看不见面孔的幕僚律师——在与这个案件较劲。公众的理解也就增加了。正如我在《口头辩论宝典》（*A Lexicon of Oral Adocacy*）中所写道的：

> 决定过程的重要部分是向媒体、公众以及当事人自己公开的（open）。律师和法官在准备进行口头陈述和对话时所投入的努力的程度——越有用越好——与这个过程所酿成的结果一样受到尊敬。[4]

---

〔4〕 Frank M. Coffin, *A Lexicon of Oral Advocacy* (St. Paul: National Institute for Trial Advocacy, 1984), p. 14.

二、对于律师

法官们有共同的目标，就是形成正确决定，而律师则不同，他们的目标是直接对立的。当上诉人和被上诉人共同使用口头辩论的某些部分时，他们所追求的结果也会有重要分歧。以下五个用途是共享的，而第六个仅仅是被上诉人的，第七个则属于上诉人。

1. 在上诉律师的见识中一个经久不衰的精华就是法律理由书的功能是向法
庭证明如何作出自己喜欢的判决，而口头辩论则是为了使法庭想要作出自己喜欢 134
的判决。当然，法律理由书应当涉及为什么法庭应当接受作者的立场，但是有针对性地跟一组有信息基础并且专心致志的法官进行口头交流的机会给律师提供了一次最终的和珍贵的说服机会。在法律理由书是在匆忙之间写就的或者由缺乏经验的助手所制作的情况下，律师在此有了一次无价的第二次机会。

2. 正如法官努力更好地理解案件一样，律师的最关键使命之一就是捕捉并澄清可能对事实、程序及管辖权的误解。

3. 律师必须做的实质性工作都可以归结为使自己的亮点尽可能炫目，并将自己的弱点通过将其降低到最次要的地位而加以处理。

4. 当法官实际上召开他们的庭后会议时，律师们通过引导和推进这次讨论而有了参与那次会议的机会。

5. 与法官们从向公众曝光和展现中所受的裨益一样，律师们也享受了一次额外的联系公众的机会，他们还在法官及其他律师面前展示了自己。他们的表演水平将会微妙地影响他们最为重要的评价和名声。

6. 老练的被上诉人十分看重口头辩论，因为这不仅是他增加新的收获的机会，而且是一次面对充满丧失其已到手的收获之风险的机会。正如我在《口头辩论宝典》中所说的，摆在他面前的有好多条路，包括他“可能承认不关键要点，辨别麻烦不堪的案情，确认他的主张/论点不一定是按照逻辑顺序，为了避免打开一个缺口而认可法律理由书可以限定在某个范围内”。[5] 在他听完上诉人的陈述之后能够感觉到无伤大局的范围内，这个过程的智慧就是说得越少越好。

7. 上诉人与之相反，他必须将口头辩论看成是一次增强其法律理由书的实 135
力的机会。律师希望在法律理由书中的内容能够改变不断用问题打断他们的那些法官的主意，但这又有多大的现实可能性呢？说这很大程度上是法官个人关于他们自己经验的印象，但已有的证据并没有多少说服力，在一个合理的少数案件

[5] *Id.* at 15.

中，口头辩论可以导致主意的重大改变。当我们考虑达到改变一个法官主意而可能改变整个法庭的决定的效果时，后来的证词会变得更加印象深刻。

首先，让我们听听美国最高法院是怎么说的。首席大法官伦奎斯特（Rehnquist）说：“（口头辩论）的确会产生影响：我认为，在我所听审过的案件中，在其中少数重要的案件中，我离开法庭时对于案件的感觉与我来到法庭时的感觉是不一样的。这种变化在少数情况下是180°的大转弯……”〔6〕这种估计得到了布莱克默（Blackmun）的确证：“一位大法官在评议时说口头辩论让自己改变了主意的情况并不鲜见。”〔7〕大法官 Brennan（布伦南）也说过：“在非常多的时候，我对于决定的判断是在口头辩论中发生转变的，如果不是太关注自己的话，我就不想否定口头辩论的作用。”〔8〕

来自下级法院的老成世故的上诉法官，包括州最高法院的大法官和中级上诉法院的法官们，都持相同观点。也许最艰巨的定量分析是联邦第八上诉法院的巡回法官迈伦·布赖特（Myron Bright）和理查德·阿诺德（Richard Arnold）的成果。在1982～1983年之间的10个月中，他们将自己对于口头辩论效果的印象记录下来，注明口头辩论是否改变了他们的暂时意见。布赖特（Bright）法官报告说，他的意见在他所听审的案件中改变了37%，而阿诺德（Arnold）则报告说他改变了17%。〔9〕

也有一些对口头辩论的影响持消极态度的上诉法官，我得说，如果一位老练的律师能够意识到初审裁决中的一个严重错误，一处对法律的误读，一个过于宽泛的裁处，一个没有事实支持的认定，或者一个超过正当需要的救济，这就肯定使这场游戏值得点灯耗油。

第三节　当代律师的要求

136 **一、“首要原则”**

关于口头辩论的文学在指导行为的推荐原则方面十分丰富。最广为引用的也

〔6〕 William H. Rehnquist, *The Supreme Court: How It Was, How It Is* (New York: Morrow, 1987), p. 276.

〔7〕 Myron H. Bright, "The Ten Commandments of Oral Argument," 67 *American Bar Association Journal* 1136, 1139 (September 1981).

〔8〕 Myron H. Bright, "The Power of the Spoken Word: In Defense of Oral Argument," 72 *Iowa Law Review* 35, 40 n. 34 (1986).

〔9〕 *Id.* at 40 n. 32.

许是20世纪中叶卓越的上诉律师约翰·W. 戴维斯（John W. Davis）的“十诫”。[10] 然而，正如口头辩论的性质已经从一种固定的演讲嬗变为不可预测的、聚焦性的对话一样，真正值得列举的普适性的原则也大大缩减了。包括这样睿智的瑰宝的一组忠告有：大声地说，但不要太快；保持目光接触；切忌矫揉造作和放纵个性；了解档案；不要长段长段地念。在谈到这种指南时，纽约的法律实务者米尔赖·S. 古尔德（Milton S. Gould）辛辣地挖苦戴维斯（Davis）的“十诫”，“我对这些规则没有什么可评论的！在反对童工和印度的殉夫习俗时我也记录在案。”[11] 与之相似，我在《口头辩论宝典》中也把辩论类型的字母表从演员、柴郡猫（常露齿嘻笑的猫）和舞蹈者延伸到兔子、三流作家和乌龟，这样写的时候，我更关注的是人性的讽刺而不是展示其深刻。

另一组命题是在“视情况而定”这样的标题之下的：比如，Davis 的规则中有三条是：陈述案件的性质，并简要陈述其发展过程；陈述事实；陈述所适用的法律规范。我很难想起在自己所听审的案件中有过这三个陈述。的确，在大多数案件中，在法官们和律师们都在家里琢磨关键争点时都涉及了这三个陈述。最多，在法官们没有任何兴趣提问的案件中，这三部曲是安被保留的。

Davis 的另一规则也一样：“在法庭提问时要表现出欣悦。”[12] 一般说来，回答法官的当场提问并且力使自己的回答直到法官满意为止是可取的，但有些情况
下未必如此。在有些案件中，法官的提问可能独独恰恰不是一个取悦的机会。我 137
将在本章的下一节“控制的问题”中专门讨论这一问题。

这些吹毛求疵的批评将首要原则的列表减少为两个原则：与法庭换位思考；保持冷静（go for the jugular vein）。实际上，它们是一项原则，并且从来没有昆体良所说的那么好，昆体良（Quintilian）是世界上第一位正式的法学教授，他在第一世纪在对年轻律师提出建议时这样写道：

> 彻底审查一个诉因，并且将一切可能促进或妨碍他成功的东西都摆在眼前，此后就让他将自己放在法官的位置，想象在他面前诉答的诉因。而且，如果他真的必须就该事项作出判决的话，无论如何辩论都会最大限度地打动他，那就让他假定那些辩论对任何可能听审辩论的法官

[10] “The Argument of an Appeal,” delivered as an address before the Association of the Bar of the City of New York, October 22, 1940, and printed in 26 *American Bar Association Journal* 895 (1940).

[11] “John W. Davis Revisited,” address to General Bench & Bar Conference, Puerto Rico, 1981.

[12] Coffin, *supra* note 4.

> 都最有效。于是，结果就很少让他失望，或者，如果让他失望的话，结果也会是法官的失误。[13]

因此，定义“咽喉”（jugular）的一种方法就是最能打动法官的任何辩论。这要求对“咽喉”进行一些重新思考。首先，我选择静脉来进行诡辩，即使这是像咽喉一样重要而易受攻击的选择。在上诉中（情形与陪审团审判相反），我会选择通向大脑而非心脏的颈动脉。然而，除此之外，表达的运用可能从凶猛野兽的世界开始，在那个世界中，动物的胜利首先是将利爪刺破敌人的脖颈。这种语言塑造如果过于文学化，就将一种伤害做成了应该的东西，最多是市民的交谈。修辞在上诉辩论中还是有力量的，但不是全面的。

仅仅将目标指向对手最易受攻击的要点，忽略了一个事实，即，通常在大多数重要的上诉案件中，双方势均力敌。任何一方都有实力和弱点，因此，即使集
138 中在自己这边是件令人不快的事情，可能那一点正是法庭所担心的。当律师在认同了那一部分，承认了弱点的表象或实际，然后以争点所允许的强度表明了表象是在误导或弱点将被对方的力量抵消，那么这位律师就是以最有效的方式“直取咽喉”了。他可能已经做了他在口头辩论中所有能够做的事情。这种直取咽喉的本能的暗示是可信的，律师在陈述整个案情、缺陷以及所有的一切时的坦白赢得了法庭的敬重。

二、为口头辩论做准备

我奉为“第一原则”的一切都强化和指导着律师为口头辩论所做的准备。一个拥有正常范围的思考、写作和表达天分的律师会明白，庭前准备是上诉律师的巨大水平器（leveler），要最大限度地减少（如果不是消除的话）将任何优势自始拱手相让给睿智的分析家和步步紧逼的演讲者。

对于决定在口头辩论中取得完全胜利的律师而言，准备时间与辩论的比值是严重不成比例的。在最简单的案件中大致是 4 : 1或8 : 1（比如用一两个小时准备 15 分钟发言）；在较难的案件中是 64 : 1，也就是用 16 小时准备 15 分钟发言。我想，如果将必须做的事情考虑在内的话，这是相当保守的估计。在最复杂、最精致的案件中，顶级的律师可能要花更多的时间来准备。

准备口头辩论的第一步是考虑法庭的性质。联邦第二巡回法院的默里·格法

---

〔13〕 John H. Wigmore, *A Panorama of the World's begal Systems* (Washington, D. C. : Washington Law Book, 1936), p. 437.

因（Murray Gurfein）法官这样写道：

> 一些上诉法院很“热”，另一些则很“冷”。有些律师喜欢热，而
> 另一些律师喜欢冷。在冷的法院，法官通常在口头辩论前不读法律理由
> 书和附录的相关部分。最差的法庭（这是最罕见的例外）中只有一位
> 法官而不是全部法官研究过他们口头辩论的案件。一个法庭不应当既冷 139
> 又热，因为这对于在提供其他法官已经知道的答案时受到牵制的律师来
> 说是不公平的。好的律师会具备应付一切富有个性的法官特质的
> 素质。[14]

知易行难。除非一个人确定法庭准备的水平，否则必须准备所有三个可能。如果已知合议庭或法庭是“冷”风格的，律师应当填补空白，通过有组织的准备，涉及案件重要的程序经过，陈述必不可少的事实，界定提交辩论的争点，并讨论这些争点。假设法庭是有备而来的，律师要考虑好在下面重构的问题的范围。为了准备应付“既热又冷”的法庭的信息不对称，律师必须鼓足勇气运用在本章末尾列举的某些控制技巧。

准备的第二步是掌握卷宗和法律理由书。如果律师在下级法院或行政机构试过了，那么任务就是刷新记忆。但如果律师在上诉时才刚刚接手案件，那么非常重要的是，吃透卷宗，制作记录，勾划材料，将这些东西整合到辩论中，而且在法律理由书中引证的权威依据应当是关键的、与目的相吻合的。

第三步是没有组织的（unstructured），其本身并无公式或特定建议。要给自己保留一段静默或者封闭思考的时间，好好考虑案件，从其重要性上筛掉次重要的部分；如果可能，理出根本性的主题；但如果不可能，则形成一个清晰的优先意识。在这个自我审视的时间，会产生“咽喉”（或颈动脉）的感觉，这是区别杰出律师的标志。

第四步是彩排。我认为这是一种普遍的经验，在一个阶段的紧张思考、写作等智力活动之后，就感觉进入了每次辩论都会进入的顶峰——没有什么需要进一步准备了。这是一个严重的错误，因为通过了优秀的写作，常常并不能进行有说

---

〔14〕 参考资料是默里·I. 格法因（Murray I. Gurfein）的一篇题为“上诉代理，现代风格”的文章。尽管我拥有一个印刷版本，但没有出版信息。尽管我已耗尽了图书馆员的耐心，也未能在电脑里搜索到这一资料的信息。尽管没有成功地找到本文的具体出处，但我还是坚持引证了这一部分，因为说得实在太好了，而且听上去就是 Gurfein 法官说的。

140 服力的口头演讲。而且当一个人可能对掌握问题感觉完全自信时，其准备好的、有说服力的答案可能并没有达到脱口而出的程度。我自己的经验表明，第一组彩排应当独自一人地进行，要习惯于大声说出来。很奇怪第一次努力时声音十分笨拙。在这样预热——包括可能对着镜子的窘迫经历——之后，如果可能，再对着一位或几位同事说话或接受提问，但该同事对案件要有合理的了解。不应当犹豫在弱点部分重来。不过这种练习如果做过了，也有一种风险，人会感觉乏味而丧失不可弥补的热情。

三、关键问题的种类

经历所有以上步骤之后，根本目标是预测一位或几位法官可能担心的问题，以及如何消除这种担心。如果律师很幸运，她可能获得不被打断的几分钟，说明几个最重要的事情。然后一位法官会说："在我看来，这就是你的案件中存在的问题。你能否说点什么来帮助我解决这些问题，以有利于你的客户？"[15] 第八巡回法院的理查德·阿诺德（Richard Arnold）法官在近期的案件中就是这么问的。这时，如果律师做好了家庭作业，预料会这么问，她就有了一次绝妙的机会巩固或改变想法。法官们经常问的具体问题可能是以下列举的某一种。

（一）门槛性的问题

——你是如何到这儿来的，我是指程序上？你有针对所有当事人和所有争点的终局判决吗？

——你什么时候上诉的？在期限之内吗？你的上诉是否太早或太迟？

——你为什么上这儿来？你的管辖权依据是什么？符合异籍条件吗？有上诉管辖权吗？本案既然初审过，为什么没有了结*？下级的判决是否在独立的卷宗资料里？你的客户有提出这一请求的资格吗？

141 ——你的上诉状（或者答辩状）中哪里提出了你在这儿辩论的问题？

——我们审查的标准是什么？明显错误？滥用裁量权？实体证据？重新审查**？法律错误？

---

〔15〕 Myron H. Bright and Richard S. Arnold, "Oral Argument? It May Be Crucial!" 70 *American Bar Association Journal* 68, 69 (September 1984).

* moot，一般译为诉由消失。——译者注

** *de novo*，或译为事实审查。——译者注

（二）弃权的问题

——在初审审判之前，你提出过所有必要的动议吗——证据开示、听审、裁决动议？

——你在下面提出过反对吗？你动议过回击答辩吗？什么时间？什么理由？在卷宗的什么地方？你请求过补救性的指示吗？

——如果你在初审中受到书证或证人证言的突袭，你请求过延期（continuance）吗？

——你向我们引证的权威依据提请过初审法庭注意吗？你在下面提出过这个问题吗？怎样提出的？在卷宗的什么地方？下级法庭怎么说？

——如果你对证据的充分性不满，你要求作出的是什么样的指示裁判（directed verdict）？你在被告陈述完毕后重申过这一要求吗？

——你提出过具体的指示要求吗？你在法官指示（charge）之后重申过你的要求吗？

——在法官裁决后，你要求过重新考虑吗？

（三）明显的问题

——你如何区分判例 X 与判例 Y（你认为判例 X 与判例 Y 有何区别）？

——你为什么引证我们最近在 Y 诉 Z 一案中的判决？

——与这一问题相关的事实在卷宗的什么地方？

——你的辩论主张背后的政策（policy）是什么？

（四）隐含的问题

——如果我理解了你的辩论主张，那么你完全依据的是 Y 诉 Z 一案中的判决？（不要马上跳进这个陷阱，保持一种逃跑出口。）

——你有什么重要的案情吗？（很少有案件是“在四个点上”，否则你就不会在这儿了。可能有案件是可以强有力类比的，即使没有也不丢人。）

——你的最佳案情是什么？你的最有力的辩论主张是什么？你的最弱的案情是什么？（注意把你所有的鸡蛋都放在一个篮子里。你可以礼貌地说，你最有力 142
的主张是如此如此，或案情的弱点仅仅在于其事实有相当的差异，但推理却是完全可适用的。）

——你如何处理这一命题？如果我们支持你，我们就不能以同一命题支持被告。我们的线划在哪儿？（不要太快回答。同时不要太勉强回答。这是你提醒法庭的一个机会——尽管逻辑上可能显得荒谬，但作出明智的划线是法院的任务。）

——你主张适用一般规则的例外。我们如何根据原则性的基础适用例外？帮我们作出这个判决：“尽管一般规则由于制定法的限制而妨碍了请求，但上诉人有权谋求这一诉讼因为……”（这不是一个靠灵机一动就能回答的问题。倒霉的是那些事先没有受这一问题折磨的律师。）

——你承认……吗？（慎重！对一个错误建议的承认可能导致本案前功尽弃。另一方面，在有事实作为正当理由时，以及在对你的案情无害时，承认也是合乎情理的，可能增进法庭对你的亲善。）

（五）涉及救济的辅助问题

这些问题是次重要的。但如果律师没有想过能够帮助法庭处理该案的答案，会很难堪。

——如果我们不同意下级法院的判决，我们应当撤销（reverse）还是发回重审（remand for further proceedings）？我们应当要求（或允许）进行一次证据听审吗？在同一法官面前还是在另一法官面前？要不要作出具体指示（direction）？

——我们应当裁定什么样的救济？

——我们应当将这一问题向州法院通告（certify）吗？

——我们应当中止（hold up）我们的判决直到最高法院的 Y 诉 Z 一案判决生效吗？

——法院应当对你处以制裁吗？应当对你的对手作出制裁？为什么？

最后，美国巡回法官、联邦第七巡回法院前首席法官托马斯·E. 费尔柴尔
143 德（Thomas E. Fairchild）提供了一个兜底（rock-bottom）建议：“如果有重大要点是你不能切实回答的，你就不要提起上诉。”[16]

四、控制的问题

仔细的准备让律师有信心；信心应当转化为对坦率的滋养。这是高价珍珠的两个品质。但还有第三个因素，取决于能否将准备、观察、经验、运气结合在一起，这些都储存在对于有限的辩论时间的某种残存的控制。在我看来，这变成了一个最大问题，即使准备得最好的律师，也会面临口头辩论时间缩水的问题，而

---

〔16〕 Myron H. Bright, “The Ten Commandments of Oral Argument,” 67 *American Bar Association Journal* 1136, 1137 (September 1981).

法官变得更爱提问了。

标准的建议是：灵活机动、留有回旋余地、热切即时应对法官的问题，无论是否与你正在讨论的部分相关。但太灵活也会有出问题的时候。并非每一个提问都是好问题，有些问题是因为信息错误，有些是对法律的误解，有些是提得太早的，有些则完全不相干。我不能指望律师在一个精彩亮相之后就结结巴巴地在法官盲目指定的小胡同里绕来绕去。我希望我能够提出一个规则（formula)，保证让律师能够在受到适当合作和尊重的情况下，对他们仅有的几分钟口头表达的机会保留合理的控制。因为没有这个规则，故我提供以下这些中肯的建议。

第一，精明地意识到法庭的综合水平。如果你过去参加过几次口头辩论，你会对法院的准备情况和兴趣有所了解。如果没有参加过，或者即使参加过，谨慎的做法是探问一下法庭是否充分了解基本事实和程序状况。然后倾听并引导自己据此调适。法官问你或问你对手时都要继续倾听，你经常会发觉你应当更正的错误说法。在任何情况下，你都要避免在不必要的事项上花费时间。

第二，特别注意你想说的前面的十几句话。有些法庭令人敬重，他们按照自 144
我约束的规则运行，将前面 5 分钟给律师。即使没有这种规则，律师通常也能在法官们埋头文案、查阅笔记、查找相应法律理由书时，估摸出一些不被打断的时间。如果你在这个小窗口的机会中让每句话都有价值，那么你的机会就是，你能够产生某种契机。一个目标是在你最重要的信息下面划线，另一目标的挑出三四个你希望涵盖的争点。这可能提示法官，在第一个争点已经花费 12 分钟之后，讯问其他争点。

第三，如果提问是关于一个你准备稍后讨论的争点，你可以说——就像我听到过的一位律师的有效说法——“就快到了，不过如果您愿意，我现在就讨论。”法官通常都会往下听。另一方法是先简要回答，并说明稍后会详细讨论。

第四，在大约 10 分钟之后，提醒法庭你还希望涉及的争点。一种提醒的办法是说：“我担心我还没有涉及核心争点。”或者，如果已经在一个争点上花了相当多的时间，而且即使提问的法官还不满意，但你已经取得了胜利，你可以尝试说，“我想讨论我的第二个争点了。”更优雅的方式是这样礼貌地请求法庭：“我的时间快到了，请允许我跳到……”

第五，如果你在每一个提问上都撒了一点胡椒粉，而至关重要的争点还没有涉及，不要害怕请求延长一两分钟。大多数法庭会亲善地同意。

如果你已经做到了合理灵活和恭顺，却仍然在保持对时间的某种控制的问题上饱受折磨，像应当在心里牢记这样一个想法：即使你可能让一位法官仍然渴望讨论，你也可能有了两位或更多的沉默的支持者正在为你的努力鼓掌。

第四节 在关节点上的案件：最后一搏

145 掌握精湛的口头辩论的韵律，就像抓住空中飞舞的美丽蝴蝶一样，非常困难。这样，将死尸钉牢在一张固定的木板上就不费吹灰之力了。但我们可以尝试。

我们以丹尼尔·韦伯斯特（Deniel Webster）的品味打开本章，他是黄金时代中最棒的。现在再以Tungsten时代最能干的律师爱德华·贝内特·威廉姆斯（Edward Bennett Williams）的品味将它合上。

威廉姆斯（Williams）是华盛顿特区奠基人，威廉姆斯和康诺利（Connolly）律师事务所的开创者，许多敏感审判的老练的当事人，华盛顿红皮肤队（橄榄球队）最辉煌部分的业主，巴尔的摩金莺队（Baltimore Orioles）的所有人，传奇的花花公子，[17] 接受一个上诉案件时，他是一位全身心投入的职业者。他将自己整天整天地封闭起来，沉浸在案件卷宗里，直到他想出自己的辩论主张和对提问的回应。

当他在我们法院辩论一个案件时，我目击了他准备的成果。他代理一位刑事被告，在初审中被认定犯有逃税罪，初审之后被告提起了上诉。检察官提出了净值（net-worth）理论，这是一个复杂的、间接的计税方式，规定根据未申报收入的发票，将纳税者在该时段开始与结束时的财产（worth）进行比较，确定增加值，然后确认并减去所有已知开销，余下的差额就是非合法增值。律师在这种案件中谋求推翻判决，要求大量知识积累，才能获得细节的、没有水分的数据——特别对于那些未参加过初审的人而言，那简直令人望而生畏。然而，威廉姆斯准备得非常充分，他绝对掌握了巨大无比的卷宗内容，对于任何提问都能作出精确的回应，甚至答案在卷宗的哪一卷哪一页都了如指掌。尽管他败诉了，但他为客户所做的已经尽到了一个职业者的一切可能。

146 他的职业主义精神并不意味着他说话像念教科书或者司法意见书，他拥有一种精准的、敏锐的、令人记忆深刻的表达才能。这在他最后一次出现在上诉阶段时表现得淋漓尽致。

该案是1980年由后来成为美孚石油公司（Mobil Oil）总裁的威廉·P. 塔沃拉里亚斯（William P. Tavoulareas）提起的，被告是华盛顿邮报，该报的一篇文

---

〔17〕 His life is colorfully portrayed by Evan Thomas in *The Man to See*（New York: Simon & Schuster, 1991）.

章称，威廉姆扶持（set up）自己的儿子彼得（Peter）作为阿特拉斯（Atlas）的老总。阿特拉斯是一家油轮公司，跟美孚石油公司做了大量的生意。威廉姆斯代理邮报——这是一家值得珍惜的客户——并且坚持到最后。现在，整个法庭都决定以满席审判（*en banc*）重新开庭审理（rehear）该上诉案。

1985 年 9 月，在口头辩论之前不到一个月的时候，威廉姆斯的肝上发现了另一个癌性肿瘤。他在显而易见的疼痛和不适的折磨中，他跟两位助手一起，研究并制作辩论，并做完了整个案件。在他们的谈话中，这三位参加者聚焦在一个争点上，即邮报是否心怀（harbor）恶意动机。在这一点上，已有证据表明，该邮报记者曾经被敦促去寻找“轰动的故事”。一位同事认为，这些证据在技术上是不能接受的，另一位则觉得，他们不会成功地排除所有这一证据，不过这一证据是经不起检验的。威廉姆斯的传记作者是这样写的：

> 威廉姆斯听了一会儿这些意见，但没有抽象地讨论，然后他用另一种方式提出了这个命题。他说，“你的意思是，这一证据有一张入场券，但只能在房子里得到最便宜的座位，对吗?”贝恩（Baine）和肯德尔（Kendall）笑了。威廉姆斯一下子就切入了症结问题，这个问题正是系住肯德尔使他 1984 年在三位法官的合议庭上未能辩论成功的死结。威廉姆斯就像他一贯在彩排他的脱口而出的妙语一样，将这一解扣妙语刻进了记忆，在关键时刻运用自如。[18]

口头辩论在一个挤得满满的法庭中如期举行了。威廉姆斯看上去身体状况很差。前一天晚上他刚刚拆线。[19] 到辩论时间了，威廉姆斯富有特色的表演有些已在同期法律报纸中作了报道。[20] 记者戴维·劳特（David Lauter）是用这样的语言报道的：

> 开始辩论时，他在讲台上倾身向前，看上去似乎是在关注他的双 147
> 脚。但随着他辩论的展开，他的声音和身体似乎都在获得力量，他在麦克风前面，迅速地后退两步，再向前猛冲（barge），他在早先听审难点

〔18〕 *Id.* at 441.

〔19〕 *Id.* at 442.

〔20〕 All of this account, including quotations, is derived from an article by David Lauter, “On trial: The Tavoulareas Case,” *National Law Journal*, Oct. 21, 1985, at 13.

(being hard-of-hearing) 的辩论主张上获得了优势，因此得以就法庭的提问滔滔不绝地演讲，不想有片刻停顿。

在关于原告是否为私人还是公众人物的问题上初步交锋之后，威廉姆斯被斯卡利亚法官（Judge Scalia）问道，是否没有某种证言证明邮报记者感觉到要找到“轰动故事”的压力。威廉姆斯承认有某种证据的存在，他说，“是有一张入场券，但只能在房子里得到最便宜的座位。”（听众）一阵大笑，一些法官也忍俊不禁地笑了。[21] 但他继续表达了最有分量的意见，他说，任何表明存在撰写虚假故事的压力的证据都是“对这一记录（即邮报说明要他用一种‘轰动的’方式写报道）的一种歪曲和断章取义”。

威廉姆斯的最后一剑刺向了关于邮报的说明是“一种完全公平的、真实的故事”的所有证据。但他没有满足于笼统的方式，而是指向了彼得在其父亲介入之前年薪 14 000 美元的事实，他总结说：

> 我想对您说，任何一个相信年薪 14 000 美元的白领获得阿特拉斯公司 75% 的股份的人都会相信有玄机（tooth fairy），这就是这个故事所要说的全部事实。

不是韦伯斯特（Webster），没有拉丁语，也不是在 19 世纪。就是威廉姆斯，一个 20 世纪的演讲家，却运用了同样的艺术形式。

上诉法院的裁决以七票对一票支持了他的主张，维持了初审法官的判决，得出了这一结论：“塔沃拉里亚斯（Tavoulareas）在阿特拉斯公司‘扶持’彼得的事实……显然在合理争议的范围之外。”[22] 肯尼思·斯塔尔（Kenneth Starr）法官制作了该意见书。他后来说，“玄机的界线确实进入了我的大脑。”[23]

---

〔21〕 Thomas, *supra* note 17, at 443.

〔22〕 *Tavoulareas v. Piro*, 817 F. 2d 762, 777 (D. C. Cir. 1987, en banc).

〔23〕 Thomas, *supra* note 17, at 444.

第八章 法官的合议

第一节 三种模式

尽管法官们在口头辩论之后举行的合议就跟对陪审团如何评议一样不为律师 149
所知，但重要的是，要有关于这些合议的性质和变化的观念——一部分是为了意识到许多合议所涉及的范围有多么狭窄，一部分是为了能够预测可能决定裁决性质、范围和结果的争点。

一、州的终审法院

州的终审法院通常有7~9个法官，他们听审每一个口头辩论，在这些法院通常有一些规制合议的结构和规程。但各法院之间的程序差异很大。有不少是沿用了联邦最高法院的实践，即按照资历的顺序讨论，从首席大法官开始。而更多的法院按照资历以相反的顺序讨论，亦即从资历最浅的法官开始。还有的法院从已经接受任务分配制作意见书——分配是轮流或抽签——的那位法官（亦即报
告法官，reporting judge）开始。少数州允许随机讨论。[1] 150

二、最高法院

州的终审法院的合议通常是基于想要达成一致意见或至少接近于一致而启动的，这与联邦上诉法院的合议不同，而联邦最高法院的合议差别更大。这种差别与其他方面的差别一样，反映了联邦最高法院独一无二的特殊地位。首席大法官伦奎斯特（Rehnquist）是这样描述他自己的经历的：

---

〔1〕 McConkie, "Decision-Making in State Supreme Courts," 59 *Judicature*337 –43 (1976), included in Robert J. Martineau, *Cases and Materials on Appellate Practice and Procedures* (St. Paul, Minn.: West, 1987), 480 ~81.

> 当我第一次来到最高法院时，我对于不同大法官在就案件进行的合议过程中相互之间的交叉如此之少感到吃惊和失望。每位大法官都会陈述自己的观点，资历深的大法官先表达意见，资历较浅的大法官对于资历较深的大法官的观点能够提出赞成或反对意见，彼此之间不发生交锋；资历较浅的大法官的观点很少受到评论，因为到那个时候已经开始投票了。[2]

任何改变这种惯例的希望都是十分渺茫的。首席大法官说：

> 我在本院的16年一直在说服自己，合议讨论案件的真正目的不在于通过热情激昂的辩论说服自己的同事改变他们的观点，而在于倾听其他大法官表达他们自己的观点，以据此确定本院的多数意见。[3]

许多年以前我的一位法律助手给过我一种富有洞察力的观察，他曾经在联邦最高法院做过一位大法官的法律助手，他的观察帮助我理解了这种合议。他在评论他与这位大法官一起参加的那些多少有点粗略的案件讨论时说，“我猜想这是因为——一般说来——联邦最高法院决定的是问题，不是案件，而（我的大法官）已经知道了他这么多年来对大多数问题所持的立场。”

151 在某种程度上，这一评论——问题可能使案件黯然失色——可能也适用于州最高法院，他们的任务是在本辖区内制定司法政策。

三、联邦上诉法院

然而，联邦上诉法院合议的焦点几乎总是具体案件，而不是超然于案件的问题。本章的重点也限定在联邦上诉法院，在此法官们以三人合议庭听审案件（除非是整个法院参加的满席审判）。因此我们可以比大一点的法庭交流更多的信息。他们的合议一般是在每一次口头辩论日结束的时候举行。

有两种通行的模式。有些法院——我估计是多数法院——遵循了大量州法院的实践，将案件事先分配给一位法官准备备忘录，意思是法官X对于所分配的案件比他的同事做过更多的调查，他已经将一份详细的备忘录交给他的同事们传阅过了，他可能在询问律师和口头辩论后的合议中居于主导地位。这么做的优点

---

〔2〕 William R. Rehnquist, *The Supreme Court: How It Was, How It Is* (New York: Morrow, 1987), p. 290.

〔3〕 *Id.* at 295.

在于，法官们以最少的时间投入而对于案件进行某种深度的分析。

我更喜欢的做法是（也许因为这是我自己所在法院的做法），要求所有法官对待所有案件都象接受了制作意见书任务那样尽可能充分，并将案件分配推迟到口头辩论和合议之后。每个法官对于案件的感觉是一样的信息丰富，口头辩论中的对话反映法官无拘无束的看法。在合议中任何法官都可以开始讨论，或者主持的法官可以要求一位同事率先发表意见。没有任何“顺序”或条条框框。每位法官都说出自己大脑中最主要的内容。就具体案件的合议范围少则一分钟，多则半个小时或更多。每位法官都会记录一些问题，偶尔主持的法官也会准备一个简短的讨论。只有在合议之后，主持法官或者——在某些法院——首席法官才分配 152
案件。

第二节 至关重要且独一无二的阶段

无论法官的合议是比较有组织的还是看起来更象是三位法官之间的随意的谈话，最重要的阶段都是在我已经将其特征描述为循序渐进的决定形成过程。所有的参与者都已经读过、讨论过、聆听过、询问过这个案件。他们从法律助手、律师、同事们那里吸收过见解，他们已经看见了自己的最初印象的改变——也许还改变了好几次。他们明白，尽管他们的想法也许现在已经相当成熟了，但他们还会再一次改变主意。法官们来参加合议时刚刚听完最紧张、最集中的口头辩论，仍处于新鲜状态，最重要的是，这通常是唯一的一次所有法官集中在一起讨论案件，即使他们在合议中对案件的临时处理可能改变，仍然可以肯定地说，在合议中对案件的决定至少有90%会保持原状。

作为一种集体决定的方法，法官的合议是独一无二的。外人会发现一个值得注意的现象，不管大多数案件中必定会出现的一组事实和法律问题是否被认为值得上诉，案件的合议都会经常非常简化，将对话压缩并仅仅集中于几个问题上。所有的法官现在都沉浸在案件之中，而案件的多数问题都已经问过了，他们知道哪些问题让他们棘手，他们的谈话平铺直叙，单刀直入，从许多冗长的措辞中抄近路直奔主题。他们的评论中一般没有“促销”策略，也不会诡计多端，只是简要地表达每一位法官对于正在讨论的要点的反应，也许会提到一些认为至关重要的事实或判例权威，对于隐含的政策进行论证。评论的思路通常不是竞争性的或终局性的，如果一个法官发现同事对于自己的最初看法有分歧，他会说“我 153
对此没有太深入地思考过。我可能会同意你们俩的意见。”或者反对者会结束自己的评论说，“我再听听。如果你找到了判例或者在记录中把支持你的观点的内容指给我看，我会重新考虑自己的意见。”

在所有这些交换中，没有人知道谁将制作意见书。每一位法官都认真地记录同事们所关注的问题，如果他 / 她要写意见书，那么将这些关注提出来并留意在合议中表达上的细微差别是非常重要的。正如我们将要发现的那样，这种对话很多时候可能与在口头辩论中所说的话没有太大关系，有些争点很可能压根儿就没涉及到。有些时候，由于没有充分考虑或处理一个“沉睡”的问题，意见书的作者可能遇到拦路虎，而且发现必须把完全不同的意见写进去。比如，法官们可能已经一致认为，接受（admit）一刑事被告有犯罪前科的证据是适当的，而制作意见书的法官可能发现了一个排斥这种决定的先例，于是就在意见书草稿中写道，尽管已错误地接受了这个证据，但根据全部证据来看，这种错误是无害的。[*] 或者，意见书草稿可能与合议意见完全一致并建议撤销初审判决。因为这总是可能发生的，因此合议中的决定也并非象镌刻一样不可更改。

在合议是最普通的设计的时代里，法官的合议打破了所有的规则。任何案件、参与人、时间长短、规则或通告都没有固定的议程，这种合议主要是法官们就自认为重要的问题相互交换信息，没有对手，也没有拘束力，没有谁会因为说什么或不说什么而赢得或丧失声誉、地位或影响力。没有人试图比其他人占优势，每个人都信任其他人的动机。

第三节　案件合议类型谱系

为了传达上诉案件合议的焦点和风格，我对自己过去几年参加的合议做了一
154 个尚不完善的记录，完全意识到有必要维护一种信任，信任是合议的基础。没有关于具体案件讨论的记录，但我想以下这些凭印象记载的案件合议的类型或模式在联邦法院中相当有代表性。我甚至怀疑，除了那些更规范一点的少数法院之外，在各州的终审法院情况也大致如此。我将按照从简单到复杂直到最大规模的合议的顺序列举合议的模式。

---

* 这里所指的“错误”不是指上诉法院自己所犯的错误，而是指上诉法院发现的初审判决中的错误，但由于上诉法庭在合议中没有涉及和讨论这一问题，而上诉判决的意见书中又必须对此给出评价，因此制作意见书的法官就要通过制作过程来弥补这种遗漏，既要对合议中没有评价过的问题作出评价，又要与上诉判决的结论相吻合，而“无害错误”作为上诉法庭评价下级判决的重要标准之一，在此天衣无缝地使上诉判决自圆其说了。——译者注

一、实质性问题

有洞察力的律师能够预测某些合议的性质，然而我们正在讨论的这个过程——对于所涉案件的分析——的真正性质却更难以预测，这个分析过程就象层层剥开一个洋葱一样，新的事实、新的争点、新的解释、新的法律理由被一层一层揭示出来。

（一）“不牢固的沙绳”型的案件

在这些案件中，合议的法官很快就能达成一致，无须讨论就维持原判了。轻率上诉的案件——譬如第一章中所讨论的在我们开庭日所处理的第六个案件（诉求人身保护令的倒霉的州犯人没有将他的所有争点提交给州法院）——当然首当其冲要受到这种待遇。但还有许多不是轻率上诉的案件在实质性问题上也会同样处理。无论最初在上诉人的请求中显得多么可能有说服力，在认真阅读法律理由书并听讯口头辩论之后，这种说服力就土崩瓦解了——就象不牢固的沙绳遭遇涨潮一样。许多刑事上诉对支持陪审团裁判的证据的充分性提出质疑，比如一位刑事上诉人可能信誓旦旦地声称，证据至多是建立在被告人“仅仅出现”在犯罪现场或附近。在公诉人指出几点表明被告人在参与谋划或协助犯罪的证据之后，就没有什么可说的了。在我们开庭日所处理的第二个案件就是这样，不是轻率上诉，却是常规性的案件，就是这种性质。 155

（二）“自助餐厅”型的案件

这些案件表现了法官们在作出决定时对于根据的选择，这些决定包括管辖权、程序性弃权、诉讼资格、实质性问题以及无害错误。有时选择留待意见书的作者去做。但法官们经常强烈感觉到选择非常重要而需要讨论。如果遇到管辖权方面的难题，法院可能希望避免作出决定，而直接进入实质性问题，只要结果跟没有发现管辖权方面的问题一样。同样，尽管已发现程序上的缺陷（比如提起上诉的时间晚了一天），法庭也会力图避免形式重于实质的状况，也就是说，即使某一要点没有弃权，但其对于实质问题的观点表明没有导致什么不公正，法院也可能不愿意明示。法官还可能感觉到，搜查许可证是一个封闭的问题，因此他们宁可用“紧迫情形”作为支持搜查的正当性根据，而不愿意从解释违反第四修正案中寻找路径。

（三）“技术性权衡”的案件

需要对事实与法律标准作出权衡的有两类案件。典型的案件是：案件的关键争点——尽管在初审中没有保留下来——上的错误是否异常重大，以至于根据“明显错误”（plain error）的原理即可引起注意；在刑事案件中，错误明显且争点已明显保留，但其影响是否如此轻微，以至于成为“无害错误”；在挑战证据充分性的案件中，是否有充分证据支持陪审团的裁判和法官的判决；搜查许可证申请中所引证的事实是否构成法律上的“可能的原因”（probable cause）。

156 在这些案件中，当法官们综合所有相关事实，决定是否符合法律标准时，最初可能都有一些形成差别的余地。通常讨论不会达到最终投票的那个程度，法官们可能愿意等待最终被安排制作意见书的法官更全面地审查初审档案之后再做决定。当意见书草稿传阅之后，很可能就形成了统一意见。我使用“技术性权衡”作为这类案件的分类标准是为了将它们与下面第七点“附加价值权衡的判决”区分开来，后者进行权衡或平衡的任务可能由于价值冲突而变得复杂。而本节的问题仅仅是事实是否符合中立的、不涉及价值的标准。

（四）“滥用裁量权”的案件

当案件所提出的问题是初审法官、听证的审查者，或者行政机构是否滥用了法律赋予的裁量权时，讨论的范围就宽泛了。我们法院开庭日的第五个案件，也就是来自劳动委员会的案件，就是这个类型。相对于确定事实是否符合一项法律标准的问题而言，滥用裁量权是个更加模糊的问题。每个法官都不是在问行政机构或下级法院的行为是否正确。法官们要从一种假定开始，即假定下级的行为不是本应该采取的，那么所面临的问题就是，这一行为是否如此错误、武断或非理性，以至于构成了对裁量权的滥用。这一问题可以用无穷多的形式提出：法官在采信一个特定证人的证言时，在承认具有相关性但有严重偏见的证据时，在拒绝重新考虑一项裁令时，在对一方当事人或律师施加制裁时……是否在其裁量权范围内？

上诉法官通常不愿意认定滥用裁量权。特别是在我刚刚提到的那些判决的范围内尤其如此。初审法官的行为极少有受绝对的和不受牵制的权力幻想的支配而偏颇到如此程度，以至于在裁决中鲁莽草率和恣意专横甚至在对律师的制裁中有侮辱或威胁行为，这使得上诉法院在感觉滥用与不滥用之间的边界时有了更大的
157 张力。如果发生上述行为，那么上诉法官们就会局促不安，咬着嘴唇，确定行为已超过了他们所认为的吹毛求疵、刚愎自用或浪漫冲动（quixotic）的边界。然

而，如果初审法官过去有过类似的批评，那么上诉法官就不再咬嘴唇了，而是咬子弹了，他们会训诫法官，也许会撤销判决并将案件发回由另一法官重新审判。* 有时关于法官是否滥用裁量权的讨论是由这样的问题开头的，即，如果我们不撤销这一行为，那我们什么时候撤销？（是可忍，孰不可忍？）

（五）决定性（dispositive）的事实

偶尔一个复杂案件可能最终发现了一个事实——是否签署过一个文件，是否发生过一次谈话，或是否发出过一个通知。法律理由书包罗万象，却恰恰忽略了这个事实。比如，上诉人的法律理由书可能引证了违反紧急和默示许可证的大量证据，甚至包括欺诈性代理，却没有提到依赖于这一代理的任何证据。或者，焦点可能集中在被告的过失、不计后果或者故意行为，却没有表明这一行为怎样能够被认为给原告造成损害的原因。然而，口头辩论也许由于认真阅读档案的一位法官的帮助而凸显了事实上的漏洞。在这种案件中，评议就十分简略，尽管总是有这样的告诫：让制作意见书的法官好好查一下档案，以确定我们是正确的。

（六）决定性的法律争点

有时一个案件聚焦于所有法官都承认明显的法律争点居于主导地位的一个要点上。初审法官在界定“合理怀疑”时、在界定“蓄意犯罪”、在界定“故意”……时是否存在错误？如果涉及法律原理，法官们不愿意很快作出决定。他们认识到必须查阅大量的判例法。因此，在这种情况下也有待于制作意见书的法官作出分析之后才能决定。

（七）附加价值权衡的判决 158

法官的价值观悄悄地渗透在对许多案件的讨论之中。我们将在第十三章讨论这些价值观的多样性——以及它们的相关价值。在此，我们只是提一笔在评议中它们是如何浮出水面的。

在某种普遍意义上，价值观可能源于个人阅历，但某些价值观可能来自于一位法官的特别经历。比如，在一个案件中，警察根据由法院书记官签发的民事拘留的许可证，拘留并监禁了一个人，问题是一个通情达理的警官是否应当知道他

---

* 在美国，发回重审原则上是由原审法官重审。只有在上诉法庭认为原审法官存在严重偏见或者无能时，才会发回由另一法官重审。所以，在美国法律职业内部，案件被发回由另一法官重审是非常丢脸的事情。——译者注

需要法官的授权，因而应当确定已获得了这种授权。在这种情形下，一位法官可能根据自己的经验，凭直觉判决“每个人都知道任何官员都应当在将任何人投入监狱之前使其获得一位律师”。另一位法官则可能强烈感觉到，“如果许可证从表面上看是有效的，你就不能期望一位处于底层的士兵知道法律的细节。”同样，当初审法官参加上诉合议庭时，他们会带来相当不同的视角，曾做过初审法官的上诉法官就是这样。有时这会导致为尊重初审法官的判决进行辩解；但有时则会导致复审，前初审法官强烈感觉到，任何明智的初审法官都不会象（本案中的）下级法官那样做。

法官们也是人，在司法平衡中附加价值观的成分有时超过了职业约束。一旦一位法官心血来潮作出这种表述，“我们不应当给警察或初审法官增加负担。如果我们在这类诉讼案件中不关闭大门，那我们就会被埋没。”或者评论说，“这位下级法官非常棒，我讨厌撤销。此外，本案被告明显是个坏蛋——只要你读一读档案就知道了。”如果作出这样的表述，那么很明显，在决定过程中就没有什么空间了。它反映出一个价值判断——关于给警察或法院施压，关于一位法官的
159 能干，或者关于一位被告的品质低劣——但是与法律、事实或根据法律形成公正判决无关。以这种说话方式作出的表态注定是要失败的。就是这种大呼小叫地表达非司法性愤慨的法官，最后也会加入甚至制作一份与自己最初评论完全相反的意见书。

（八）司法的创造性

一些最有趣的评议的结果不是法律理由书和口头辩论已经讨论过的，而是某个法官另外加进来的某些意见。它可能采取了一种新的理由（理论），这种新颖的理由可以用一种比任何一方当事人提出的方式更令人满意的方法来处理案件。比如在一个税务案件中，公司官员负责承担其公司雇员的社会保障，尽管这些官员发挥了英雄主义精神努力避免灾难和保护雇员，但法官仍可能想设法找到一个高尚的根据来免除这位官员的罪责。虽然法律可能看起来排除了这种结果，但可能其他法官至少能够给他们的同事留下想出好主意的最大空间。

这里有另一个例子。在一个开庭日，我们合议庭聚在一起讨论那天的案件。在只剩下一个案件时，我们遇到了一个涉及某些工会内部事务的案件。这个案件远不是什么惊天动地的案件。但我们花了一个多小时讨论，渐渐获得了一种律师在法律理由书和口头辩论中都没有使用的方法。我们讨论中相互启发，使我们看到了基本问题和一种可能最好地体现先例的方法，而在讨论结束之前，大家脑袋里都还没有这个方法。我们合议庭中有一位是访问法官，正是他带来了一种在工

会案件中非常睿智的方法，而大约40分钟之后，大家都接受了这个方法。他表达了对这种形式不拘、相互刺激的评议的欣赏，这与他曾经参加和了解的一些评议形成对照，在那些评议中，法官们只是宣布自己的表决结论，附上一两句解释。

我对于司法的创造性持谨慎的赞赏态度。这种时刻经常反映了一个法官对于 160
法律的独立研究，或者也许是对于关键证词或物证的详尽审查，将案件置入一种新的视角之下。或者，即使当事人没有考虑某种救济，一方面这种新的视角总是受欢迎的，另一方面一个法庭应当明智地在这个关节处止步。也许在诉讼的漫长过程中的某个点上，新的“视角”已被考虑在内，而当事人和初审法官要么对其否定要么发现其不相干。或者这一要点可能仅仅是没有提交上诉因而不能作为判决的根据。所以审慎的准则常常指示我们，新的观点应当由当事人和补充的备忘录来提出。

（九）“重型炮弹”型的案件

在案件评议谱系中“重”的一端是明显会要求意见书制作者做大量工作的案件。一个案件可能因为几个理由中的任何一个而成为重型炮弹。最明显的例外就象我们的朗读困难的医学院学生的那个案件，那已经被认为是足够重要了，因而采取了满席审判。对这一案件的评议通常会引起激烈而长时间的讨论，因为争点很早就清楚了，而所有法官的观点都有机会集中和提炼。某些法官参加评议时是带着他们不易更改的对立的意见来的，令人兴奋的是看着那些一直处于防卫状态的“摇摆”的法官们发生倾斜的方式。通常评议结束时形成了两种意见，一种代表了被假定为多数派的意见，另一种则代表了少数派的意见。我说“被假定为”（putative）是因为初拟为少数派的意见最终却成为了多数派的意见。

另一发重型炮弹是那种由于争点太多和档案太大而要求投入大量时间的案件。一个典型的例子是毒品共谋案件中的几名被告提起的上诉案。在所提出的十几个争点中，没有一个是在最终分析中证明是麻烦不堪的，但阅读庭审记录、分析和查阅所有这些争点，组织和拟定一个有条理的意见书，却使得这个任务令人望而生畏。然而，在评议中很少展开讨论，一些看上去已经结论的争点可以突出 161
一些，法官们会注意到其处理结果可能是维持，而意见书的作者获得的指示就是“阅读档案”。

偶尔也会有在事实和法律上都涉及复杂问题的案件。这种类型的案件如第一章中描述的第三和第四个案件，即审查释放污染物是否为“突然的”和“偶发的”因而是否适用保险条款的案件，和由声称被错误解雇的黑人警官的案件。

偶尔，如果一位法官有时间和有意见去做一些对档案的早期查阅，那么他会向他的同事们提供一些可能引导判决的视角。或者，开庭辩论可以成功地从打得不可开交的观点中理出头绪，在势均力敌的事实中获得平衡。然而，在深入、系统、综合地分析完成之前，评议一般不会有任何可靠的“感觉”，所以他们都在笔记本上打一个大“?”号，将初步（initial）工作留给很快就会被安排写意见书的法官去做。

二、实质问题之外

到目前为止，我们已经回顾了集中于实质问题讨论的评议——哪一方当事人胜诉——无论投票的结果是维持还是撤销。但评议的大量时间是用来处理其他问题了。

（一）微调（fine-tuning）判决

上诉法院在评议中为讨论如何规制/微调判决经常要比得出判决结果所花的时间多。我所说的规制/微调判决是指决定判决的范围、判决的准确性，以及判决的根据。法院一般按照最狭窄的根据作出判决，将判决限定在由该案上诉所提出的事实情形之内时，但也会有这种时候，即法院感觉到有必要为了澄清初审法
162 院之间的不确定性和差异性而作出比这个范围更宽的分析。上诉律师在引导法庭向哪个方向拓宽方面扮演着最确定无疑的角色。类似的问题是，如果裁定重新审判，那么法庭是否应当尽量对提交上诉的所有争点作出决定。有些争点应当置之一旁——比如有些看来可能再次提起并且是足够新的问题，但其他问题却可能再也没有提交的机会——还是应当留给初审法庭在新的语境下作出决定。

决定的根据可以产生大量争论。比如，宣布一条制定法违宪是严肃而重大的（sobering）一步，这意味着将来不能再进行补充或解释。因此期望法庭在可能的情况下阐释制定法，以避免作出违宪的裁决，当然，有时阐释一项执行性质的规章或者宣告其无效就足够了。

评议的时间大量花费在斟酌一个判决对未来案件的影响上。法院对于他们能够预测的长远影响是非常审慎的，他们不喜欢经不起时间考验的预示性的宣告，因此他们在划出鲜明界线时十分犹豫，他们宁可只决定当下的案件，而将“棘手案件”留待将来解决。例如，一被告租赁了一间条件相当差的房子，要求他跟其他房客共用一个浴室。官员被叫到这间房子来调查一支具有威胁性的枪管被锯短的猎枪，他们破门进入了浴室，在天花板上找到了武器并没收了这些武器。初审法庭认定，被告没有反对搜查房间的“资格”，因为浴室是所有被允许使用

的人共用的。然而，我们宁可根据这样的事实作出判决，即接到某人使用枪支的危险报告是一种可以为搜查提供正当理由的“紧急情形”，而把划出调整房客在共用设施时的私人利益的范围边界的任何努力留给了将来。

在某些情形下，法庭会克制不去制作某个法律理由（legal holding）或裁决，而满足于针对检察官、其他律师或甚至初审法官，作出的劝告性的训斥（lec-tures），以此努力保持某些弹性。这一招如果运用得很好，就能向该法院所依赖 163
的所有其他法律职业者通告应当受到尊重的某些行为标准。持续不断地宣传这些标准，也许最初通过一个假设的规则，宣告某些假设的行为的错误（除非有充分正当的理由），最后通过其本身坚不可摧的规则，上诉法院就可望强化自己的立场。例如，某法院可能在第一次遇到声称初审法官在向陪审团发出信息时未与所有律师交流的行为错误时，仅仅对该初审法官作出训诫；第二次再遇到这种情况可能就会作出更加严厉的训斥；而第三次就可能导致撤销其判决。

有些时候，新法官们试图谋求“布道”式的意见书，就一些他们本人和他们法院将来可能不会持积极态度的问题发出警示。一个例子就是上诉法院很不喜欢过分热心的检察官向陪审团作出终结辩论。在另外一个免予致错（error - free）的案件中，摇晃着一根司法的手指说，“将来我们不会再容许这种行为”，这是很吸引人的。但下一个案件接踵而至，证据支持有罪的结论，而且审判大致说来也是公平的，一个上诉法庭不愿意撤销判决，因而就把注意放在查看是否对冒犯性的辩论提出过反对，法官是否作出了迅速的制止指示，评论在整个案件中是否产生了效果。人们从长期的和令人懊丧的经验中了解到，一次撤销判决抵得上百次训斥。

在这些问题上，亦即在影响案件判决的方式和调整法官和律师的规则和标准上，上诉法院可能偶尔将自己的决定依据不是放在宪法、制定法、规章或者判例先例上，而是放在自己对于辖区内行政机构和法院的监督权上。这项权力要节制使用，但它使得判决的微调不仅限于由具体案件提出的具体争点。当一联邦法院的合议庭决定另辟蹊径时，它通常会将自己意欲推崇的规则交该法院的所有成员传阅并获得评论和同意。

可以理解，上诉法院的律师在他/她的案件中如此聚精会神于赢得胜利。 164
“胜利”（victory）通常被上诉人仅仅翻译为维持原判或撤销原判。但法院自身却必须面对大量与判决根据相关的平行的选择，其中有些选择会对于当事人和代理人异乎寻常地重要。有人对于法院的内部工作过程十分关注，然而，所有这些关注都值得从律师方面去思考，这对于他们自己和对于法院都是有所裨益的。

（二）未竟的事务

在评议结束时，法庭必须反思判决是否为下一个步骤的事情。也许在采取新的方法之前，应当要求补充备忘录；或者，也许在开庭时已经有了；或者，在开庭时法庭已经提示过当事人试图和解；有时，当案件与系属于最高法院的案件涉及同一争点时，上诉法院只能在最高法院有所行动之后才能作出自己的决定。

（三）处理方案的选择

当然，最终的决定只有两个选择，要么维持，要么撤销。一个随之而来的微妙之处在于，是决定马上发出书面指令（mandate，作为表明决定现已生效之证据的文件），还是留出一些时间给当事人向联邦最高法院提交调卷令申请（亦即请求案件被接受复审的申请）。

未达到终局性的决定是那些将案件发回初审法庭重审的决定。有许多种情况：一种发回重审是指示仅“根据本意见组织诉讼程序”；一种是带有具体指示的发回，比如在上诉获得胜诉的人身保护令案件中，发回联邦地区法院重审，指示其给予犯人以自由，除非州在90天之内启动一个新的审判；一种发回是要求澄清法院的理由，或者要求作出重要的事实认定；一种发回是附带或不附带要求
165 重新查阅档案以获得进一步证据；一种是将案件发回到另一法官审理。每一种可能性对于当事人而言都可能是非常重要的，好的律师可以预测这些选择，并准备好给法庭的建议。

在时限方面也有几种关键的选择。基本问题是，一个新的规则或现行法律的扩张是否应当具有预先效力或溯及力。但是有一些时限问题涉及当下决定的发出。有时合议庭（如果是联邦上诉法院）知道有一个争点已在另一案件中被另一合议庭考虑过，就需要跟该合议庭进行核对。结果是，为了等待另一合议庭的决定而必须中止本合议庭的决定。同样，就象我们在第二节“未竟事务”中所提到的那样，如果正在考虑的争议涉及正在等待最高法院决定的案件，则必须等待最高法院发出决定之后才能作出决定。最后，合议为了确认一个对州最高法院有拘束力的法律问题也会引起案件的拖延。律师必须准备好回应任何这些可能性带来的问题。

（四）形式的变化

有的时候，案件的性质非常清楚，法官们在评议中能够就判决的形式化程度达成一致意见。然而，在许多案件中，决定必须等待制作判决的法官的建议。按

照形式化程度逐渐增加的趋势，判决可以这样排序：根据一条规则或一个引证的权威判例维持的一项或几项判决（sentence）的裁定；表明采纳初审法院意见的判决，有时附带一些评论；一两段引用判词意见书（*per curiam*）（亦即不署名，没有个人作者的痕迹），通常不发表；完整的意见书，但是受事实制约而缺乏先例性因而不会发表，通常也不署名；完整的意见书，署名，并准备发表。

尽管律师很少就判决所采取的形式发表意见，但他们事后有机会在发表时说点什么。当事人可能对此很有兴趣。比如，一公司可能不想要一个不利判决对于将来具有宽泛的权威性，因此它可能希望制作一个暴光程度低的不发表的意见 166
书。而政府机构可能想要让一个有利判决产生最广泛的传播和影响。如果当事人有理由认为意见书应当发表，那么多半的机会是法院会支持发表的请求。

（五）制裁

在第五章我们已经了解，法院——无论初审法院或上诉法院——由于起诉、对抗或抗辩缺乏实质性内容，以至于可以被认为是轻率行为和对法院强加过分负担，而援引制定法赋予他们的制裁当事人（甚至律师）的权力的频度在增加。因此，律师必须记住可以适用制裁的所有情形。制裁的范围从训诫开始；渐次严厉为双倍成本的轻微金钱制裁（以补偿印制法律理由书和档案的费用）；然后是对当事人、律师，或者对二者逐步增加的金钱费用；在极端的案件中，法庭可以将争议提交纪律委员会（disciplinary board）。

上诉人的律师必须对于任何易招致制裁的情形都保持敏感性，要确保是否有充分的正当性而不会产生制裁的争点。相应地，被上诉人的律师应当预测这一争点，并确定上诉人的案件在实质性问题上是否符合制裁的条件。

（六）救济

全身心投入于争取胜诉的律师必须考虑他们可以胜诉……或者败诉的许多方式。他们想赢得越多越好，而一旦败局已定，他们就想输得越少越好。留给法院选择的空间有时是相当宽裕的，而律师们也有机会在影响他们的选择中推波助澜。我们在上面第一节“规制/微调判决”中已经讨论过败诉时最弱的赢的方式：法院向法官或检察官所作的劝导性训斥。然而，有时如果当事人或者律师期望将来在法庭上重复出现，那么训斥提供了一种在将来不断增强说服力的良好基础。在这个谱系中较弱的一端的另一选择是权利的宣告，这要比一个附带意见或 167
一次训斥影响力强，却要比当即支持一项权利或赔偿力量弱。如果一位官员享受有条件的或绝对的豁免，并因此被免予损害赔偿诉讼，那么禁令救济仍然是可以得到的。相反，请求权人被恢复工作，不能给予禁令救济，却仍然可以得到损害赔偿。如果补偿性的赔偿太弱，那么可以变为请求实体的惩罚性赔偿。然后还有一些微小的救济，如后支付（back pay）和先支付（front pay），判决前利益和判决后利益，更不用说律师费了。

强烈建议律师将他们客户的请求进行分割，以便在脑子里与可以获得的救济联系起来。在针对制度提起的复杂的集团诉讼中，比如监狱、学校委员会、精神病协会等，富有想象力的律师在提议富有想象力和建构性的救济措施和步骤方面对于法庭帮助很大。相对于判例法和制定法更严格限定选择的传统的法律领域而言，这一领域为即席创作、常识、创造性留下了更为广阔的空间。

仅仅回顾在评议中作出的这种评论和决定还不能表现相互影响的质量和多样性，这种相互影响使得评议成为上诉决定形成的整个过程中最富精彩的一步，因为它在开始的时候带着法官们在自由的和无拘束的状态下形成的印象、偏见、研究观点——相关的和不相关的，那是不可预测的、富有煽动性的、有帮助的。

法官们自己将不同的力量和利益带入了案件中，抵消（offset）了弱点和盲点，其结果，在一天的评议中，一位法官会对技术事项作出才华横溢的分析，另一位法官则从自己趋向的结果入手，努力倒推至一个支持这一结论的值得尊重的
168 分析。也许会有一位法官从广泛的哲学框架中看问题，而另一位立足于可靠的常识的法官与之形成了平衡。为了让问题更容易激起兴趣，法官们可能在不同案件中交替这些角色、态度和作用。

当我们讨论案件评议时，我们大脑中想象那是一口放在文火上的大炖锅，火的大小刚刚足够保持慢慢煨的状态，而不要沸腾，不同的成分慢慢地煮进去了。接受制作意见书任务的法官记得这些交流，将它们考虑在内，有意识或无意识地将自己起草的意见书调适到可以纳入这些明确表达过的观点。因此，评议的宗旨是在上诉决定渐至成熟的过程中形成主要的向心力。

第四节　意见书的任务分派

法官评议事务的最后一件是安排具体法官制作一份适当的意见书，无论难易、长短、署名或不署名、发表或不发表。何时及如何分派这一任务，则各法院有不同习惯。

在一些法院，比如联邦最高法院，在一周的开庭辩论结束之前不进行评议，也是到那时才分派任务。在我目前所在的法院以及我任过职的其他联邦上诉法

院，开庭日的评议之后马上分派任务。

在这样的法院，由主持的法官（the presiding judge）* 分派任务并最后经首席法官同意。在此之前，没有哪位法官知道会选中谁，因此，每位法官在准备开庭和评议时都承担了同等的责任。在许多州和一些联邦上诉法院，案件在开庭之前即分派给具体法官——通过轮流或抽签的方式。根据这种制度，在开庭之前由一位法官对于案件准备承担特殊责任，其危险在于，其他法官可能过于遵从于这位承担任务的法官，而这不利于多数法官决定制功能的真实实现。[4]

自动分派制度的目的在于保持公平并避免人为操纵任务分派的现象，但我自 169
己的经验显示，没有证据说明在分派任务时存在过这种动机，相反，这样的法官一定会受到几个问题的折磨：这个阶段的案件任务如何能够最公平地分担？一位工作落后于人的同事应当在何种程度上少承担一点任务？如何让有意思的案件公平地分配？如何发挥在某个领域中术有专攻的同事的特长而又不至于冒过分“剥削”或过分专门化的风险？在怎样的程度上可以询问同事们特别想或特别不想写哪些案件的意见书？在出现意见分歧的案件中，哪位法官最有可能成为多数派成员？

案件本身其他与众不同的方面也可能影响任务分派。如果判决要形成巡回区的新的先例，就会选择一位当地法官而不是访问法官。但有的时候却会选择“外来者”，比如，当一位初审法官或律师要接受批评时——在理论上，批评不应当仅仅表现为令其感觉不满的结果。在有些案件中，判决会批评法官或其他官员或者会攻击（strike down）官方实体的行为，那就要求有相当的敏感性，首席法官或者某位笔端圆滑的法官就很可能接受这个任务。我制作过一份意见书，该案的判决在几年后被合议庭推翻了。如果我同意同事们的意见，认为这个案件一开始的判决就错了，或者被后来的事件及判例否定了，那么我会同意制作这份推翻原判决的意见书。这么做会使我消除我过于敏感的担心。最后，如果一份意见书要形成或改变一个普遍影响法院程序或初审法官、检察官、律师、政府机构的行为的重要政策，则首席法官或主持的法官最有可能承担这项任务。

好了，现在任务已经分派完了，法官们各自回到自己的办公室，开始闭门酝酿新的一轮意见书。

---

* 在大陆法系，The Presiding Judge 系指审判长。但在普通法系，合议庭不一定是固定的审判组织，所以也没有固定的审判长。为了避免误导，此处未译为审判长。但根据本文的介绍，the presiding judge 在此实际上是扮演了审判长的角色，在首席法官不参加审判的案件中，由他/她负责主持开庭、组织评议、分派制作意见书的任务，等等。——译者注

〔4〕 Robert L. Stern, *Appellate Practice in the United States*, 2nd ed. (Washington, D. C.: Bureau of National Affairs, 1989), pp. 475 ~ 76.

第九章　意见书之一：统筹安排任务与“做”意见书

第一节　意见书之一、之二、之三概述

171 我们现在进入了上诉程序的中心地带，即法院意见书。尽管由一位法官制作的意见书肯定不是他全部工作成果，但那却是他对法律制度的最可视的和最持久的贡献，意见书反映了法官的独特水平、价值观、方法、语气及路径。此外，构思一份意见书是上诉裁判的核心，所有的趣味、挑战、苦恼和沮丧都汇集在这一刻。

上诉意见书服务于三个功能：它对一个案件作出决定，至少结束了当事人之间的争议；它通过形成某个法律而延续着故事，其所形成的法律小自弥合法律的裂缝，大到填补法律的缺口，而它通过暗示进一步的方向而将故事投向未来。在美国法律里，它所占据的中心位置要比民法法系国家或英国及其追随者重要得多。

然而，正如我们在第三章所看到的那样，除美国联邦最高法院以外，我们有
172 113 个联邦和州上诉法院、近 1400 名上诉法官、每年 517 000 上诉案件。所有法院（除联邦最高法院之外）的多数法官所撰写的多数意见书都不会被认为是有绝对权威的、精华的或者具有持久重要性的，但其中一些至少在一个重要的时期之内对法律的发展起着重要作用。也许当今上诉法官所面临的最关键的挑战，就是识别哪些意见书分别属于这两类，并安排他或她的办公室成员们恰如其分地处理每一类。

以下三章将关注这一挑战。在本章，我们将考虑法官在统筹安排案件任务和“做”（doing）意见书时自始至终要做些什么。我之所以用“做”而不用“写”意见书，是因为将文字落笔于纸上是这个过程中很靠后的事情。在第十章，我们将探索这位法官是如何与法律助手一起集体工作或者在办公室里用功做意见书的。第十一章将观察司法集体主义和法官们在着手一致意见时的相互关系，以及

当达不成一致意见时在制作不同意见和并存意见时的关系。

我要说明的是，这些章节本意不在于提供意见书写作的指南。我已注意到了那些就这一主题撰写的有价值的指南、论文及书籍的存在。[1] 我也注意到有许多制作漂亮的意见书的方式，就像有许多很棒的上诉法官一样。但我的目的没有那么高尚：就是为了描述一些自己工作的细节，希望我的同僚法官们能够从中有所收获，就像我从阅读他们的作品中有所收获一样。

我的预期读者还有那些实务工作者，因为我有一种确信，上诉律师对于上诉法官的工作方式和思维方法了解越多，则能成为越有成效的律师。有一年，我在一个法学院教授上诉代理教程时，我让学生扮演上诉法官的角色，在阅读他们的同学的法律理由书和聆讯口头辩论之后制作意见书。我从中豁然发现，这些意见 173
书距离真实实在太远了，尽管意见书是由花了两年时间几乎专门学习上诉意见书而几乎不做其他事情的老练的法律系学生制作的。多数学生都是以我称之为“宣告模式”的方式写作的，过分简单，非常概略地就通往结论，而在结论中则直截了当地宣布一个判决理由（holding）。他们显然认为，采用一种不耐烦的——如果不是气势汹汹的——语气和恩赐的态度是一种很好的形式。他们在处理棘手问题时没有展开讨论，也从来不表明一个问题的了结（close），通常选择一种极端的“要么全部要么没有”的维持或撤销结果。他们一般都感觉到很难形成一致同意的模式，因为制作意见书的法官的引导性动机就是容纳犹豫和吸引不一致意见。

我的希望是将自己放在法官的鞋子里，也许这有助于未来的律师明了复审标准，在陈述公平的不利案件时承认其效力，甚至承认争议的了结，富有逻辑地适用先例，陈明政策内涵，谋求将一个判决尽量狭窄到与客户的利益相称，思考多种救济方式。

对于法律实务工作者而言，观察上诉法官的内部工作过程还有一个极少被认识到的理由，正如学者型律师约翰·W. 库利（John W. Cooley）在做过一项关于

---

〔1〕 最近两个年刊已出版：第一个是《司法写作手册》（*Judicial Writing Manual*, 1991），是出色的联邦法官小组在联邦司法中心的支持下完成的；第二个是《法官意见书写作手册》（*Judicial Opinion Writing Manual*, 1991），是由一组出色的州法官在上诉法官会议（Appellate Judges Conference）和美国律师协会司法管理委分会（Judicial Administration Division of the American Bar Association）的支持下完成的。后者第151页中包括“上诉意见书起草的艺术和科学”（“The Art and Science of Appellate Opinion Drafting: An Annotated Bibliography, 1977～1987”, by Michael J. Slinger）。著名的著作包括 Ruggero J. Aldisert, *Opinion Writing* (St. Paul, Minn.: West, 1990); B. E. Witkin, *Manual on Appellate Court Opinions* (St. Paul, Minn.: West, 1977); and Robert A. Leflar, *Appellate Judicial Opinions* (St. Paul, Minn.: West, 1974).

上诉判决形成过程的研究后所报告的那样：

> 在上诉合议达至判决的过程中，谈判（negotiation）起了关键作用。
> …………
> 律师们要向法官们多多学习谈判的过程和问题的解决，而上诉法官们则要相互学习并从谈判专家们那里学习他们的问题解决功能（about their problem solving function）。[2]

他总结道，“如果我们能够教法律系学生如何成为一名好法官，那么除了成为好律师之外别无他法。”[3] 正是基于这种希望，我请读者在我们承担了制作意见书的任务时走进我的办公室。

第二节　有机安排工作量

174 在一个法院开庭期（term）之后，我回到办公室内，这是工作风格和节奏发生明显变化的标志，我开始一个时期的孤独劳动，与我的法律助手之间的讨论使之富有了生气。我的大脑里是一堆嗡嗡作响的从多达 40～60 位律师的辩论中获得的记忆、印象和洞察（insights），以及我的同事们在开庭和评议中提出的问题和观点。在记忆消退之前，我努力分析工作量究竟有多大，把我已经接受的新意见书的任务也加进去，进行安排（organize），以便在我下一次走进法庭进入新一轮开庭时能够接近于“写完”。这一目标很少圆满实现，却不断地监督着我的办公室内的产量，帮助我避免掉得太远和不能完成我的最终和底线目标——开始新的司法年度（在每年 9 月），将当年自己负责的所有拟定意见书的任务都完全了结。

一、法官听取汇报

我回到办公室的第一个任务是将法官评议中的“突出部分”告诉我的法律助手，把他们带动起来跟上所有新案件。当然，我深知自己有义务要保守法官之间交流的秘密。然而正如我需要我的法律助手庄严宣誓终生尊重我们在办公室内

〔2〕 John W. Cooley, “How Decisions Are Made in the Appellate Courts,” 26 *Judges' Journal* No. 2, at 2, 44 (Spring 1987).

〔3〕 *Id.* at 45.

的工作秘密一样，我也同样感觉到，如果他们要真正对我有所帮助，他们就必须不仅分享法官们达成一致意见的暂时结果，而且要分享法官们之间相互给予相互汲取的过程——需要避免的要点和需要强调的要点。在我能够使助手敏锐地感知我的同事们的好恶的程度上，我能够避免后来不必要的争论、协商和返工。

在这种口头辩论后的听取汇报（debriefing）中我有点依赖于自己的笔记。但笔记只是一个梗概，其主要作用是刺激我的记忆，使之仍然合理地鲜活。我应当提到我所了解的一些法官，他们将实践过程还原到制作一份非常详细的评议总 175
结（summary）。有些法院保持一种惯例，审判长（主持法官）要完成这一任务并将这份总结给同事们传阅。这种总结一定具有相当高的价值，然而至少对我而言，还是通不过成本收益的检验标准。我宁可把时间投入在其他事情上。

我说过，我的听取汇报包括所有听审过的案件，而不只是那些安排给我写意见书的案件。我坚持这样做，是因为我期望自己的助手能够跟得上案件，他们在口头辩论之前已经研究过那些案件的法律理由书，帮助我复核过我的同事们就那些案件起草的意见书。这起因于我将助手在办公室里的工作与同一法庭的法官的集体工作同等看待。也就是说，我的助手不是单独的，无论是他们办公桌的位置还是他们对意见书（无论我的或我同事的）的工作都是受到限制的。我期望他们相互之间在任何有益的时候随时进行集体讨论。

二、理性的优先选择的必要性

当我们讨论分派给我写意见书的案件时，衡量一下各案件可能需要的时间是非常必要的，据此我可以做三个决定：按照轻重缓急确定优先次序；将办公室内的任务分派给各位助手；让自己和助手对于每个案件上应当花费的时间都有个大致感觉。如果我们忘记了也许两周之内在我们的门边还有一捆新的法律理由书，而随之而来的新的一轮口头辩论距离我们也只有四周的距离，我们就开始挖掘战壕，灰尘很快就要遮天蔽日了。如果感觉到没有相对重要的案件，我和助手就会在每一案件上大方地花费时间和精力，无论是日常性的还是重要的案件，因为每一案件都会有对实质或风格的挑战，都要求尽善尽美。我们很快就会发现自己落后了，陷入了越来越旧的案件之中。而案件越旧，就越难以回忆起我们阅读、听审和讨论时的印象。于是意见书就变得更加困难，所花费的时间也比它应当花费 176
的时间更多，而传阅也变得更糟糕。

这种根据对案件评估的时间意识所进行的优先选择（triage*），其含义并不是用来描述战争前线上医生所面临的可怕的两难境地，那时医生被迫决定严重的伤员谁可能救活而谁必须被放弃。案件分类并不意味着有些案件会被不正确地决定；有可能作出牺牲的不是结果，因为所有案件都应当经过将相应的法律权威适用于适当确定的事实而获得判决，可能牺牲的是说理的长度、深度和讲究的程度。我使用“优先选择”的意思是《牛津英语辞典》中解释的含义。在 14 世纪，法语的原始含义是“根据品质对行为作出分类”，而辞典给出的第一个例子取自于《钱伯斯百科全书》（*Chambers Encyclopedia*，1727～41）：“每一件羊毛品（fleece）都由不同质量、不同成色的羊毛（wool）构成，而由交易者对羊毛进行仔细区分（separate）。”[4] 所以我们记住了将工作分类，以反映预期的意见书的成色。

当无限多种的案件使我们难以进行任何又难又快的类型化时，我曾尝试过列举出三倍于正常时间分配的案件，并找出那些需要一部分一部分撰写意见书的案件。读者应当明白，意见书写作与形成判决是不同的。在第八章我们考虑过了案件的分类，大致列举了在口头辩论之后形成决定的评议中法官们进行这种分类的困难。有些案件，比如“沙绳/不牢固结合”型的虽不琐屑却为日常性的刑事案件，容易决定，但可能要求在起草恰如其分的意见书时投入大量的工作。其他案件在评议中花费的时间很少，因为需要等待意见书作出的成果出来之后才能形成表决。另一种是很难决定但一旦决定则写意见书就没有什么困难的，比如初审法官是否滥用了自由裁量权。最后，还有许多案件——“重磅炸弹”型——作出
177 决定的难度与制作意见书的难度相当。因此，以下列举一些属于这种双重困难的案件类型。

三、案件的面貌

（一）轻松

系那种预期花费一两个小时或最多不过半天时间即可完成处理、裁定或制作意见书的案件。

---

* triage 的本义是医疗类选法，即在战场上根据紧迫性和救活的可能性等决定哪些人优先治疗的方法。——译者注

〔4〕 *The Compact Edition of the Oxford English Dictionary*（Oxford，England：Oxford University Press，21st printing in U. S. 1981），p. 3399.

1. 根据下级意见书予以维持。在那些初审法官已经花费心思起草了一份考虑周到的意见书时，上诉法庭在审核法律理由书、档案和下级法院的意见书之后，可能很容易得出结论，认为不需要别出心裁。法庭根据这份意见书作出维持的决定，有时通过作些补充或表明不依赖于意见书的某部分的方式增加一点评论，这样法庭不仅为自己节省了相当多的时间，而且也表明自己认可了初审法院的工作做得漂亮。

2. 几行字的简短裁定。初审法院可能没有发出一份充分的、自成一体的意见书，但事实和法律适用都十分清楚，以至于简短的裁定即已充足，如果案件没有实质问题提交决定，则参考一条要求简易维持的规则，要么用几句话，说法院已经阅读了档案和法律理由书，听审了口头辩论，判定已有充分依据支持判决。特别是当已经举行过口头辩论时，法庭与律师之间已进行了有意义的对话，这种简短形式的处理就有了正当性。

3. 备忘录意见书或不署名意见书。法庭感觉到被迫超越简短结论的形式而必须在短小的篇幅范围内给出自己的理由，这种处理的工具就是一个简短的备忘录意见书或者不署名意见书。

（二）中等

系那些通常应当花费两三天至一周时间准备意见书的案件。

1. 简易的事实密集的不发表的意见书。这种意见书不陈述新原则，适用于 178
没有异常的法律适用问题。因此通常不需要重复所有事实，因为意见书只是为了当事人的利益。但有时完整的说理需要陈述事实，在这样的案件中意见书变成了一个相当大（sizable）任务。

2. 直接将法律适用于事实。这是拉磨型的案件，可能发表也可能不发表，取决于法律与事实的交叉方式是否会对将来的决定产生影响。但确实需要相当多（considerable）的工作。

3. 划线。这种案件要么是“中等”的，要么是“重磅炸弹”。有时法庭很清楚自己希望把线划在什么地方，比如说，什么样的血统或其他关系是在“家庭”以外的，或者什么时候法律执行当局的权力要受到质疑或中止。

4. 制定法的结构。就象第一类一样，这也可能成为中等但也可能成为重型案件。调查从审视一条制定法的措辞开始，然后可能继续进行到考虑其含义和目的，再到立法的过程。有时立法意图的先见（divination）会涉及曲折的调查。到我与助手讨论的时候，任务的范围一般就明显了。

（三）重大——重磅炸弹

系那些基于各种原因预期投入大量时间的案件。我所说的“大量”（substantial）是2至6周。一个办公室遭遇这种案件，就需要仔细计划和重新调整工作日程，以便当这个“庞然大物”（biggie）慢慢向前移动时把其余工作快点做完。

1. 多争点、多被告的案件。这种案件的典型是对毒品犯罪的刑事控诉，涉
179 及许多被告、秘密侦察、一次或多次搜查和扣押、与同案犯进行的有罪控诉谈话、某些证据排除和自认、对专家证人的裁决、主诉检察官在口头辩论中的越界、对不同被告严厉审判的拒绝、对证据充分性的质疑、向陪审团做指示时的错误，等等。初审档案的量级和争点的数量就能让我相信将要有一件非常大件的工作要做了，要求花费一位法律助手4周时间和我本人一天至几天时间。

2. 跨度大的法律争点。事实可能相当少，不复杂，也没有争议。但法律分析的任务很重。它可能采取多种形式：一个关键的、门槛性的决定（一市政通令有根据吗？一嫌疑人“在羁押中”吗?）；一次棘手的平衡行为（制度性利益大于个人的利益吗?）；一次深入的政策分析〔教派主义的高中是否比教派主义大学享有更多豁免权，不受设立州立教堂条款的审查？或者，就象在第三章中讨论过的伯宾诉莫兰（Burbine v. Moran）案一样，是否应当允许警官向律师撒谎说嫌疑人正在羁押中而且正在被审讯?〕；要研究一簇直接对立的判例以决定要遵循哪一组，或者要用显微镜研究高深莫测的最高法院的判决。

3. 跨度大的事实问题。这类案件要求意见书作者熟练掌握一个长长的庭审记录（transcript）和许多物证。比如一个操纵股票市场的反托拉斯案件，一个涉及根据《食品与药品管理法》决定不许使用一种新药的决定，一个质疑环境影响陈述的充分性的案件。影响法官和律师的实践事项和行为标准是常见的主题。由于处理这种问题的任何决定都必须清晰、公平、可行，因此要求在行文时特别小心，通常法庭的所有成员都要应邀作出评论。

4. 法院政策。一案被推翻，可能不是基于任何判例法、制定法、法规或宪法，而是基于对上诉法院辖区内的法院行使的法院监督权（court's supervisory
180 power）。影响法官和律师们的实践问题和行为标准是经常的主题。由于处理这类问题的任何决定都必须清晰、公平、可行，措辞要求相当小心，通常法院的所有成员都会应邀给予评论。

四、分配起草意见书的工作

在我听取汇报之后，我跟助手一起复查一下工作安排。我根据预示着存在比较优势的不同因素作出决定。这种优势存在于我在这以下案件中开始起草意见书的时候：有一种匆匆成就的（quickie）意见书，目的在于只需要向当事人解释法院为什么形成案件结果就足够了。快速制作这种意见书对我——对任何法官——来说要比法律助手容易，因为法官有足够的经验知道不需要面面俱到，也不需要在法律清楚的简单案件中引证权威。尽责的法律助手，特别是新手，可能感觉必须对这种明显的案件也需要说明正当理由。

另一类是因为滥用裁量权而推翻初审法院判决的意见书。这时法官最有资格微妙地处理一位同事。在意见书中质疑的不是法律而是合宜（delicacy）。同样，如果问题有广泛的公共利益，我感觉我在起草意见书时的措辞从一开始就要保证尽自己最大能力做到透彻和具有说服力。当然，在我思考安排这些案件时，我考虑的一件事情是我在第四章中所提到的案件压力。然而撇开案件数量不谈，我也必须总是考虑在我的处理中所占的连续时间的总量。涉及庞大初审档案的案件和一个问题庞杂的争点要求作出完全和连续地全身心地投入整块时间——这是在职法官（active judge）很少能够安排出来的时间。

我写这些话时，是一位资深法官，比在职法官的责任要少。但一位在职法官生活中的通常日子是这样的：作为案件合议庭成员，他要花一至两个小时处理紧急的动议和上诉（draft orders），审查裁定草稿，甄别不经口头辩论直接判决的 181
案件；另外一至两小时审查同事的草稿，撰写或审查草稿回复，为了案件接听同事的电话和给他们打电话，出席与本庭有关的会议，或者参加本州或巡回区法官理事会或联邦司法会议的委员会；为参加教育性专题讨论会和研讨会做准备；为下一期法院开庭阅读法律理由书；在这些活动期间或之后，花费几小时与法律助手进行讨论，审查他们起草的文件，在该法官已承担写初稿的案件中做研究并制作意见书草稿。

无法估计官僚政治的、行政的、政治的、汇报的、教育的义务有多少，加起来要占一位在职法官1/3以上的时间。另1/3是司法时间，不过这些时间都是用于合议庭的工作、同事的草稿以及阅读法律理由书。这样最后留给法官花费在制作安排给他/她的意见书上的时间也许有1/3。

因此，在我决定分配案件来起草意见书的时候，一个关键的因素是所用的时间。我明白，除例外情况外，我不能在一个案件上花2至4周。因此，一个案件如果必须阅读大容积量档案或包含要求研究大量细节的法律问题，就安排给一位法律助手主攻，由他/她提出意见书的建议草稿。

在我分配工作时影响我的其他考虑还包括：谁的意见书起草工作离到期时间最远？谁在此领域具有特别的知识或兴趣？谁承担的刑事案件较多需要变化一下？谁一直在做单调乏味的案件，确实需要一个案件来激发一下创造力？

我所作的安排反映了我对于应当投入的时间的观念。当我安排案件时，我会
182 重申我的指示——如果我的法律助手挖掘出某一事实或法律依据或公共政策对我的临时决定投来怀疑时，她应当想一想，并且收集相关的庭审笔录和判决的副本，再做一些集中的阅读之后，从我这里再申请一些时间来讨论如何解决问题。

在一个法庭代表性的开庭期之后，包括第一章所描述的法庭的一天，我拿回6个案件。有2个在当天进行过辩论，我接受了2个案件的任务：有朗读困难的医学院学生的案件和黑人警官的案件。从我们其余的开庭中，我又取回4个案件。我安排自己处理医学院学生的案件，因为这个案件在我们合议庭作出决定、而且每一位法官都已发表过意见之后（在法庭上或者在评议时），又进行了满席审判。我感觉我比助手能够更接近于我的同事们的感觉和思想，我有最佳的机会去发现共同基础。这是一个在重要性上“重大”却不花费太多时间的案件。我还拿了一个涉及质疑陪审团的组成的案件，但当庭没有作出充分的反对，因此这一案件也很快解决了，意见书很短。

警官的案件我交给了一位助手，因为这要完全重新阅读档案和进行相当大量的法律研究。而且这些助手一开始就提出了任何一方当事人在法律理由书中没有提出的一个问题，表现出对该案的很好的把握能力。我安排另一助手做涉及第一修正案的刑事案件，该案3个被告提出了不同的撤销理由，这明显需要“做工作”。还有两个案件，不容易，也不难。一个是典型的挑战支持有罪判决和刑期的证据充分性的刑事上诉；另一个是民事案件，是雇工歧视案件，其事实不支持诉讼主张。我没有马上安排这些案件，等着看我或我的助手是否和何时可以接受一个新案。

第三节 制作意见书

一、沉浸在案件之中

183 在我的法律助手与我讨论过新案件和我安排完这些任务之后，他们就各自散去回到自己的书桌前，而我也坐下来做自己的事。我可能首先把眼光投向一份快捷的备忘录意见书。但随后就要退隐，面对困难的工作了。我按照惯例过一遍，

不管案件大小，这对我效果很好。

我第一步是让自己完全沉浸在案件中，首先划出当事人和下级法官说过的一切。案件在这一点上就象一个定时涨落的池塘，最易受到潮汐的搅扰，所有一切都是阴云笼罩和处于动态之中的。我的信念是，如果我只要等候一个时间，近距离观察，水就会清晰易见了。于是我开始重新阅读和做笔记。我从我的简要而印象深刻的开庭笔记开始，只是为了将我的记忆刷新到使问题鲜活的状态。然后我捡起法律理由书。

在开庭辩论之前我已详细审查过这些东西，这一轮我戴着放大镜读，注意档案中的每一个文献，引证的每一个判例。我开始建构自己的索引，记录辩论的页码。我也会随着将一些有希望的档案引证或判例从法律理由书中摘出来。在这一练习中我很早就认识到在法律理由书的附录中有一份初审法院的意见书，而我放下一切再去读一次，这一次我对要点做一个详细的笔记。当我阅读一些判例的时候，我要做两件事：用铅笔在判例集（通常是联邦判例集第二卷）的边缘上轻轻地做记号，以便我不必再去搜寻相关的内容；把相关的判决理由简短地写在另一张单独的纸上，使我后来能够把这张纸放在需要用的地方。阅读法律理由的最后任务是相互核对。意即核对每一份法律理由书，看看哪一个主张是回应另一个 184
的；如果对于具体的主张没有回应，没有引证相反的判例，或者哪个主张看起来非常弱，那么我就会感觉它很容易被击溃。

法律理由书已经读过了，我意识到在我重温档案之前我并不真正“了解”案件。但我知道我可以在档案上花上全心投入的几个小时却只能留下大致印象，除非我可以沿着自己的轨道（track）走。于是我仿效忒修斯（Theseus）进入弥诺陶洛斯（牛头怪）（Minotaur）的迷宫时的办法，每每向前走的时候在身后留下一个线索。这些线索在对主要事实的粗线条索引和可以找到这些事实的相应页码中，是我可以追踪自己的足迹的保证，当我处于被细节淹没的危险时，我可以看到事件之间的关联。我不怀疑当今任何一位比我更具有文字处理技巧的法官都能够为法官们制作一个电脑程序，就象为忒修斯设计的线索一样。

有的时候，如果案件看起来很有魔力而时间也允许，我会驰骋于法律理由书和档案之外，查阅一些学术期刊上的文章（它们在我的书桌上躺了很久了），或者打开一两本著述查找相关内容。偶尔我会找到一些特别值得开采的矿物。这种经验教会我，当一个人开始着手于制作一份可以成为非常重要的意见书时，那是一颗不受紧张的时间期限烦恼的价钱昂贵的珍珠。

二、停顿下来，把握方向

在这种孤独的沉思、重新阅读、沉浸于上诉案件之后，就到了重见天日的时候了，环顾四周，问问自己，“我到底在想什么?”这是意见书炮制过程的关键阶段。联邦司法中心的《法官写作手册》引注了理查德·瓦瑟斯特伦（Richard Wasserstrom）教授对于“得出结论的过程……亦即‘发现过程’与论证其一个结论的理由的过程……亦即‘正当化的过程’”的重要区分,〔5〕指出，“法官在
185 开始写作时应当完成发现的过程和得出结论的过程——只要这一结论是暂时的。在写作时置入理由是正当化的过程。”〔6〕

我为此做好了准备——我经过了一段时间的退隐，复习了我的所有笔记，在重要的事实、判例、思想（包括我自己的思想）上用红笔做了记号。我还注意到了必须做的其他事情。但我真正感兴趣的是解决一些大问题。在这一点上，我动用了我的部队——我的法律助手们——我们进行了一次大范围的讨论。这主要是在这种案件中：审查的标准是什么？即使在这一问题上放弃了反对，我们是否应当触及实质问题？如果一个问题证明是决定性的，我们是否应当处理其他问题？我们应当根据一项窄一点还是宽一点的根据/理由（ground）作出判决？我们是否想要形成一个干干脆脆的先例，还是应当用替代的根据/理由（ground）以将先例减少到最低程度？从不改变的是我会让这次会议充满活力和富于灵感。

这是决定的时刻。不是对一切都作出决定，而是对最困难的问题作出决定。在我感觉能够有把握之前，我连大纲都不会去试拟，更不用说起草意见书了。

在非常少的情况下，我得到的真实/真理使我意识到我们在合议中的暂时决定可能没法“写”。在这种案件中我会把我的困境写信告诉我的同事们，请他们允许我从另一个方向入手。特别特别少的时候我求助于更加谨小慎微的办法：我给同事们发送两份意见书，一份是按照他们投票赞成的意见写的，另一份是我认为更好的意见。

到了这时，我相信我明白了我在主要问题上的总的路径。我已经做了足够的工作，使我舒服地感觉到自己对于法律和事实档案的把握。我跟法律助手们的讨论帮助我澄清了我所余留的主要问题。的确，还有更多的研究要做，也许还会改变想法，但不会是对结果或对于决定性问题的改变了。我已经做好了构想（con-

---

〔5〕 Federal Judicial Center, *supra* note 1, at 9, quoting R. A. Wasserstrom, *The Judicial Decision: Toward a Theory of Legal Justification* 27 (1961).

〔6〕 *Id.* at 9.

struction）意见书的准备了。

三、通往正当化之路

（一）基本内容（preliminaries）

当我说我已准备好开始构想时，我的意思不是说我已准备好要写作了。如果 186
用旅行者来比喻，那么我所处的状态是，明白了想要开车从波士顿去洛杉矶，途经芝加哥和丹佛，但我还没有在地图上标出最佳旅行的公路和高速公路。所以我的首要任务是制作我自己的路线图或者说大纲。

对我而言，框架就是制作任何一份超过两三段的意见书的基本要素。特别是在这个使用 Word 文档写作的时代，大纲更是保持一个人写作倾向必不可少的东西。电脑的一个诱惑就是一个字接一个字地在美丽洁净令人愉悦的屏幕上喷涌而出。如果一个人的思维过程庞杂繁乱，作者就忍不住会想：“能用两个字为什么要用一个字呢?”

大纲并不是我马上着手的任务。我做大纲不仅是一个连续的阶段，而且详细的层次也不一样。我首先关心的是列举出基本内容——一路通向我对于实质问题分析和讨论的一切。我不尝试在这一点上列举出所有的实质问题。在列举基本内容和实质问题时，我再次象一个横穿全国的旅行者：当我抵达象芝加哥这样的大城市时（或者说意见书中的一个复杂部分），我需要一张更详细的线路图。于是我制作分提纲。

看起来也许奇怪，但我把提纲和写“基本内容”当成是做意见书过程中最难的工作。对作者提出独一无二的挑战的正是第一段——要在短短的几句话中写入大量的内容，而且，如果可能，要用引人入胜的方式。至少应当指认当事人、诉讼的性质、上诉的目的以及上诉法院的判决概要。这一段可能需要独立的小提纲。这个开头可能比其他部分返工的机会更多，而最后一次重写经常是在其他部分完成之后才做的。

其次的挑战是用最洗炼的笔墨讲述案件的必要故事：当事人之间发生了什么 187
而导致本次诉讼；下级法院或行政机构需要对发生的事情说些什么；关于被提起上诉的决定需要说些什么。这肯定是单调乏味的工作，因为作者没有什么创造的感觉。这不是法官必须纳入思考之列的，但即使在这些，也仍然有对某人的工作感到得意的余地。如果提出事实的方式既严格忠实于档案，又能让读者产生兴趣，把那些没用的谷糠都筛掉了；如果交待案件的程序性历史也同样明了而简洁；如果对下级法院的理由和当事人的论点总结得精当无赘，这种成就也不可谓不重大。

在这一关节上，用一种比开场白段落更加简洁的文字陈述争点 /问题是适当的。比较容易的陈述顺序是从下级判决和当事人的争辩中说了些什么开始。

被我称为基本内容的一个重要部分超越了这一阶段，而要处理法律问题——这些法律问题曾经或应当提出，并且可能引导对实质问题的分析，但其本身又不是决定性的。就象我们在第六章所见到的那样，管辖权是一个上诉法庭首要必须考虑的问题。其他基本问题包括一些技术问题，比如诉由消失，当事人提出一个争点的资格，在下级法庭上未提出反对的争点的弃权。这些显然都以一种允许法庭进展到实质问题的方式处理过了，但还必须进行处理。还有一些基本内容对于法庭如何进展影响很大，包括永远重要的适当审查标准问题，准据法（州或联邦）的选择，确定当事人的证明责任。

当所有这一切都处理完了，我才做好了进入实质问题的准备。

（二）实质问题（merits）

到了这时，许多骨架性的工作都已经做过了，只需要把意见书的肉往里填就
188 可以了。尽管我读过了法律理由书、档案和一些判例，但我明白，在我能够哪怕是制作一个好的大纲之前，我仍然有许多工作要做。于是我循着法律理由书或判例中的任何一根导线走向另一权威。当我感觉“我了解地形”时，便是适当的时候了。这意味着我达到了这个点了，即，我感觉自己意识到了所有相关的权威，追求进一步研究只是滥用时间。

这个时候我的长长的工作台上已堆满了一卷一卷的法律报告，他们排着两列纵队，就象战士等候出发命令。有时侦察的当事人，聚集了次一级的问题，在远处的桌子上、书架上甚至地板上安营扎寨。现在我开始翻查我在判例中留下笔记的那些内容并把它们归类。如果我能够找到更新的判例，我就将旧的判例解职。我必须仔细识别判例——哪些是在问题上略有差异的，法庭的哪些宣告只是法官的附带意见而不是判决理由。

在我做完判例选择并排列好优先顺序之后，我就转向政策。我总是寻找我们可能作出的任何判决的政策内涵，在某些案件中，我们意识到初审法院一定没有上诉法庭那么奢侈的时间允许他们思考，其判决可能已经在当事人双方之间实现了“正义”，但如果更广泛地适用——这是作为原则性的判决的检验标准——则不具有可行性。在另一些案件中，我们可能对下级判决感到恼火，进而想说服自己撤销该判决只是为将来按照相同原则处理无序的判决铺平道路。我想，如果将这种政策内涵表达出来的话，任何上诉意见书都会变得更加有力和易于理解。

现在我可以列出处理实质问题的提纲了。当然，首先的决定是确定应当讨论
的问题的顺序——如果问题不止一个的话。我怀疑一般都会从最重要的问题开
始，但也并非必然如此。可能是对次重要问题的处理可以扫清障碍并逻辑地引至
最后和决定性的问题。在考虑问题的顺序时，我也会思考把问题分组，有些问题 189
值得非常简要地处理，而有些则不值得处理。

我现在已经开始写作了。我认识到我仍然必须沿途停车，在问题需要时制作更详细的分提纲。此时，当我开始表达更具有创造性的成果时，我通常感觉到一种饱满的热情。我禁不住要做两点评论，将我今天所做的与我 1980 年在《法官的方式》（*The Ways of a Judge*）中所记录的做法进行一下对比。[7] 首先，那时我不仅是一名“在编”法官，而且是我所在巡回法院的首席法官。我的日子堆满了行政事务、紧急案件和其他职责；能够剩下的制作意见书的主要机会都在晚上。如今，作为一名“资深”法官，我的大部分白天时间都可以用来制作意见书。我承认这是一种好的变化。

第二个变化是写作的工作。在《法官的方式》中我写道：

> 现在写作开始了……我在书桌上放一本长长的稿纸……第一段……很快变成了删除、插入、重新安排造成的凌乱不堪的样子……
>
> ……四五个小时的扎实工作之后……我发现自己的钢笔在纸上健步如飞了。
>
> 当我在交给秘书之前再审查一遍的时候，我发现我希望她翻译（interpret）的是怎样的一幅拼贴画啊！不仅我写的内容成了细小的鸡爪印，而且脱字符号^和箭头以及用回形针别在主题内容中的纸张，让我不得不在每一“页”连接的地方写上一个转接说明，这些转换的“页数”可能占整个文件的一半。[8]

现今，在我的书桌左边放着电脑视频和键盘，正如读者刚刚了解到的那样，仍然有一堆笔墨纸砚的活计。但现在都只是在写提纲的过程中才派得上用场，我曾经认为这个过程用电脑制作更重要。也就是说，当我用钢笔写意见书时，有了新的想法或事后的想法，我总是能够把一张一张的纸片用回形针别在适当的位

〔7〕 Frank M. Coffin, *The Ways of a Judge: Reflections from the Federal Appellate Bench* (Boston: Houghton Mifflin, 1980).

〔8〕 *Id.* at 159 ~ 60.

190 置，划掉标题，重新编号。文本可以用电脑更容易的移动，而我宁可将整块移动保持在最小限度。我对于空空的屏幕仍然有一些敬畏，它使我想要在玷污那片空白地带之前先找到自己的路线图。

不过仍然有一些相似性。如果有了关于实质问题和意见书结构的充分的好的想法，备忘录就会增加，键盘的滴答声就会加快速度，就象过去钢笔健步如飞一样。最后，问题都提出来了，相关的判例都井然有序地呈列和讨论或者区分了，而政策内涵也十分清晰了。这时仍然有一个较小却重要的任务澄清结果是什么，以及如果有结果，那么下级法院预期的结果又是什么。

在我将草稿交给我的法律助手进行编辑之前还有一个最后的检查点，我要听一遍开庭录音。我可能早先已听过并且做过笔记，但在任何情况下我都会给律师一次对我说话的最后机会，以免给我忽略某些值得提及的要点的机会。

四、最后的接触

（一）编辑

在第一份打印稿出来之后，我会迅速进行一些明显的修正，但不会做深层审查。这时我还有一大堆其他的事情要做，而且我已经进入了那种工作状态。承担这个任务的是我的法律助手们，他们要恪尽一个苛刻的编辑之责，对实质内容和写作风格进行严格审查。尽管也许是一般的见解，我也对自己的作者身份感到自豪，还没有学会看到一个得意的段落而毫不退缩。有时批评挖掘得还要更深一些。我可能会一时忘形，使结论比所需要的范围更大。我可能在引证一则判例时“就事论事”，比所需要的要吝啬。的确，我可能发现我所选择的最佳论证有些却盛不住水。也许我会饱受煎熬，但我明白意见书必须改进。

（二）传阅草稿

191 这一刻终于来临了——我把意见书草稿发送给我的两位同事（除非意见书是对整个法院的）。通常不需要评论，只需要做一个提议，说明该意见书是否足够新颖或有足够的利益或者具有其他实质意义值得发表，而不是仅仅发给当事人。但有时我可能想提请注意某个封闭的问题（close issue）、某个运用技巧的问题（tricky problem）、某处对我们早先达成一致的立场的改变。还可能有一些象诉讼费用和值得支持的律师费估算这样的事项。到了这时，我就没有什么要做了，只是希望我符合了我的同事们的预期，要么忠实地反映了他们的观点，要么使他们相信草稿已更好地包含了他们的立场。

我已经指出，自我写出早期书籍以来意见书制作的发展和其中的一些差异。在结束本章的时候，我想用《法官的方式》中“制作意见书”一节的几句话，更好地加以阐述：

> 有时我意识到作为一名上诉法官的优势，从原始（raw）资料开始——冷冰冰的档案，相互对抗的法律理由书，既存的法律、历史、逻辑、惯习，以及诸如对案件所允许的政策和社会正义的考虑——制作一份意见书的过程变成了一次紧张的、全身心投入的和满载而归的经历。[9]

〔9〕 *Id.* at 155.

第十章 意见书之二：与法律助手一起工作

第一节 法官的角色

193 在本章中，我们会回顾法官与法律助手一起工作的一些细节，关于法官起草初稿的意见书，关于法律助手先起草的意见书，关于从其他法官的办公室发来征求评论意见的意见书。这些都是日益重要的主题，而关于这些主题的文字却付诸阙如。即使有过一些讨论，也主要限于反映法官个人的特质。因此，有必要分享这一实践和经历，因为这对于法律助手和法官的现在和未来都是大有裨益的。

读者从第四章已经了解我调整法官与法律助手之间合作关系的一般哲学。我只是委以象检查引证这样的技术性、行政性的任务。我也不想在自理每一问题之前作出指示。我很寄希望于我的助手们的自由裁量，把他们当成同事，有点象在小型律师事务所中的年轻的合伙人。这形成了如下显而易见的悖论：我们在一个
194 共同责任的基础上运作；然而尽管所有的人都感觉到了这种责任，我却保留了核心责任，奥尔迪译特（Aldisert）法官是这样描述这一核心责任的：

> 法官才是必须承担100%责任的人……将一些写作责任委派给法律助手非常适当，在这个诉讼时代这是绝对必要的。然而，这种委派只有在一定程度之内才具有合法性，即法官接受提交上来的语言，理解所写内容，同意并愿意承受附着在上面的职业声誉风险。[1]

这一并存的角色要求法官了解案件的深度不仅仅达到能够正确处理，而且达到能够最佳说理，达到能够传达这些富于策略的判决的所有细微之处，达到能够准确监控和避免事实或法律的过剩，达到能够保证写作风格与他自己的价值观和

---

〔1〕 Ruggero J. Aldisert, *Opinion Writing*, (St. Paul, Minn.: West, 1990) pp. 8～9.

品味一致。有了这些指南，法律助手的贡献就不是一种对零散的法律问题的空洞分析，而是一种原汁原味的富有抱负的意见书——它反映了对档案中的事实的选择、鉴别和优先顺序安排，和对适用于这些事实的准据法律、逻辑和政策的有组织的分析。当法官和法律助手都有效地履行了自己的任务之后，就结出了一个意见书之果，它凝结了法官最深层的意识，即使法律助手可能投入了40个小时而法官仅仅用了两三个小时。

我还要加上一个至关重要的告诫，不要把法官视为建筑师兼编辑。我认为这对于法官自己的心智和自我意识是十分重要的，他必须在意见书的一些部分中始终体现这种心智和意识，除了由助手进行检查和编辑以外，他全部都要做。这不仅仅为法官提供了一种创造性欲望的出口——这种创造欲望使他想成为一审法官，但作为一名作者的继续活动有助于使他成为一个更好的建筑师、总承包人和编辑。

为了实现最大限度的智力交流和集体主义，同时最小限度的需要寻求公开的
指示，就需要用一种正确的方式向法律助手委派任务，而做到这一点并非自然而 195
然的，那需要法官和助手双方面的事先考虑和有意识的努力，其中的关键是“合同”双方互惠的责任、完全的理解、诚实的履行。

现在让我们转入法官和助手的主要责任，我本人的经历证明了这些责任的存在。

第二节　法官的主要责任

一、入门性的教化

我在第四章非常概括地描述了我是如何寻找一个作为我们办公室团体中一年多亲密成员的。出色的写作能力是我的一个择取标准。然而，在选择新助手时，比写作意识更重要的是，充分利用一个新助手的前几周去灌输标准和期望以及对早期作品仔细挑剔。“正如嫩枝易曲变形……”起步正确要比努力校正容易得多。

多年来我一直拥有一个法律助手职业的精良服务，在这点上我很幸运。一位法律助手从外面到这里来，能够通过循序渐进的“课程”进入我们办公室实践的角色。即使法官没有这样一位拥有制度性内存的人（a person with institutional memory），也应当提供这样的课程，其受益大大超过了时间的投入。

这一课程由以下这些元素组成：

1. 列举“几要”和“几不要”的清单。这反映了法官在组织、风格、某些实体事项上所积累的偏好。如果提及（参考）法院和法官个人（的意见），应当包括哪些开放性的段落，段落的长短和标题的频度，注释规范，在判例引证和事实陈述方面的选择，这些事项早一天告知则早一天节省工作时间。

196 2. 选取范本文件。一个有价值的精心选择的一组意见书——好的和坏的——以及回复从其他法官办公室送来征求意见的意见书的备忘录。在一定程度上，新助手理解了什么被认为是“好的”或“坏的”，这以一种节省时间的方式取得了非常重大的进步。

3. 安排简单的意见书。如果新助手到法庭已有几个星期了，安排她写一写照葫芦画瓢类型的简单案件的意见书是非常有用的。我需要我们的中心幕僚律师办公室选择一个已经甄别出来不安排口头辩论的案件，法律助手就投入进去，集中组织和写作，然后法官就草稿好的地方和不好的地方进行详细地分析。于是，这位助手就带着一些信心和一些兴致接近她的第一份口头辩论后的任务了。

4. 挑剔。新助手所写的所有文件都应当经受一次有组织的挑剔，包括刚才提到的意见书草稿、第一份法庭备忘录、第一份向其他法官办公室传送意见书的信函，第一份向法官建议改进同事意见书草稿的方式的备忘录。在这个时期能够清晰地觉察到弱点——如果有的话。这位助手可能在法律分析方面是“完美主义者”，却在挖掘事实方面粗心大意；他也可能认为每一个案件值得平均使用时间。所有这些“课程”的目的，不仅要帮助法律助手在每一个案件中出色地工作，而且要作出艰难的择优判断，以便在最棘手、最重要、最复杂的案件出现时能够投入特殊的努力和额外的工作。

二、使助手与法官之间的交流变得轻松

尽管许多法官发现法庭备忘录在口头辩论之前和口头辩论中很有用，而且在
197 制作意见书时交换备忘录也很有助于解决具体问题，但我非常相信尽可能保持口头交流和不受限制、不拘形式地进入我自己的密室的价值。每当我看见一份洁净的、组织得非常好的、常常十页八页的口头辩论备忘录时，我总是无从下手(wince)。我独自思忖，“一天或者更多的时间过去了，本来可以花在意见书上或者花在审查自己或某位同事的意见书草稿上。”这并不是说我反对助手准备备忘录以为自己所用，包括助手为法官做口头辩论准备，但这种备忘录不需要编辑、重写、润色——这些都是很花时间的修缮性工作。我也不反对做一些集中于具体目标的备忘录，比如事件日历表、相互联锁的企业关系或有关立法史概要。

正如我在第二章中所提到的那样，我们的法官与律师之间交流的主导方式与英国不同：他们是一种口头主义的传统——不管我们是否看出庭律师或法官们的所作所为；而我们的上诉法庭非常倚重于律师们准备的详细的法律理由书，并发出最细心准备的书面意见书。我喜欢我们已经达到的这种平衡，但不是在法官办公室里。谈话不仅节省时间，而且使法律助手与法官之间能够触及问题的核心，而不需要一系列“澄清”的备忘录。

三、责任与反馈

给法律助手一大堆责任，一般说来是对当今上诉法官的种种要求所带来的不可避免的结果。然而，一个必然的命题是，法官应当及时反馈，以便职责能够以不断增长效率的方式完成，这一点至关重要但有时却未受到重视。反馈既包括表扬也包括批评。在可能的情况下，我告诉自己的助手我的问题是什么，并将这一问题留给她去做调整。

当然，如果我感觉有什么变化是需要我自己来起草的，比如因为对一位我们
正要撤销意见的法官的敏感，或者对我的同事们的感觉更深刻。但即使在这时，198
也值得尝试解释为什么我觉得应当改变。总而言之，反馈是了解的潜在工具。

四、粗线条的编辑

联邦法官中心的《司法写作手册》中总结编辑法律助手草稿方面的智慧受到广泛认同：

> 正是那些拥有完美写作风格的不同凡响的法律助手才能制作一份令人满意的意见书。法律助手的事实陈述、分析和结论可能要求修改，法官不应当仅仅是编辑——无论助手如何能干，意见书都必须永远是法官的工作。[2]

对于每一位法律助手服务的第一个月而言我接受这一教义……在此之后，如果我聪明地选择了我的法律助手，如果我知道一位助手在我看到另一位助手的草稿之前已经审核过了，那就不需要再进行细节性的编辑。如果我曾经是一位富有效率的建筑师和总导演，那么我将我的角色降低为编辑。

在我看来，沿着我刚才提到的路径走一遍，然后坐下来拿支醒目的红铅笔看

---

〔2〕 Federal Judicial Center, *Judicial Writing Manual*, 1991, p. 11.

一遍助手的草稿，没有什么比这更适得其反了。我不仅消耗了本来应节省的大量时间，而且走得太远会摧毁助手的自信。对我自己来说，如果我需要一页一页地显示重大修改，以此向自己证明我已完成了自己的工作，那我就会感觉很抱歉。我追求这样一种审查过程，即我不必担心组织、分析和一般写作风格问题，而只是集中在关键的几页，以及意见书总的语气和感觉。当我阅读的时候，我不会不断地自问“我在说这些话的时候会怎么说?”也许，在将近30年之后，我有了一种内在监测，一碰到那些我不会使用的结构和措辞就会发出警报。所以，当我
199 阅读的时候，如果我对语言感觉舒服，我就会克制任何想要编辑细节的意图。如果我发现一个小小的改动可能已经花费了我的助手好几个星期的准备，那我就会心存感激，法官与法律助手之间的合作正在按照应当具有的状态进行。

五、给同事的备忘录

除了审查我已经起草的初稿和准备他们自己的草稿之外，我还期待我的助手对于提交给我的同事们的备忘录有所贡献。这一工作主要有三种。一是通过信函将我办公室的意见书传送到其他办公室。这是非常简单和标准的事务。但偶尔我们会想要提醒同事注意我们已经发现的棘手问题，或者询问他们关于某些要点的观点，或者解释我们为什么采取了不同于我们合议中临时决定的方法。因此，我要我的助手思考如何发出这样的信号。

第二类也是主要的一类沟通是我对于同事的草稿的回复以及对于他们可能已经对我的草稿作出的评论和建议的反馈。许多法官将这些职能全都留给自己承担，觉得巧妙的回复是相当私人的事情，它涉及同事之间的广泛的宽容度。当审查过程涉及其他法官的草稿时，我愿意让助手参加这一过程，因为他们敏锐的眼睛能够发现许多可以改进的地方。显然，在我们法院被称为“挑毛毛虫”的这个过程可能有些过头了。我努力在镍基合金技巧与监测废弃物、体裁上的个人癖好、“特长领域的选择”之间灌输一种适度的宽容，然后用自己关于哪些值得遵循的判断来检查每一建议。然后我通常会重新起草第一段和更实质性的段落，努力发现我希望接受的表达模式。

最后一种备忘录是在发生申诉重新审判或重新进行满席审判的场合向我的同事们发出的回复。如果写意见的法官详细地抓住了案件，那么我就能够帮助其他法官——特别是在申请满席审判的场合——也就是那些还没有听审该案的法官。
200 这是在我对于申诉的主要回应中非常简短的一种。

在所有这些任务中，我谋划求传递的是如何与我的不同同事在广泛领域内最好地沟通。在一定程度上，法律助手起草的备忘录会与我想要制作的备忘录发生

共鸣，那我就节省了宝贵的时间，这些时间可以用来制作意见书。

六、僵局

在我对助手起草的意见书草稿作出反应的通常方法中有一个例外，那就是当合议庭对于理由和结果已达成一致意见，而我的助手却没有共鸣。的确，对于这个问题他可能有强烈感觉，那么我期望他们作出质量上乘的草稿是不明智的。在多数情况下，一位助手与合议庭的决定有差异不会产生问题。就象一位优秀的职业者一样，法律助手通常能够转过弯来，就象律师与客户的立场不一致也同样能够代理案件一样。有时我能够被说服改变自己的立场，在这种情况下我通常能够说服我的其他两位合议庭成员。然而，有些问题和案件会引起强烈感觉，那时我就学会了自己承担起草任务的明智做法。如果——即使在开放性的段落和问题陈述中——一位作者与结果完全没有共鸣，那就什么也不说，什么也不必说。我宁可不去尝试在沙拉制作出来之后撤掉一种调味汁再换上另一种。

第三节　法律助手的最主要责任

一、安排工作进度

就象法官必须形成一种关于哪些更重要或次重要的优先选择意识，以在总体上控制办公室工作量一样，法律助手也必须如此。

到上诉法院的案件几乎没有哪一件本质上就是乏味的。人们总能够找到某些 201
没有问过的问题来提出或指认某种需要审查的有趣的理由。这种具有诱惑性的东西，特别是对于刚刚工作的法律助手来说，往往是难以对付的，他们常常尽最大能力、不遗余力地制作一个意见书草稿，处理该案的每一个事实细节，回答每一个问题——无论问过或没有问过——就象百科全书一样完全彻底。

如果一位法律助手在完成第一项任务时沿着这条路走下去，那么在她还没有接触第二个任务之前，另一轮法院开庭期就又开始了，而第二个任务可能涉及更新鲜、更深奥或更富有争议的问题。于是这位助手便掉得越来越远，被整个办公室的进度卷着走。而且我们还不应忽略所有那些未计划在内的任务——研究不断从其他法官办公室送来的意见书，当某人的办公室草稿受到其他办公室的评论时帮助其维护、解释或修改，帮助击退在表面上有说服力的申请重新审判的申诉(petition for rehearing)。

能够将更重要的案件从次重要的案件中筛选出来，优先选择，设定内部的截止期，这种能力尽管其制度的成分低于智力成分，却可以赢得任何有经验的法官的选择，它涉及一位法律助手设定工作进度并努力完成，而且随着案件难易程度不断调整进度的控制能力。法官设定的工作进度表肯定会比法律助手的这种不断监管的进度表要武断和较少具有现实性。

二、尊重案件档案

如果首要的责任是尊重时间，那么紧接下来的第二责任就是尊重事实。新上任的法律助手必须牢记，这是绝大多数法学院的经验所没有的。法学院必定要强调法律推理、法律原则、判例权威的准确运用，即使是那些拥有实力很强的法律诊所项目的法学院也不例外。在判例集和已审判完毕的法庭练习中，事实是事先选择过的。

然而，一位法律助手或法官却不能像双方当事人在法律理由书中提供给他们
202 的那样接受事实选择或描述。证人、律师或法官所说的精确的原话以及他们说这些话的具体语境决定了产生争议的裁决结果。我不止一次经历过这种情况，新助手在阅读法律理由书之后，依据上诉人提供的富有蛊惑力的法律问题立即起草意见书。当我回到庭审笔录时，我发现这一问题在初审开庭时从来没有提出过，而被上诉人在法律理由书中却没有指出这一事实。

我建议新法律助手抓紧第一机会熟悉上诉案件的档案，无论具体的意见书是否要求这一信息。全面地浏览案卷，细查证物，阅读直接询问和交叉询问以及给陪审团的指示，领会动议和诉答的要义，能够将你的视野打开，发现具有无限启迪可能性。档案能成为法律助乐的最好朋友。

三、对下级判决的应有考虑

新法律助手刚刚从法学院出来，充满活力，迫不及待地要看到正义实现，对于那些未达到按照他的最新体验所作的分析所应达到的至上高度的事情有点缺乏耐心。因此，我奉劝大家要意识到，在下级法院或行政机构中所发生的大量问题都经过了被认为能干的、进取的律师和经过训练的、富有经验的法官或行政官员之手，都受到了确定的程序和证据规则以及证据本身的约束。我的目标不是用一种决断性的态度考虑下级的决定，而是一种谨小慎微的开始阶段的假定，亦即考虑到在诉答、证据开示、审前会议、庭审中的大量投入，因而假定正在审查的决定不会在事实认定上有明显错误，或在法律论理上存在错误，或者滥用了自由裁量权。当然，这并不意味着假定不会在确定无疑的事实或相反的法律面前很快被推翻。

四、概要

我在第九章介绍的关于法官制作概要的必要性同样适用于法律助手起草意见
书。可能有一些法律助手盯着计算机屏幕，大脑里对于自己思维的准确结果已十 203
分清晰。但我对此表示怀疑。即使看上去简单的案件也会提出选择、优先、强调、连续等问题，如果事先不做某种概要，就可能写出过长，或重复，或废话连篇的意见书。我强调“某种”是因为我的意思不是说概要阶段非常正式或标准化，也不一定是一个单独的文件。一个人从一张范围很大的地图开始，也就是对于整个意见书的过程有一个鸟瞰。然后当作者进入每一个零散的单位时，可以就该片断建构一个小的概要。这样就不会有什么重要事项被忽略，一个问题的顺序和深度就可以根据作者写作意向进行调整。关键的目的是要明白一个人想要往哪里走。

五、精炼

最近的法律毕业生往往越聪明、越有分析能力，可能越希望她起草的文件完美。然而，完美主义不仅是产量的大敌，而且是精炼的大敌。写得太多，不必要的面面俱到，对于一位法官、一个法院或者法律都无所裨益，对于律师则更是于事无补。

概要有助于法律助手及法官遵守命令，这一过程使那些打断叙事或论理流程的东西得以彰显。如果法官或法律助手自信已抓住了事实和掌握了问题，那么在这个程度上他们可以尽量精炼。他们在多大程度上不确定，他们就会在多大程度上感觉需要不厌其烦地解释，与稻草人格斗，花费宝贵的篇幅去进行毫无价值的论证。

除了在方法上缺乏组织和缺乏确信之外，不愿意舍弃所知也是精炼的敌人。在探查到某些令人恼火的问题并只有在通过大量思考和研究而发现答案之后，终于确定这种探查就象野鹅觅食一样，真正能够在意见书中用得上的信息很少，这时一定要大刀阔斧地扔掉那些没用的收获。法官在审查助手的草稿时也可以进行
这种去粗取精的工作，而助手自己进行痛苦的手术是大有帮助的。 204

六、与法律助手同伴相互汲取

在拥有不止一个法律助手的办公室中，获得相互汲取好的想法的收益机会与在过多交谈中浪费时间的危险同在。我知道一些办公室的法律助手在各自的房间里与世隔绝地工作，但我发现让我的助手们在同一房间里冒着无所裨益的聊天的

风险是值得的。除了在集中写作的时候之外，他们强烈抵制使用大厅下面那个安静的书房。这明显存在着过多谈话的危险，但我的助手们对于时间压力的意识似乎是一种充分的保障。

当一位助手遇到应当检验一个理论（理由）或者需要在可替代的理由之间进行选择时，他们相互之间的集中讨论就是无价值的。而当一位助手完成意见书草稿之后，我希望他交给伙伴评论。我不希望评论的助手花费与作者相同的时间，但同伴做一些远距离的编辑判断，有助于生产出需要法官花费最少时间做正式修正的作品。简言之，我不接受粗糙的草稿，只接受经过推敲的文件，这样我可以集中在实质问题上。

七、与法官探讨

当法律助手开始起草意见书时，他不仅已经从自己的阅读和研究中获益了，而且与法官和同伴之间进行过庭审前的讨论，还有口头辩论（揭示每位法官个人的关注点）、所属法官对于法官们在口头辩论后临时决定的报告，以及所属法官的指示。然而，有许多决定是事先已经存在的——多数情况下是小的决定，但
205 某些时候是主要决定——包括在选择重述的重要事实和程序过程、选择适当的审查标准和准据法、应当讨论的问题的顺序。此外，也许某些与法官们合议有关的问题没有给出指导。涉及多数这些问题时，我所描述的集体主义风格的办公室都会确信他们的临时解决方案会被法官接受。法律助手在起草之前不会寻求指导。

然而，敏感的法律助手总会感知那些需要法官即刻注意的问题。对档案的进一步研究可能揭示尚未考虑的事实，进一步阅读可能揭示出与临时决定相反的判例权威，进一步反思可能导致对于法庭得出结论的方法的怀疑。也许临时决定无可置疑，但另一路径却出现了。或者，事实或法律可能处于如此平衡之中，以至于法官的感觉和经验必须被打破平局者唤醒。

在这种节骨眼上，法律助手将问题或机会提交法官就至关重要了。通常聪明的做法是给法官一份做上记号的口头辩论段落、需要阅读的相关判例，或焦点集中的备忘录来补充讨论。也许，当法官了解其司法区内的法律或实践的某些历史时问题能够很快解决，有时需要一天左右来将东西归类，但在任何情况下，法律助手和法官都会在同样的“波长”上结束。我记得一些可怕的情形，法律助手在关键的转折点上没有跟上我，其结果是草稿要么不被接受，要么不得不进行实质性的返工。

八、修改

我提到过，电脑将文字喷涌而出的轻松和速度对于简洁是一种威胁。我再加
上一条，电脑打印意见书草稿完全依赖于已经设定好的拼写和边距，很容易诱使
作者认为工作已大功告成。在这个时候，法律助手必须鼓起意志力，小心谨慎地
审查所有的一切，删除所有不必要的东西，将晦涩的部分澄清，让绵延的部分明 206
快，使迟钝的部分敏锐。一位法律助手只有象一位优秀的抄录编辑对待即使高质
量的草稿一样，才可能真正地重新再检查一遍。

九、对法官的口吻和风格的意识

优秀的法律助手从他上班的第一天开始就具有一种触角，能够感知法官与同事之间交流的个性特色。法律助手的目标应当是能够起草最少需要大范围修改的备忘录。当然，写作风格是基本的。但同样重要的是这位法官的显在的尊重意识和克制、妥协的意愿以及得体。

比如，我喜欢助手用一种积极的态度接受批评或修改建议，愿意作出不影响我们基本路径的让步和愿意考虑能够以最少可能导致分裂的方法容纳修改建议。如果我们对其他法官的草稿有批评意见，我希望我的助手用一种使其他法官更容易接受的特别词汇来作出建议。我要求我的助手厉行克制地进行富于技巧而低调的批评（即使在我用蓝色铅笔做了记号表明坚持自己立场的地方），并留意值得给予赞赏的特别好的工作。

第四节 法官与法律助手的协作

一、法官的草稿

当法律助手审查我起草的意见书时，其评论通常属于以下三种：首先，总是
有一些引证上的小的技术性更正；然后有一些批评，包括一些应当删除的东西或
某个观点的表达有错误；最后有一些结构性的建议，这会增加一些增强意见书力 207
量的想法。

一个负面的例子是，我根据给予上诉人充分机会提出问题但上诉人未能利用机会的先前诉讼很快地处理了一个问题。我提出的方案是适用附带禁反言的原则，拒绝重新考虑该案。但我的助手在更仔细地阅读了法律理由书后，指出本案与先前诉讼中的有些问题和部分有差异。这将我从适用法律错误的尴尬中解救出

来了。

在一个意见书中还有一个更加正面的例子，虽然我提出的判决理由方案是上诉人由于没有表达一个诉因，因而已经失权，但我仍然继续讨论如果该诉因得以保留该当适用哪个时效。我的助手对上述第二步提出了异议，因为这一点不必要作为本案的判决理由，而只能作为附带意见。尽管如此，我感觉，如果我们在我认定弃权之后什么都不说，我们的判决理由会被解释为默认了上诉人所主张的如果时效更长则能够胜诉的观点。即使这一问题非常重要，在劳动管理关系领域中是一个很活跃的问题，因此我想我们应当表明我们的观点，在象本案这样的案件中支持较短时效的观点。我们交流的结果是，我修改了我们的附带意见的措辞，表明了我们的怀疑（doubts），但不是仅仅干巴巴地陈述观点。我的助手阻止了我把脚伸进火中，让我为自己超越严格限定的必要性提供了正当理由，使我在对实质性问题提出某种怀疑时缓和了自己的语言，给未来的案件正面地表述这一问题留下了弹性空间。

二、法律助手的草稿

下面举一个不太典型的例子，是我对于助手草稿的反映，它展示了我寻找的弱点的类型。在一个多被告的刑事上诉案件中，涉及10个问题，我的助手在制作草稿之前工作了将近3周。然后我浏览了法律理由书，阅读了档案的一部分，
208 再就几个要紧的问题跟我的助手进行讨论。在我们协作结束时，我们俩对于自己已尽了最大努力的工作都感到满意，我的贡献在于：

——我的助手开篇是伤感的，他被激烈的人性悲剧夺走了自制力。我用我感觉适当的口吻重新写了这一段。

——我的口头辩论笔记表明，有几个特别重要的事实被漏掉了。我加上了这些事实。

——我的助手对所有的问题平均使用力量，但是在研究和讨论之后，大部分困难都消散了。因此我在语气上减少了对于一些问题义愤填膺的介绍。

——需要对某些注脚动手术。比如，一个注脚对一个本可以精致却不精致的主张作出响亮的回应。另一注脚对一个本可以引证却未引证的判例进行了区分。

——我将一些段落进行了重新调整（成为更短的段落），插入一些“路标”性的标题，纠正一些拼写错误和打印错误。

——我主要的实质性贡献是删除了对三个问题的讨论。一个是检察官和被告人在法律理由书中都讨论过但没有在初审庭审中提出的问题，另两个根本不值得讨论。我没有因为助手给予这些问题全面处理而责备他，这种决定应当是由法官

来做的。

三、劳动分工

有些意见书我要进行劳动分工，法官做某些部分，助手做其他部分。一个例子是某重要诉讼结束时的律师费案件。律师请求了一大笔律师费，我把事实陈述和程序背景，以及提出与审查标准相关的法律判例和支持律师费用所要考虑的因素这些部分留给助手做，我自己的工作是计算出所花费的时间、所做的工作、每部分所请求的数额这些细节。这个案件我知道我的助手能够找到适当的法律，但我感觉自己应当形成我本人对于律师所做的工作的“感觉”。

有时，一个办公室承担一个非常重要而且令人有点害怕的案件。一个例子就 209
是在1970年代和1980年代普遍存在的学校隔离案件。这些案件不仅包括大量存在强烈抗议的初审法院裁决和涉及巨大的和复杂的档案，而且经常需要作出相当及时的决定——如果学校当局能够为下一学年作准备的话。在此情形下，整个办公室可能需要全体动员，法官和所有助手都要参与初稿起草工作。有时的确，合议庭所有法官的办公室都要群策群力，承担起草裁量部分的责任。在这种罕见的协作中，至关重要的是“制作法官”被公认为对于接受、拒绝、修改负有主要责任，因此最后结果不像一匹由委员会生产出的马，而是一只骆驼。

四、创造性的共生

有的时候，法律助手与法官的协作导致某种比明智的删除或强化性的增加更重要的东西。有一些愉快的场合是，当一个人的信号传输给另一个人，另一个人再传递给下一个人的时候，这是一种共享创造力的经历。

下面是一个如何发生化学反应的例子。一律师和一州精神协会的精神疾患支持组织提起了一个针对负责该协会的官员的指控，声称有一些为法令所要求的已有长期共识的实践和程序受到了忽视。初审法院裁决，不再需要这些程序，法令已失效。

上诉法官们在合议中都同意，患者和协会的利益都要求解决这一问题。但法律助手在挖掘这一案件时很快遇到了路障。在被上诉人协会的法律理由书中隐藏的是上诉人组织缺乏起诉“资格”的主张，也就是说，根据最高法院的先例，该组织没有与协会的实践直接关切的利益，因而无权作为当事人。

对于法官而言，这是一个炸弹。法官知道，即使这一问题尚未提上本案的日 210
程，即使现在提出这一问题可能被认为不公平，这一缺陷是管辖权上的缺陷，可以在任何时候提出来，而且可以直接从技术上宣布该案“死刑”。此外，分析这一问题和突破障碍——如果没有相反的判例法——是一项令人生畏的工作。无论结果如何，本院都会创制出新法律。

法官和法律助手交换了意见。他们首先讨论能否这样看问题——尽管这一问题具有管辖权性质，却可以认为由于先前未提出因而失权了。答案是否定的。即这不可能。于是他们讨论这一问题能否在实质问题中回避。如果上诉法官们同意初审法官的意见，他们可以很容易地维持原判，因为上诉人是否有资格结果都是一样。这一“容易”的路径行不通。

最后，法官或助手都建议回到档案中去，从阅读原始诉状开始，看看列名的原告是谁。啊哈！除了患者的顾问组织之外，还列了几位患者。他们很显然具有诉讼资格。现在通往实质性问题的路很清楚了。一个技术性的发现消除了一个作为路障的技术。

在上述所讲的例子中，最后的结果是使一个关于实质性问题的决定得以作出。然而有的时候，将这种决定留待以后的案例解决更有价值，比如在准备涉及若干问题的复杂的上诉案件意见书的过程中形成的这种决定。几乎被埋没的是一个提出了如下问题的争点：一工人——未受人身伤害——能否以及何时能够因为雇主的过错行为所导致的纯粹精神损害获得赔偿。

尽管一些注释家形成了支持将精神损害赔偿视同于人身损害赔偿的逻辑的判例，并且有一些法院也在慢慢地循着这一方向走，但裁决会创制一个非常重要的先例。

211 这位法律助手开始时提交了一份支持新立场的草稿，仔细区分了被雇主引证的判例不能构成赔偿的任何绝对障碍。法官与其说是被逻辑所打动，不如说被如此审慎考虑的因素所打动，这些因素综合了大量现行的精神损害赔偿案例和从真实内容而起草相反观点中剔除欺骗性的或琐屑的案件的困难。然后，当法官和助手深入讨论实质性问题和每一种方法的弱点时，新立场的实质和本案在主张过失行为、损害的可预见性、损害的程度时所提出的请求和所提交的证据都渐渐清晰，以至于可以排除任何有合理理由的限制性决定。这一问题几乎是在事后思考时才嵌入本案的，试图根据这样的档案形成一项重要的新法律是不会有正当理由的。

由于偏好对“为什么不会提出这一问题”进行简短解释，法官和助手两个人的长篇草稿都被大幅度地删节了。问题的实质留待另日解决。也许这种合作互利的结果不会形成好的法律，但可能避免在任何一个方向上生产坏的法律。

到目前为止，我们已经在两个层次上讨论了上诉意见书的形成过程。如果我用“执业律师的世界”——第九章中的一个词组——“做意见书”（doing an opinion），将法官描述为特立独行的执业者，那么在本章中法官的办公室被视为一个小小的法律事务所。然而，无论法官还是她的办公室成员都是单独工作的。在意识上，他们是一个大得多的事务所的一个分支，这个事务所由所有法官及其办公室组成。我们现在正要转入讨论这个更大的组织中的工作过程和相互关系。

第十一章 意见书之三：集体主义的工作过程

第一节 上诉中的集体主义：特征

213 “集体主义”（collegiality）是由拉丁语 collegium 衍生而来的，其含义是同僚之间或合作者之间分授权力。[*] 这一术语用在上诉法院真是恰如其分，因为在这种法院的法官们是一帮兄弟姐妹。他们都是同事，没有真正的上级，他们的首席法官或首席大法官虽然承担着繁重的行政现任但在任何案件评议时也只不过享有一票权力。他们彼此的交往是持久的，有时甚至持续到整个职业生涯。他们具有不同的价值观和哲学，但他们共享着相同的法律规制和对所在法院的忠诚。

我想不出当代还有什么组织或机构能够给每一个决定带来如此程度的亲密、平等、持久、独立、独立思考的集体主义。律师事务所或者医生的组织在执业中都依赖于各个专家的个人成就；立法委员会的成员尽管要求集中行动，却不能忘
214 记他们对于他们的选举人和其所代表的阵营的效忠；行政机构或大型企业中的合作者是按照广为承认的等级制来排列权力等次的；即使在拥有多个法官的初审法院，法官们可能在一起吃午餐，相互分享经验，以一种集体性的方式管理法院，但在履行其司法职能时却是各自为阵的。我认为，所有这些集体主义的模式在上诉法官之间的集体主义模式面前都相形见绌。

集体主义有几个特质。一是其亲密性——这是一种超越于感情的亲密（intimacy beyond affection），其结果是相互之间通过有选择地吸收智识而产生的深层关系。没有人比同事更了解一个人的社会价值取向、偏见、思维方式。这种亲密

---

* collegiality 按照本义为共同掌权，亦即同僚或同事之间分享权力。本书译为集体主义，（也可译作“协作型司法”）除了基于一些语境的限制方便表达之外，主要是为了体现美国司法制度在上诉程序中的哲学是更强调法官的集体意识和相互合作（从过程到结果都体现了这一理念），而不是像初审法院那样更强调法官的自我独立。——译者注

在我们共同的事业源泉中滋长并在对于彼此之间以及共同对法院的持久的关怀中表现出来。没有竞争的本能，在开庭辩论中也没有想比同事技高一筹的欲望。没有妒忌，也没有高低贵贱的意识或不安全感。开放成为这种关系的特点。我所说的开放是指没有掩饰、没有计谋、没有刺探。我们说自己想说的真话，尽管我们的许多精力都用来努力说服其他人，但我们依赖于语言作为思想的外衣。在总体上说，没有像人们可以想见的意志强硬的人一起工作时会出现的那种小气和敌意。

所有这些不是说在集体生活中没有代价或负担。上诉法官们缺乏初审法官那样的自治性——初审法官以未加分解的权力来主持自己的法庭。上诉法官不仅必须准备好生活在对自己的风格实行某种严格约束的状态中，而且必须经常在实体问题上作出让步。他们写作不只是为了自己而且也为了其他法官，因此他们可能在一致性的约束下焦灼气恼。偶尔他们可能在自己感觉强烈的重要问题上获得多数票。正是在这种黑暗的时候，他们思考着集体主义的悖论，他们知道他们享受着所有同事的尊敬——但那是一种普适化/一般意义上的尊敬。在任何具体案件中，某法官的具体观点如果超出了另一法官的分量，那么这种尊敬就不复存在了，因为法官也为形成观点和深入考虑相反观点投入了足够的努力。没有任何人 215
能够绝对地做到说服一位同事接受其方式的错误性。唯一能够在从容之中生存下来的方式就是骄傲地穿上我们称之为集体主义的文明的防护罩。

因此，我想用入门教科书的风尚来描述上诉司法集体主义：

> 在地位平等及有时具有巨大差异的观点的法官之间有意地培养一种态度：
>
> 在亲密的、持续的、开放的、非竞争性的相互关系中工作；
>
> 表现对其他人实力的尊重；
>
> 克制自己作为作者的骄傲，尊重自己最深层的确信；
>
> 在非重大问题上重视理解和妥协；
>
> 在法庭判决中以所有法官所允许的才干、经验、见识、精力的最大限度的联合追求尽善尽美。

第二节　一种危险的特质

在我做上诉法官的第一个 15 年里，我所在的法院仅有 3 位法官，那是该院 1891 年创制时的规模。我们每年跟相同的同事一起开庭四五十次。没有哪个判例不是我们三人共同参与创制的。由于这种司法伊甸园，一位法官在复查我们早期对集体主义的说教时指责我是“单纯而边缘的乐观主义”。

这是公平的评论。我自己目前所在的第一巡回法院由 6 位现职（active）和 4 位资源（senior）法官组成，其他 12 个联邦上诉法院都有 10 位现职法官，并且年长法官达到了 10 位。考虑一下，在一个拥有 10 位法官的法院，这些法官以
216 三人合议庭形式审理案件，每一位法官参加过不少于 36 个不同合议庭，这样你就能抓住维持集体主义氛围的难点了。对于一位在这种法院工作的法官来说，他至少每年跟每一位同事共同审理一次案件是可能的，但实际上不大可能实现。

每个月与同事们一起审一次案与每年一起审一两次或两三次案件的集体氛围判别是很大的。对于第一次所表现的实力、偏见、弱点或癖好相互了解多少——有意识或无意识地，则第二次这些东西就会少去多少；上一次表现出来的建立和谐关系、相互投合和个性化的习惯和口味、最大限度减少差异的动机越多，则下一次就会越少。但是，如果我们一年只与其他法官一起审一两次案件，那么努力营造一种开放的、轻松的、信任的关系的驱动力就会大大降低。在这种情况下，法庭的每一次审案方式就会是一个临时召集的有礼貌的陌生人组成的合议庭。

联邦法院的集体主义受到淡化（dilution）威胁，已经导致有人提议将上诉法官和初审法官的数量封顶。联邦法院研究委员会（Federal Courts Study Committee）在其 1990 年的报告中这样写道：

> 一直有一种建议，即如果宪法第三条司法权是为了保持实现其固有功能的能力而不会导致质量下降（degradation），那么法官的数量到 1000 名就是很实际的上限了。[1]

自此之后，就此问题一直进行着不断升温的争论。不仅是担心质量下降，而且担心集体主义被淡化，实际上二者是交叉的。保持集体主义才能强化质量，而集体主义的淡化则会降低质量。

正如第三章图表二所示，在册的联邦地区法官和巡回法官已经超过了 800
217 名，加上资源法官，总数增加到 1100 名。所以一些人会说，是到了冻结联邦法官规模的时候了。在大多数州人们对于法官的规模也有同样的评论。

我在第三章强调过，不应当要求联邦法院投入太多的资源去做那些本应由州法院做的事情，我怀疑即使将联邦法官和州法官限制在值当范围之内的所有努力

---

〔1〕 *Report of the Federal Courts Study Committee*, April 2, 1990, p. 8.

都能奏效，对于增加法官的需求也仍然会继续增长。封顶的办法对于那些有幸进入法院的当事人而言可以保持质量和集体主义，但那些被排挤在门外的即根本没有司法程序了。如果仅仅给联邦法官数量封顶，那么全国的法院体系将会分出一个人才杰出的联邦法院司法区域和剩下的州法院，前者决定最“重要”的案件，而后者决定其他案件。那我们无法再装模作样地立志于汉密尔顿的“一个整体”的目标了。

在我看来，除了将联邦和州法院限制在合理的管辖权和值得法院管辖的诉因之外，一个更现实的路径是，首先，像我在第十五章建议的那样，确定法官活动的基本“构成、步骤和措施”（mix，pace，and measure）以及能够最好地安排法官有薪假期的设施和服务，并努力保障州法官与联邦法官的同等待遇；其次，认识到集体主义可能不再是想当然的而必须有意和自觉追求的。

因此，为了刺激对集体主义脆弱性的意识和对于加强集体主义的措施的意识，我们接下来要讨论“几要”、“几不要”及其例证。

第三节　对集体主义的冷淬

集体主义可以比做一朵花，它的成长需要拥有绿色拇指的人来扶持。技术娴
熟的园丁可以决定在适宜的季节先在室内播种，但是他知道寒冷的气温，比如未 218
曾预料的霜冻，会使他前功尽弃。司法集体主义也是这样。有一些错误或失误会威胁到集体主义。

一、贸然轻率地宣布结论

初审法官的必要品质就是在裁决中具有及时和果断的能力。但是在上诉法院同事之间的交流中，在发言——这些发言构成集体决定的基础——之前，暂时性、举棋不定和不确定性的作用却更好。我常常发现，最有智慧的法官都不羞于留下这样的话：“我不知道。我不确定。”相反，最令人丧气的莫过于听到一位同事在刚开始讨论时就说，“没有什么可以让我改变主意。”

二、回复时拖延

保持开放心态并不意味着不沟通。当一个人收到同事发来的意见书草稿时，文明和效率都强烈要求他在一两天内作出回复。如果草稿所提示的问题需要做一些研究，要用简短的回复“我正在做这件事”以告知作者他的工作并没有被忽视。但是，如果一位法官辛勤起草的成果被几天、几星期地置之不理，那么集体

主义就会遭遇冷却，不仅因为不礼貌，而且因为毫无理由地被注入了无效率。因为作者在最终收到最后的回复时，就不得不再投入额外的时间来刷新随着时间流逝而磨损的记忆。

三、侵蚀性的言辞

219 在口头或书面交流中，一种蚀坏性的因素就是不假思索地使用一些在读者或听者感觉上具有冒犯或轻慢性质的、在理性的讨论中属于出格的言辞。例如，抨击一种观点仅仅因为一位同事的过去经历或出身而将这种观点解释为具有个人偏好；或者甚至说一位同事的论理“笨拙”、“呆板”。有时我发现自己在改变意见书草稿或备忘录的用辞时并未有意识地考虑，我只知道那会给一位同事发出一种错误的感应信息。这就有点像音乐家在调适乐器以保持与交响乐团的音调一致时必须有经验一样。

四、游说

有的时候，一位法官会对他起草的一份意见书感触很深，以至于他想要越过划分法官与律师的那条界线。用书面的说理去努力说服同事们当然是一位上诉法官的本职所在，但是通过用“我希望你加入我的意见，我对此感觉非常强烈”这样的话来谋求同事的支持，那就违反了集体主义的不成文规范——规范反对在司法事项中谋求照顾（favors）。

五、致命的过度杀伤

最精妙的集体判断是决定向同事的草稿中删节或增加内容何时才是最合适的。即使勤勉的书记员已经做过完善的职业性工作，检查引证、风格、实体法等，这仍然是法官应当始终要做的决定。法官在回复时，在实体问题上要问：“这确实重要吗？如果既不影响结果又不影响方法，我是否应当担心意见书中无
220 害的附带意见或者不必要的段落？”在风格问题上，回复的法官要记住，人是有个体差异的，他们的风格也是各不相同的。尽管法院期望用同一个声音说话，但那个声音也会有——而且我认为应当有——音节的变化。除了对于风格和实体的不必要的和刺激性的建议之外，一种对草稿的无所裨益的回应模式是，不针对具体问题提出具体的改进意见，而泛泛地建议拉长镜头、缓和或限定结论、重新调整讨论的顺序。

第四节　对集体主义的激励

集体主义可以通过有意识的努力而获得滋养，它必须从对于同事的真诚欣赏 220
的土壤里发芽。据此，一个法官应当意识到培养集体主义的特别机会，它存在于创制意见书过程的每一个阶段——它存在于最初撰写和传阅时，存在于一位法官对作者作出回复时，存在于作者对建议作出反馈时。

一、对实力的意识

集体主义的一个黄金规则——如果不是唯一的黄金规则的话——就是正如一个人希望因其实力而受到对其价值的承认一样，一个法官应当意识到并欣赏同事的实力。极不可能的是，一位在多名法官组成的法庭中在所有相关方面都超出自己的同事。蕴藏在上诉法庭背后的理念就是，集合不同的大脑能够比一个大脑更好地发现错误和引导法律的发展。所以，有时令人不舒服的事实是，其他人不是你本人的克隆产品，但这个事实也要珍视，而不要遗憾。

一位法官可能在灵光闪烁的分析和敏锐犀利的开庭提问中光彩夺目，另一位法官则可能对案件投入过巨大的精心准备并一针见血地发现了法律理由书中所未显露出来的弱点。一位可能信赖于实际的常识积累——而不只是简单的勇气。另
一位却可能在对意见书草稿进行辛勤评注时最好地显示了实力。法官们可能在建 221
议方式上触及不同的创作方式。有时，一位法官仅仅通过反映自己的个性，就可能在整体上将意见书提高一个层次。一个团结的集体法庭是一个每位法官的特质都受到珍视，并且每一位法官都知道他们受到珍视的法庭。

二、默契的集体主义

这是一种最有效率的集体主义，是由相互之间非常了解的法官们践行的集体主义。这是一位法官在跟同事谈话和写作时所表现出来的对对方感受的一种本能的和不自觉的敏感。在写意见书时，他/她对于同事所喜欢的对一种主张的反应方式有一种第六感。他/她不仅记得同事在开庭辩论的提问和案件评议时的评论，而且记得他们在多年一起共事中所显露的价值观和哲学观。有时同样的直觉会指引一位意见书作者向同事们传递一种信号，他在费力起草一份意见书，按照原先达成的一致意见来制作时他/她遇到了问题，而他们也就会把注意力集中在他/她的问题上。一个默契的集体主义法庭形成的这种正式的交流模式在一种巨大地减少热烈讨论时间的情况下收获一种看不见的成果。

三、回复的集体主义

在收到同事起草的意见书时宣称一个人的观点是不可调整的，这极少是明智或必要的。通常在这一阶段，大门依然是向着修改敞开的，有时甚至是非常基本的修改。我记得在许多场合下，回复的法官仍然能够提出一种看待案件的新方法，或者提出迄今被忽略的判例权威，或者提出某个被低估的事实或程序要点，而撰写的法官也得体地采纳了。所以建议人们把困难当成一个问题或者试探性的
222 提问来写，这会给继续对话和包容的机会留下一道门，而宣布反对或对不同意大为光火则会关闭这道门。

提供几种替代表达以使回复者接受决定也是很有成效的，更经常的情况是，作者很愿意接受精巧的语言表达。有时努力将某种意思恰到好处地嵌进去并不需要损害什么，偶尔回复的法官可能通过建议一种可变通的中间道路而帮助避免不必要的分歧，比如通过将案件发回作进一步事实认定，通过澄清一位法官的说理，或者通过重新考虑，从而避免对实质问题的明显分歧。上诉法官有一个巨大的遥远的、看不见的、沉默的受众，而他们的最佳受众是他们身边的同事，他们的赞许反应是一种褒奖。

四、反应的集体主义

正如我已经讨论过的两种集体主义要求某些有意识的思考一样，一个人对于接受来自同事的批评和建议的反应也是一样。第一个要求是在被告知自己的工作不那么完美时要抑制烦躁的感觉——有时是愤怒甚至忿恨。时间的推移是非常有效的抵制，那时才能够建设性地思考，避免任性拒绝和奴性接受的态度。可能出现的是：融合，能够接受一些想法，同时也有反对或质疑，因此需要进一步对话；包容，通过设计新的表达方式，避免将问题或案件的处理建立在完全不同的基础上；或者承认，接受某位同事的想法胜人一筹，就那一部分重新起草一份。
223 当作者认识到意见书通过交流之后已有重大改进并表达感谢时，就算大功告成了。

第五节 行动中的集体主义

一、回复的法官

对同事的草稿最容易的一种回复是在毫无困难地赞同的时候。在这种场合就

只等表达赞美了，伴随一点无伤大雅的“吹毛求疵”的建议。如果一个人总体上同意，但在某些语句上需要作一些实质性的增减，回复也是容易的。较为困难的回复是发现了更为基本的问题。在这个关节上，回复的法官可能友好地写道，“我愿意同意，但有一个问题困扰着我。您是否愿意考虑这一点，看看我是否有些道理。”许多情况是，那一点是很好的提示。

有时问题非常清楚，因此，如果有一种真实的集体主义氛围，则回复的法官就会写道，“我遗憾地说，我很难以接受您对于争点 A 的结论，于是我写了新的建议稿即第 8A 至 13A 页，取代了您的原稿第 8 至 13 页。”作者经常会感激地接受替代的新建议。当然，最终的相反回复也许是：“我非常感激您对于我的观点的考虑，但我没有被说服。我抱歉地说，特别地根据您所做的所有工作来说，我基本上不同意您的方法。我会提交一份简短的反对意见。”或者备忘录可能说，“我能够同意结果，但我发现我不能接受您的论理。我提交了一份单独的并存意见书。”

二、撰写的法官

在一宗激烈交锋的案件中，一位回复的法官先前反对作者起草的意见书，后
来被说服了，并称赞这位作者。撰写的法官回答道：“我最感激您的备忘录，特 224
别是当您放弃了您最初的观点时。我的意见书既是我自己的作品，也是大家的作品，包括您自己的建议。”我经常看见这位撰写的法官在备忘录上这样写道：“我想感谢您和您的备忘录。我为您所付出的显而易见的时间和麻烦表示感激。您的备忘录中有多处很有帮助，它为这份意见书增色许多。”

这里有另一个富有集体主义色彩的例子。开庭辩论将我们的想法由维持变成了撤销。撰写的法官恰当地制作了一份强硬的撤销原判的意见书。他的态度转变得如此彻底，以至于他富有说服力地严厉惩戒了初审法官。他的一位兄弟机敏地指出，不管怎么说，如果我们没有奢侈的后知之明和强有力的开庭辩论帮助我们看见自己方式的错误，我们可能也犯了相同的错误。而这位作者这样回复道：

> 您关于本意见书的语气太过分的看法绝对是正确的。当我自己摇摆不定时，我就有欠考虑地摆得太远了。
>
> 您的提醒使我想起了那位法官，他被询问过他是如何处理一件案件

的，他说他本来不能决定，但当他决定时，他便感觉非常强烈。*

这就是在行为中的集体主义的最佳状态。

第六节 单独意见书的角色

一、总体考虑

为什么在本章讨论集体主义时应当讨论不同意见和并存意见？因为它们是在集体主义通常穿着的一致的外衣里的裂口。在多大程度上单独意见书被其作者认为是必不可少，则在同样程度上集体主义的裂缝就有多大。因此，上诉法院的每
225 一位成员都有义务认真考虑何时、为何、如何在单独意见书中纵容自己，以最大限度地减少对集体主义的侵蚀效果。在长达 1/4 世纪中，我只写过 27 份不同意见书和 21 份并存意见书。那可能是一种宣称为唯唯诺诺的多数派的标志，但我宁可认为，那恰恰是一种对于在达至所有人都能接受的结果中真正的集体主义地相互影响的明证。

尽管如此，即使在最具有集体主义色彩的法院，仅仅由于法院是由拥有不同价值观和不同视角的不同个体组成的，因而总会有一些场合要留下单独观点的记录。一致性和独立性的价值之间有一种持续的紧张关系。首席大法官休斯（Hughes）曾做过如下精辟的论述：

> 当不必牺牲确信就能够获得一致时，则一致性的判决能够产生一种强大的公信力（public confidence）。然而，徒有形式的一致性，以牺牲坚固的、冲突的观点为代价获得的一致记录，在终审法院中并不是令人满意的，无论在当时对公众的意见可能产生怎样的影响。这是因为最终维护法院公信力的是法官的性格（character）和独立……[2]

尽管休斯首席大法官写的是关于所有上诉法院（包括他自己所在的法院）

---

* 我理解这里所说的是“那位法官”是指撰写意见书的这位自己。用这种方式向提醒者表达感谢，因为他在指责初审法官的时候似乎已经忘记了自己也曾犹豫过，幸亏受到提醒，才让他意识到不应当这样苛求初审法官。——译者注

〔2〕 Robert A. Leflar, *Appellate Judicial Opinions* (St. Paul, Minn.: West, 1974), p. 210.

的情况，但是他的论述却主要是针对“低级”上诉法院的。因为联邦最高法院无论怎么说都是独一无二的机构，有些人将它作为部分司法和部分政治性的机构，而我认为它部分是布道者（expounder），部分是先知（prophet）。首席大法官伦奎斯特（Rehnquist）曾经指出，当联邦最高法院“致力于我们所应当做的事情时——用首席大法官塔夫特（Taft）的话说，最高法院应当做的就是‘根据宪法和联邦制定法对每一个重大问题作出最后的宣告’——纠正错误的任务已经留给州和联邦上诉法院了”。[3]

面对在长期诉讼案件中通情达理的人们可能无法达成一致的如此关键的问题，这就难怪单独意见被认为非常值得保留。首席大法官伦奎斯特坦诚地承认了 226
这一生活中的事实：

> 对于一个人改变观点站到多数人的行列中来实际上并没有任何制度上的压力，不同意多数人的观点没有受到任何抑制，人们只需要读一读本院的意见书就可以看到我们所有的人所践行的政策。[4]

对于我们这些在联邦和州上诉法院的人而言，关于单独意见——包括不同意见和并存意见，以及“存疑”意见（dubitante，即以一种非常温和的方式表达的不同意见）可以提出有几个原则性的建议。其一，在进行过说服同事的努力或者在深入思考之后纳入这一努力都不成功之后再考虑单独意见；其二，在成型之前，权衡所投入的时间并决定在你的案件负荷之中是否值得牺牲时间去形成单独意见书；其三，如果考虑上述两种因素之后仍然认为值得制作单独意见书，则尽量简短；不同意见者通常可以在不必长篇累牍地动用学术资料的情况下论证自己的观点。最后一点要小心的是，在写完之后，让自己的成果酝酿一段时间，删除那些令人不快的影射和贬抑的用语。

下面是一个被法官—法律共同体（the judicial-legal community）广泛接受的关于并存意见和不同意见的具体建议。

二、并存意见

在以下情况下有理由制作并存意见书：

1. 当一位法官强烈倾向于用不同的理由（theory）或根据支持结果时，比如

---

〔3〕 William R. Rehnquist, *The Supreme Court: How It Was, How It Is* (New York: Morrow, 1987), p. 269.

〔4〕 *Id.* at 293.

该法官由于一个程序上的障碍而不愿意同意实质问题的结论。

2. 当一位法官希望限制判决理由（holding）时，比如该法官在本案中同意犯人的州际引渡（transfer）但不愿意将本案扩大到适用于任何州际引渡。

227 3. 当一位法官希望扩大判决理由时，比如该法官指出，当下的案件基于其论理和判决理由可以有效地推翻一则先例。

4. 当一位法官希望将多数派关于特定要点的论理扩大适用时，比如该法官希望使律师所或下级法院明白某一点，或者以一种比本院意见书更完整的方式表达不同意见者的主张。

法官永远不应当只宣称同意。这样做要比沃尔特·格温（Walter Gewin）法官所收集的法官研讨会上的两个例子更没有启发意义，或者说更少能被引证：

> "我同意结果和支持这一结果的意见书。"
>
> 还有更绝的，一位爱尔兰首席大法官在听到两位同事的观点之后说：
>
> "我基于右边这位兄弟的理由同意我左边这位兄弟的决定。"[5]

三、不同意见

并存意见好比钝头剑，通常是得体地点到为止，刃不带血。而不同意见则像大砍刀，它需要更多的决心和担当，而且极少能够期望抽刀相向时刃不带血。在任何情况下，当一个人剥去合议庭的常态的抑制外壳，带着放纵的快乐刺入或躲闪的时候，都会有一种非法官的（unjudicial）的欢愉。恰恰由于这个原因，我们法官一定要克制这种性情，除非我们找到了一种驱使的利益并且没有更有效的替代方式。然而，有时不同意见却是应当使用的唯一工具。这些情形包括：

1. 当不同意见者感觉在重大问题上曾经犯过的严重的法律错误可能重现。我提到了三个前提：错误是严重的，而非次要的；问题是重大的，而非琐屑的；
228 问题可能重现，而不是涉及已经被废弃的法律。在这种案件中，不同意见向法院中合议庭以外的成员发出警示，提醒他们（当事人）可能会申请由满席法庭重新审判，同时，如果（当事人寻求）复审，也是向最高法院挥动着一面旗帜。

2. 当合议庭所有法官都感觉到问题是终结性的（close），而不同意见会使问

---

〔5〕 Walter P. Gewin, "Opinions—Dissents, Special Concurrences, Policy, Techniques," 63 *Federal Rules of Decision* 594, 595, 599 (1973).

题更尖锐并反映这种终结性。在这种案件中，不同意见者是带着同事们的祝福行动的。

3. 当不同意见者感觉到合议庭的同事在事实上发生了错误（比如认定支持一项判决的证据的充分性或不充分性），或者在程序上发生了错误（比如在没有充分反对或请求的情况下考虑一个争点的实质结果）。在这种案件中，不同意见者的动机可能仅仅是使同事们保持诚实或至少阻止他们的越界。

4. 当不同意见者强烈感觉到一项裁决或先例的不公正，以至于他／她希望向法官们或律师们、州法院、立法者、法律院校以及注释学家发出一个信号，即该裁判或先例突破了不平等、不规范、不一致的底线，需要加以变更。

5. 当不同意见者强烈感觉到对涉及本案的法官或律师的行为的不满，想向检察官、原告或被告的律师或者初审法院发出自己的警告。即使多数意见可能没有发现在诉讼过程中有可以撤销的错误，不同意见者无法掩饰的义愤也可以／可能服务于一种有用的目的。

一位怀疑主义的读者在读过我以上所说的关于集体主义和有意识地努力滋养之的内容之后，可能会问，这样的努力是否有正当理由。我认为我已经充分表明，相比于一个法官毫不掩饰的流露，一个真正集体主义的法庭在支持一项要求结果获得表决上的多数而丝毫不粉饰观点差异时，在实体、风格、语气上都受到了更好的约束。

到现在为止还没有说到的是，集体主义不仅是优秀的司法工作的保障，而且
是上诉法官生活中一种值得珍惜的快乐资源。即使法官们可能在基本问题上发生 229
分歧，但他们——在一个集体主义的法庭中——仍然喜欢与同事们相处，期待着与他们一起审理下一个案件。然而不少次的压力——日益增长的案件量、有些问题带来的心理压力、偶尔也会因为压力产生内部分歧——威胁着集体主义，它不再是一种理所当然的东西，也许某一天会被认为是一种更简单机制中偶尔一见的“古董”。如果那样，我们肯定更加贫困。与此同时，在同事之间集体主义的教义（parodox）是值得思考、规划、努力维护的。

第十二章 上诉裁判之一：寻求正当性

231 在本章，我从描述上诉程序中几个阶段所发生的状况开始，向内观察并问自己“我关于上诉裁判的最好的想法是什么？在到达我可以舒服地称之为一个原则性判决时我发现了什么类型的提问和论理是有用的？”在某种意义上，这是对一位伟大的法官和好友过于延迟的答复，这位法官就是阿尔文·B. 鲁宾（Alvin B. Rubin），他在美国联邦第五巡回法院任职。在回顾本书之前的作品《法官的路径》（*The Ways of Judge*）时，鲁宾法官评论道，我没有提供“判断的公式的内部视角，也就是说裁判的公式仍‘未揭示’”。他补充道，“我会欢迎柯芬（Coffin）法官就其个人关于如何判决（棘手）案件的想法提供的一些建议，无论是怎样尝试性/暂时性的（tentative）。”[1] 那么，以下便是我关于方法和棘手案件的建议，我猜，这些建议永远是尝试性的。

不像大多数（如果不是所有的话）法律职业者一样，法官就像旧时代的骑
232 士一样，从事着永无止境的寻求圣盘——正当性的圣盘——的事业。他们向往有一个魔法公式，能够说服每一个人把他们拥有权力视为正当来接受，并发现他们值得信赖，而且相信他们——用当下的说法——能够作出“正确司法的”决定。我所使用的正当性这个术语有三张面孔：一是满足在一种民主政治下未经选举的法官“反常”（anomaly）的解释；二是确保其承担可接受的责任；三是判决的形成可以（自我）辩护。这些都是我们所追求的目标。

---

〔1〕 Alvin B. Rubin, book reviews of *The Ways of a Judge*: *Reflections from the Federal Appellate Bench*, and *Courts of Appeals in the Federal Judicial System*: *A Study of the Second*, *Fifth*, *and District of Columbia Circuits*, 130 *University of Pennsylvania Law Review* 220, 224 (1981).

第一节　我们民主政治中法官的角色：一种妥协

一、“反常”的问题

在每一代人中都在争论这个问题：由未经选举的法官作出的决定有时超越于民主社会之上，甚至可能与选举的官员所作的决定、立法和政策以及多数民众的看法相左，是否合乎规范？实际上，我不需要将这个严格限定于未经选举的法官，因为根据密苏里似的方案竞争的非党派性（无对手的）重新选举的法官们肯定都无法希望保证任何一种对其未来决定的“正当性”的公共授权。即使是那些经过了党派性选举的法官通常也是默默无闻，以至于他们的选民在形成决定时几乎不给予他们任何指示。因此“反常”的法则不仅适用于所有联邦法官，而且适用于绝大多数州法官。

这是对正当性的基本挑战，反常的法则的假定是以我们这种司法制度和我们这种民主之间缺乏适当性为前提的，当我试图绘制自己的救生圈和灯塔时，这种挑战是我的出发点。人们可能会问，为什么我要用这样老生常谈的问题来麻烦自己，这个问题已经在司法史的两个世纪以来在无数场合下问过无数次了。然而，这个问题仍然在唠叨不休地问个不停，每一代人都必须面对它，以形成心灵的平和或不安。对于我这样一个从事实务的法官，受到反常的问题的折磨是我在形成 233
自己角色概念——包括其限制和自由——的第一步。

我认为反常的问题和不适当地悖逆规范的说法中包含着两个缺陷：其一，认真地采纳这一法则的那些人没有完全意识到，在一定程度上司法权力的概念基于宪法理由而使制定法归于无效，这是我们自己在走向独立国家的发展史中所形成的特别的美国式的发明。其二，假定这种权力不符合我们的民主的政府结构，恰恰是对我们自己的民主类型的误解。

二、一份美国人的遗产

在简要回顾有关司法权超越立法机构的法案的公开记录时，我不想被理解为主张这一问题已经广泛地讨论过并且被我们的缔造者明确决定过。宪法中所产生的至多是暗含了这种权力的存在。在约翰·马歇尔于 1803 年在马伯里诉麦迪逊案中展示的绝技之前[2]，这在我们的法理中还不是确定地祀奉的原理。然而我的任务比较轻松，只是想证明这样一个事实：这个理念是一棵羞怯的、长期被遗忘的英国植物，却在殖民地获得了新生，并成为生命力顽强的常青树枝繁叶茂。当新的州开始他们的新生命时，当宪法开始起草时，当各州就它的批准进行热烈争论时，它在空气中弥散着浓郁的芳香。

（一）殖民地的修正主义

奇怪的是，“反常”的直系先祖是17世纪早期的英国律师、判决的报告员、法官阁下爱德加·柯克（Edward Coke）。作为报告员，他报告了几个他担任过律师的案件，在案件中他主张，“自相矛盾”（repugnant）的法律应当被法院宣告无效。[3] 然后他又报告了他作为高等普通法院（Court of Common Pleas）首席法官时自己在博纳姆案（*Dr. Bonham's Case*）[4] 中制作的意见书：

> 234 在我们的书籍中，许多判例都出现了普通法与议会法律之间的冲突，有时宣告法律完全无效，因为当议会的法律违背普通权利和理性，或者自相矛盾时，或者不可能执行时，普通法就会与之冲突并宣告这种法律无效。[5]

这成为当时的星星之火，一个半世纪之后，遭遇到布莱克斯通（Blackstone）苍白的相反观点，但对于我们当今追问的事实却是十分重要的，那就是，柯克的报告在殖民地的支配力“几乎是圣经般的崇敬”[6]，而博纳姆案就像戈贝尔（Goebel）教授在他权威的霍姆斯·戴维斯（Holmes Devise）研究中断言的那样，“在美国被宪法原则公式化过程的语境中开始了新的生命”，并且成为“复杂的理念肌体的一种元素和最终产生独特的控制立法的本土原理的惯用语”[7]。

在推进伟大革命的时代，北美殖民者开始习惯于枢密院（Privy Council）将殖民者的立法机构受制于司法审查。然后，在1763年至1774年之间通过5个

---

〔2〕 5 U.S. (1 Cranch) 137 (1803).

〔3〕 Julius Goebel, Jr., *Antecedents and Beginnings to 1801*, vol. 1 of *The Oliver Wendell Holmes Devise History of the Supreme Court of the United States* (New York: Macmillan, 1971), pp. 58 ~ 59.

〔4〕 8 Coke Rep. 107 (1610).

〔5〕 *Id.* at 118a.

〔6〕 Goeble, *supra* note 3, at 58.

〔7〕 *Id.* at 92 ~ 93.

“不可容忍法案（Intolerable Acts）”之后，殖民者依赖于托利党人博林布鲁克（Tory Bolingbroke）对于宪法的稳定性的信仰，形成了“帝国的”宪法的概念，根据帝王宪法，议会尽管在帝国内享有全权，但无权为殖民地制定法律，除了帝国的贸易事项以外。[8] 戈贝尔总结了我们独立前的经验：

> 政府必须按照宪法的规定行动的原则成为一项基本的政治确信。尚未完全确立的是将关于一致性或冲突性的最后的决定置于何处。在美国律师的经验中，无论是知识上的或者实践中的一切都为向司法者委任这一权力做好了准备。[9]

（二）在各州的播种

随着独立脚步的延伸，各州纷纷建立起来，所有的州都在寻求他们作为殖民 235
地时一代一代为之奋斗的某种东西——一个提出政府结构和“基本法律界线”的书面工具。[10] 在6个州的宪法中专门规定了将会与宪法冲突的立法机构的法律制定权。[11] 在另外6个州，法院的决定明示或默示地承认了法院宣告立法无效的权力。[12] 其中至少3个州承认，就此决定进行了剧烈的争论，并且尽一切可能进行公示和广泛讨论。[13] 在南卡罗莱纳州，也就是第十三个州，一个法院的判决很快在1789年采用了柯克在Dr. Bonham案中的语言，却通过宣布一项制定法不可能故意制造该制定法支持者所主张的结果而避免了宣布这项法律无效。[14] 因此，在独立之后和联邦宪法产生之前，所有的州所播下的对立法行为

［8］ *Id.* at 73～91.

［9］ *Id.* at 95.

［10］ *Id.* at 96.

［11］ *Id.* at 102. The states were Delaware, Georgia, Maryland, Massachusetts, New Hampshire, and Pennsylvania.

［12］ Louis Fisher, *Constitutional Dialogues: Interpretation as Political Process* (Princeton, N. J.: Princeton University Press, 1988), p. 47. The states were Connecticut, New Jersey, New York, North Carolina, Rhode Island, and Virginia.

［13］ *Bayard v. Singleton*, North Carolina（原告根据英国的诉讼标的起诉被告，依据独立后的法律主张处于争议的征用中的土地，最后原告胜诉）. Goebel, *supra* note 3, at 130. *Rutgers v. Waddington*, New York（爱国的财产所有人针对英国商人提起诉讼，法院根据国家法律解释纽约州的制定法，对原告无所帮助）. *Id.* at 132～37. *Trevett v. Weeden*, Rhode Island（原告根据关于执行纸币法的新法律起诉一位拒绝接受其纸币的屠夫，法院将新法律作为违宪法律予以撤销）. Id. at 137～40.

［14］ Goebel, *supra* note 3, at 131 n. 129.

进行司法审查的种子都已经发芽生长了。

（三）宪法会议：深思熟虑

在1787年费城制宪会议召开之后不久就开始讨论成立“修订委员会”（Council of Revision）的建议了。这是为了组建行政机构和大量的“全国性司法体系”，为了拥有对国会法律提前表决的权力，这项权力仅仅受制于“撤销”。两次主要的休会是埃尔布里奇·格里（Elbridge Gerry）和鲁弗斯·金（Rufus King）引起的。格里说法官“就其所在的部门本身的性质，通过解释（exposition）那些涉及决定其合宪性的权力的法律，而享有一种对权利侵害的充分的制约（check）权力。”〔15〕金支持了可以取得司法审查权的主张，他说最高法院的大法官“应当能够解释法律，就像摆在他们面前的法律在其形成过程中应当受到无偏见地参与一样。”〔16〕

两个半月之后，在制宪会议接近尾声时，至高无上的条款获得了一致确认，它宣告，联邦宪法、美利坚合众国的法律和条约“将成为这几个州最高法
236 律……这几个州的法官将在其判决中受其拘束……”戈贝尔教授一针见血地评论道：

> 这一条款的命令平等地指向了任何法律创制主体和所有的法官，亦即执行的和可执行的最终裁判者。这就是法官将要承担的角色，它直接来自于一直所说的司法功能；这就是为什么司法制度从政府部门中单列出来专门提出的原因。〔17〕

（四）批准的争论：种种预兆

我们的酝酿时期还有一个是就宪法的批准在几个州进行的讨论和投票。在讨论阶段，由亚历山大·汉密尔顿（署名“Publius”）起草的第78号文件《联邦党人文集》获得了权威。它直接针对（face head on）司法权宣告立法无效会隐含着司法权超越于立法权之上的主张，提出了如下论证，即，与宪法相左的制定法无效，但立法机构不能成为自身权力的法官，法院并非超越于其上，而是在保

---

〔15〕 *Id.* at 209.

〔16〕 Louis Fisher, *supra* note 12, at 49.

〔17〕 Goebel, *supra* note 3, at 239.

障立法机关受限于自己的授权方面行使着保护人民的权力，这是由宪法所宣告的权力。[18]

普布利乌斯（Publius）不仅为纽约批准会议论证了司法审查的理由（made the case for judicial review），而且提供了在其他州进行讨论的理论根据。有三个重要的演讲。第一个演讲是后来的最高法院大法官詹姆斯·威尔逊（James Wilson）在第一个要批准的州——宾夕法尼亚发表的，他说："立法机构可能超越了既定的边界……然而当它被提交到法官面前讨论时，如果法官们考虑了它的原则，并且认定它与至高无上的宪法权力相悖时，那么宣告它无效就是法官们的职责……"[19] 在康涅狄格州，后来的首席大法官奥利弗·埃尔斯沃思（Oliver Ellsworth）仅仅就司法权力发表演讲，他说，"如果（国会制定的）一项法律是宪法所未授权的，则归于无效；而司法权力，亦即国家的法官——为了保障其公正不倚，他们必须独立——将宣告其无效。"[20]

第三个宣言充满了对未来的卜知，这是由后来的首席大法官约翰·马歇尔（John Marshall）在争论热烈的弗吉尼亚会议上发表的。在这次会议上的争论是由上诉法院的一次最不寻常的行动引起的，该院和其他法院被委派了一项新的法 237
律任务而没有额外的补偿，该院视之为对司法独立的侵犯，于是向立法机构发出了一份《抗议书》，宣称"宪法和该制定法是相互对立的，并且势不两立（the constitution and the statute are in opposition and cannot exist together），法官们将认定这违反了他们所捍卫的宪法。"[21] 在立法机构与之对峙的前夜，马歇尔重申，如果美利坚合众国"要制定一项不受任何列举的权力授权的法律，则会被法官们认为是对他们所捍卫的宪法的违反。"[22] 15 年之后，马歇尔将这一声明写进了马伯里诉麦迪逊案的意见书，正式将这一原理纳入了宪法法理之中。

因此，法官监督立法与宪法之间的适当性的权利（right）远不是什么"反常"，相反，它是作为美国人对政府的杰出贡献发展起来的。

---

〔18〕 *The Federalist*, intoduction by Edward Mead Earle (New York: Modern Library, 1937), pp. 505 ~ 6.

〔19〕 Goebel, *supra* note 3, at 330.

〔20〕 *Id.* at 338.

〔21〕 *Id.* at 129.

〔22〕 *Id.* at 388.

三、我们的民主类型

那些指责在民主中未经选举的法官所享有的权力的人们的第二个误解涉及关键的词汇“民主”。在一定程度上这意味着由多数人对每一个问题作出裁决，毋庸置疑，法官们享有与多数人抵触的权力具有反常的性质，然而，民主有多种变体。

首先需要注意的是，我们不是在老雅典或新英格兰小镇会议意义上的彻底的或纯粹的（pure or unalloyed）民主。我们是代议制民主。当我还是美国议员时我就强调这一原则。当我在议员竞选讲坛上谋求我的选民投我一票时，那是一种彻底的民主——选举——但那时我就明白，在选举之后，我的那些选民不能就提
238 交国会的具体立法投票，而必须依赖于我的判断。我的钱夹里带着埃德蒙·伯克（Edmund Burke）对布里斯托尔的选民所做的部分演说辞：“你的代表/代理人如果牺牲它而听从您的意见，那他就欠了您，不只是他的勤勉，而且他的判断，他背叛了您，而没有为您服务。”当然，我知道，如果我在太多问题上或者在一个先验性的问题上与我的选民意见不同，我就会丧失对他们的忠诚。但我仍然拥有幅度很宽的裁量权。

然而，这仅仅是细究的开始。对于缔造者们而言，他们是阅历丰富、博闻强识的伟人，他们不信任任何人或任何机构手中的绝对权力。他们所创造的政府形式不是从任何一种模式借鉴来的，甚至不是英国人或欧洲人意义上的议会至上的代议制民主。它公然挑战普适化的标签，声称不是任何简单的血统。学者们不得不用“混合的政府”或“有限的共和”这样的术语来定位它。

在公民权的意义上，总统可以说是由所有人民选举的。但选举的分组并不是根据人口比例，而我们目前的“赢者全胜”的制度使得丧失大众的选票时仍然获得选举的胜利成为可能。假如没有获得选举分组选票的多数，而选举被扔进了众议院，那么每个州将投一票，这简直是对“民主”的蔑视。众议院的成员是根据人口产生的，但一个州假定只授权一个成员，即使其人口数量低于在实质上所代表的数量。当然，参议院——特别象罗德岛和德克萨斯州各有两名参议员这样——更是与“民主”相去甚远。

在权力的意义上，总统通过否决权而享有相当于国会两院 1/3 加 1 的一票表决权。当然，如果国会闭会而总统通过拒绝签署一项法案，行使口袋否决权，那么他的表决权超过了 535 票的分量。参议院与人口如此不成比例，却独自享有建
239 议和同意条约以及任命法官、大法官及其他官员的权力。而假如多数的人口希望修改宪法，那么除非国会两院的 2/3 或者 2/3 的州立法机构要求修改，并且 3/4

的州同意，否则他们的希望就会化为泡影。

正如国会图书馆学者路易斯·费希尔（Louis Fisher）总结的那样：

> 称司法审查为反民主是富有诱惑力的，却是一种误导。宪法确立的是一种有限共和政体，而不是直接或彻底的民主。公众的意见是通过一种代议制过滤的，多数人的选票受到宪法的种种限制：候选人必须达到一定年龄，总统不能连任三届——无论民众多么希望。尽管各州的人口从100万以下至2000万以上不等，但每州都有相同数量的参议员。多数参议员阻挠议事通过就可以阻止参议院的行动。多数派规则受到制衡、分权、联邦主义、两院立法制以及权利法案的限制。
>
> 在一定程度上司法权保护着宪法的原则，包括少数人的权利，它维护着起草和批准这部宪法的那些人们的价值观。[23]

第二节 三个机构的问责*

如前所述，我们这个类型的司法制度所拥有的宣告法律无效和制约官员的权力与我们的民主类型相吻合之外，追问正当性的第二步是要满足问责（accountability）的要求。这是制度的智慧，在联邦和许多州的政府体系中，司法是担当最小的部门，因为只有它与选举隔绝。这一事实不仅激怒了立法者——他们必须生活在永无休止的竞选的达摩克利斯的剑下，而且对于不满于某个法院判决的公民而言，那是一支手电筒。

我的观点是，这种制度智慧有两个瑕疵，一是没有重视每一个部门适用不同的担当机制，二是没有认识到（recognize）置于我们司法制度中的问责的范围。 240
要将适用于立法机构和行政机构的问责机制——选举程序——适用于司法制度，就会误读和损害独立的司法制度的核心概念，而独立的司法制度是维护宪法的保障。

---

〔23〕 Louis Fisher, *supra* note 12, at 62 ~ 63.

* accountability意即政府机构对于赋予其权力的人所担当的责任，亦即对于公民权意义上的人民所承担的责任，如果是选举产生的，那么可以理解为对选民所承担的责任。由于是在代议制民主的语境下讨论这一问题，所以这里没有译为“职责”，以区别于内在职能；而借用了民事诉讼法当事人制度中的“担当”（“诉讼的担当”），以强调行使职权的人作为使之产生权利/权力的人民之“代表人”的身份和对于委托人的责任。——译者注

问责的概念最自然地起源于商界，在商业活动中通常以利润作为衡量运行状况的充分尺度。然而即使在这个领域，也存在一种广泛的担忧，即管理者对于股东的责任经常只是理论上而非实际的问责。此外，越来越被认识到的是，在衡量一个公司的运行状况时必须将更多的社会和环境因素考虑在内。而掌握公共官员所要承担的责任则更加复杂和难以捉摸。

我是以一个在联邦政府的三个部门中度过了成年之后生命的3/4 的人的视角写这部分的。我最初在众议院服务了 2 年；在随后的 6 年中，首先在一家外国援助公司（发展贷款基金会）做领导人，随后又成为国际发展署的副部长，最后作为一家国际组织（经济合作与发展组织）的代表；在后来长达将近 30 年之中，我一直在联邦第一巡回法院供职。而这么多年里，我看过三个问责体系并在其中生活过。

一、国会

作为一名成员，我很快发现，这种大可质疑表演方法作为一个人的“投票记录”更像一个洋葱，是可以一层一层剥掉的。在一项法案的进展过程中，一个人需要在许多不同阶段投票，在分组会议上、在全体会议上、在修订阶段、在讨论关于撤销（kill）法案的动议时、在最后通过时，以及在讨论关于推翻总统
241 的否决的动议时，都要一轮一轮地投票，投票的方式可能是没有记录的声音，起立、或检票员投票，或有记录的投票。

在更近的时期，由于立法的性质发生了诸多改变，问责就得更加困难了。我曾经将这些变化描述为“从独立的、单一主体的方式走向复杂的、混合的、多主体的、大规模授权的方式，持续不断的拨款的解决方法，预算妥协的法案。国会成员的新思想可能在这样的机制中表现（或隐藏）。”[24] 这种混合的立法方法的副产品是领导权力的回归（reversion），权力由授权的委员会向财政委员会（预算、税收、拨款）转移，我称之为“成员们逃避责备的天堂”。[25] 另一个重要的变化不仅是自 1960 年代以来成员总数增长了 4 倍，而且其职责和权力也有巨大的增加。由于新立法的性质，“谈判是在成员之间进行的，只有这些成员有希望掌握庞大的委员会的报告和简明扼要的法案的细节。”[26]

---

〔24〕 Frank M. Coffin, “Working with the Congress of the Future,” in C. Harrison and R. Wheeler, eds. , *The Federal Appellate Judiciary in the 21st* Century (Federal Judicial Center, 1989), p. 203.

〔25〕 *Id.* at 207.

〔26〕 *Id.* at 204.

最后，在职者吸引竞选活动中最大最好部分权力份额的能力——由于可以无限制地利用媒体——已经彻底地改变了问责的含义。我们生活在一个电视的时代，在这个时代“想象”可能已经把“问责”推进了机翼。*

二、行政部门

总统在某种意义上是所有官员中最可问责的人，但他仅仅受制于一个非常粗略的问责机制。象繁荣或衰败、和平或战争、国际荣耀或屈辱这样的宏观因素，总统作为领导者或者作为良好公民的形象，都是问责的组成部分。

在行政部门作为一名高级领导，我明白我对总统负有责任。但我也认识到在那个层次上极少有什么问责会超出忠诚的评价。极少有内阁或内阁的下一级成员 242
曾经因为表现不佳的原因而被撤职。在行政部门顶层的问责已经由保罗·A. 沃尔克（Paul A. Volcker）所领导的全国公共服务委员会作过精辟的总结：

> 当今的总统距离政府的上层职业群体更加遥远了，这一层有3000名受任命者，包括大约573名总统根据参议院的确认而任命的人，670名非职业性的高级行政服务机构的成员，110名总统指定但不受参议院确认的人，将近1700名个人的和私人的助手——而50年以前的富兰克林·罗斯福只有200名。
>
> 真正的问题是增殖是否实际上带来了政府的更高效率和更好地回应总统的领导，该委员会在结论中的回答是：不。[27]

关于服务机构的等级，委员会的报告也作了同样严厉的评价。报告举了一些例子说明缺乏一致的和可以理解的表现认知制度：

> 在依赖于国家财政的机构中的高级行政人员中，70%的人最近说他们的奖金制度没有提供一种符合工作目标的激励机制，69%的人说制度在管理上缺乏公平，76%的人说他们的表现与收到奖金的可能性之间没有关系。同样的看法似乎在整个政府中都存在。[28]

---

* 可能是使责任者可以逃之夭夭的意思。——译者注

〔27〕 The Report of the National Commission on the Public Service, *Leadership for America-Rebuilding the Public Service* (Washington, D. C.: 1989), p. 17.

〔28〕 *Id.* at 41.

报告还加上了悲哀的评论，“公务员成为管理者更多地是基于授权（fiat）和自动晋升，而较少是因为经验和技能。”[29] 结果是公信力的侵蚀，无力招聘和保留一个高质量的工作队伍，“核武器工厂的削弱、防御系统的丑闻、有害废品的堆积、空中交通控制的几近丧失、大量储蓄和贷款的代价昂贵的瘫痪。”[30]

保罗·C. 莱特（Paul C. Light）在他以总监察员身份对各种联邦行政部门
243 和机构进行的研究中，将“服从性问责”（规则和处罚简明具体）、“表现性问责”（积极的激励和奖赏）、“以能力为基础的问责”（投入足够的人力、制度和结构以创造成功的条件）。[31] 他的沮丧的发现是，服从性问责在国会和总统们那里是受欢迎的，由此产生了高度可视的结果：

> 服务性问责不仅在形成长期能力的场合经常收到短期行为的效果，而且可能分散国会和总统提出严峻（hard）问题的注意力，忽略从一开始就设计出更好工作的制度和方案。[32]

他的结论是：“无论如何，统计上的任务都完成了，而工作人员和预算的增加也都经过了审核，如今政府似乎不比《监察法》之前更有理由问责。”[33]

三、司法机构

关于司法机构（judiciary），即初审法官，尽管他们看起来是他们所在法庭的主宰，却受制于他们的至少三位上诉同事对他们每一个终局性判决的审查。他们在单纯的司法以外的行为还受制于他们所在的州或巡回区司法委员会的监督（scrutiny）。上诉法院要受制于令人生畏的入门限制；在任何意见书受到法院的认可而发出之前，他们必须说服他们的多数同事。此其一。其二，问责的高效引擎是这样一种传统，即在除琐碎（frivolous）案件以外的所有案件中，意见书都必须是书面的。其三，判例法必须由其他法庭形成，因为一个法庭不能登上一艘由他的同行事先关闭了航道的船舶。其四，由最高法院审查的可能性（possibility），如果不是概率（probabilty）的话。其五，一种只有以长远利益来看才受到

---

〔29〕 *Id.* at 44.

〔30〕 *Id.* at 3.

〔31〕 Paul C. Light, *Monitoring Government: Inspectors General and the Search for Accountability* (Washington, D. C.: Brookings Institution and Governance Institute, 1993), p. 3.

〔32〕 *Id.* at 230.

〔33〕 *Id.* at 224.

承认的效果，就是在学术刊物和法学院中受到法律学术共同体的至关重要的接受。其六，受到国会或州立法机关在修订或通过一项法律时有效地推翻法院判决 244
的权力制衡。

除了这种对具体决定的问责之外，上诉法官，以及初审法官，在他们司法之外的生活中受到严密监视。他们的生活受制于“恺撒的妻子”的道德法典；他们的社交、交流和活动都受到僧侣式的限制；他们的投资和司法之外的赚钱活动都受到严格的规制、报告和审查。州最高法院、州和联邦司法委员会，以及对联邦法官的联邦司法会议（Judicial Conference of the United States）对所有法官行使管理权。国会和州立法机构在弥补疏漏的功能方面的作用也在增加。

这个简要的“旅行地平线”（*tour d'horizon*）表明，即使撇开雄辩的说服艺术，司法机构在其自身的机制母体（matrix）中至少与其兄弟部门一样是可问责的。它还表明，更有效的问责存在于所有部门的一种未被意识到的目标。电子测试只能在一些主导性问题上大致支持可接受的立足点，但不能测试国家利益、立法技术、领导者能力这样的内在问题。公共服务程序可以奖赏杰出者并识别总体上不称职的人，却不能发现那些懒汉、平庸者、计划性差或不能随机应变的官员，以及感觉迟钝的令那些必须跟他打交道的州或市的代表们恼火的区域工作者。司法审查可以纠正最异乎寻常的错误，而司法的自我管理能够驱除令人无法容忍的不端行为，但仍然会有一些法官在法院横行霸道，存在案件管理的无效率，存在不可原谅的拖延。

我自己所在法院的首席法官斯蒂芬·布雷耶（Stephen Breyer）1992 年在哈佛法学院的《奥利弗·温德尔·霍尔姆斯》讲座中，谈到面对制度性机构的健康和赢得对难题的决定的公信力的问题时，对于正当性发出了另辟蹊径的声音：

> 在我看来，公信力不仅仅取决于公众所参与的理解/感觉，而且部分地取决于一个机构完成满足一项社会需求的任务的成功…… 245
>
> 在一项制度性的途径富有技巧地提供更好结果的范围内，判决会变得更具有正当性，因此会为之赢得一点点特权，而这意味着增加了一点点公信力。[34]

将这一思想运用到上诉法院就是，合理的（sound）判决和被感知其合理

〔34〕 Stephen Breyer, *Breaking the Vicious Circle*: *Toward Effective Risk Regulation* (Cambridge, Mass: Harvard University Press, 1993), p. 63.

(sound) 意志的判决，从长远来看，对于广泛共享的正当性意识富有贡献。因此，我们谦逊却不过分谦卑地将此向前再推进一步，看看上诉法官是怎样才能为其被允许的在判决中的自由空间作出更好的解释。我们不指望外部的保护人，而寄希望于为引导他们的内部的思维方式。

第三节 一个正确答案的诱惑

读者也许同意，沉默寡言的法官偶尔挫败多数人愿望的权力远不是我们独特的、历史形成的民主中的反常，却是一种不可避免的发展结果。人们也可能接受我的另一结论即司法机构以其自身的方式，如同在我们的国家和州政府中的立法机构和行政机构一样是可问责的。然而，在法官及相似的外行公民这方面，仍然存在一种对确信的渴望，即确信在决定案件时——包括最棘手的案件——法官们根据客观真实而不是自己的道德观和哲学观作出判决。

当代场景的观察者，当他思考由堕胎、刑事惩罚、诽谤、普适性研究的使用以及“死亡的权利”这些问题的“一个正确答案”时，可能更同情对于“一个正确答案”的存在的怀疑态度。很早以前，卡尔·卢埃林（Karl Llewellyn）提过“唯一正确的答案”时把它当作“教义学的幻想”，并承认他是受到了这句话的启发：“用 +/- 的答案，我打开了平方根”（Square roots shook me out of this,
246 with the +/- answer)。[35] 最近实用主义的学者型法官理查德·波斯纳（Richard Posner）在他的范围广泛的《法理学问题》（The Problems of Jurisprudence）中漂亮地作出了相同的提示：

> 没有社会的、文化的和政治的同质，法律制度就不能产生确然的权利，或者，甚至不能产生职业的强制，不能对棘手的法律问题作出回答，无论从法律文化内部，还是通过援引道德的或其他法律以外的规范——这些都是自然法的传统领域。[36]

然而，他作出这段陈述是为了批评埃里克·拉科夫斯基（Eric Rakowski）教授的这样一段论述：

---

〔35〕 Karl N. Llewellyn, *The Common Law Tradition*: *Deciding Appeals* (Boston: Little, Brown, 1960), p. 213 and n. 206.

〔36〕 Richard A. Posner, *The Problems of Jurisprudence* (Cambridge, Mass: Harvard University Press, 1990), p. 23.

> 在最近20年中，许多学者［以罗纳德·德沃金（Ronald Dworkin）为首］一直坚持，主张法律或道德问题没有正确答案，因为中立的法官、律师或者道德家的意见不一致，是一个关于道德或法律表达的本体（特别是客观真实）地位的典型的虚无主义的形而上学。[37]

这是一次高水平的讨论，我作为一位从事实务的法官，在我的有生之年只能望尘莫及了。以德沃金为范例的哲学家法官赫克里斯（Hercules）（“一位富有超人的技能、学识、耐心和敏锐的法律家”），[38] 在决定一个宪法性问题时，

> 必须形成（develop）一个宪法理论／理由（theory），在形成一个为政府机制提供辩护的复杂的原则和政策体系时，就像象棋比赛的裁判必须形成关于他的游戏的特征的理论一样。他必须形成裁判政治哲学和制度细节的那个理论。他必须发展出可能为这种机制的不同方面提供辩护的理论，并且将这种理论放在更加广泛的制度中去检验。当那个检验标准的识别力黔驴技穷时，他必须深思熟虑找到使成功的理论能够使用的其他概念。[39]

这种思想要比我工作时的思考层次高出许多，我这样说，既不是想诋毁（denigrate）它，也不是想诋毁那几亩在生生不息耕耘下形色各异并且可能肥沃的法理园地。很可能在未来的某个时间，也许早至下个世纪，也许到下下个世 247
纪，会有这样集道德哲学家和法理学者于一身的人物，最高法院和那些下级法院可能会根据他们的意见对一些或者更多社会问题作出判决。

我自己的方法是问心无愧进行选择。比如有一些案件，在解释一项制定法时，我唯一关注（concern）的是法律实用主义——什么是多数人的最终裁判？另一些时候，一种实用主义的计算——对最大多数人有最大的好处——发挥了作用，比如一个公司关于竞争的许可证政策是根据反托拉斯法来衡量的。兰代尔（Langdell）院长的科学主义（“象法律家那样思考”）在许多普通法案件的贸易领域中仍占有一席之地。自然法和它的后裔社会契约论可以在州与个人之间冲突

---

〔37〕 Eric Rakowski, book review of “Posner's Pargmatism,” 104 *Harvard Law Review* 1681, 1686, (May 1991).

〔38〕 Ronakd Dworkin, *Taking Rights Seriously* (Cambridge, Mass: Harvard University Press, 1977), p. 105.

〔39〕 *Id.* at 107.

这一事项属于与司法的性质有关的门类。

在我们的司法等级制中有几句话大致描述了我们的骑士统治（esquirearchy）。

我们从底层开始，在泥沼淤积的地方，向着我们发现自己完全成为法官的方向行进。

当从法律中的所学所知变得纯而又纯时，我们便称这位拥有者为法理学家。

但只有最深奥的学生配得上法理学家的名号。

如果曾经有过三重唱，我们就会看见法官们热情饱满的生动表演。

第十三章　上诉裁判之二：熟悉的水域

当我们从奥林匹斯山下来并开始在较低高度上追寻踪迹时，我想，有必要把 253
我们对于正当性更特别的需要区分为两类案件。第一类是一般性案件，在大多数时间中占据了多数上诉法官的主要精力，这些案件不必然是容易处理的或“常规性的”，但最常见的是最后的解决不存在分歧，即使法官们的社会、经济、政治背景有着很大的差异。而如果存在分歧，则将法官们划分开来的可能是技术性的或职业性的问题，而不是充满哲学的内涵。用航海术语作个比喻就是，这些案件是在沿海水域中的，容易制作海图，用浮标、里程碑、指引海员的灯塔就可以了。

第二类案件，尽管在数量上占很小比例，却是当下具有实质性而对法律的发展具有重要意义的。这些案件提出个人和社会的冲突的主张。除了具备在第一组案件中所必备的所有娴熟技巧之外，这些案件还涉及对立价值之间的一种特别紧
张关系，要求法官们动用他们对于社会和在特定情形下个人与州之间权利关 254
系——与我们的宪法相一致——的最深层次的看法。

继续用我们的航海比喻，这些案件是在大片没有制作海图水域，传统的指南不够用，必须寻求六分仪（航海仪器）或电磁波的帮助。在这里，比喻发生突变了，因为用技术高超的“太阳投影”，或者特别是用电磁波信号在测绘点获得的确定性，要远比在“棘手案件”中洞察个人与社会之间的权利平衡的确定性要强得多。然而，事实仍然是，有些在传统设备以外的东西是必需的。

对于这两类案件我都寻求正当性，首先在已经存在实体、态度、程序的指南（guideline）时，它能有效地避免或最大限度减少异常的司法方法。而在没有这些指南时，我必须满足一个完全的、公开的理由（account），作为我认为我所依赖的价值观具有正当理由的根据。如果法官们下意识地追求两种路径，那我相信无论具体判决是否满足公众的赞同，从长远来看，这种法官都会赢得内含在“正当性”中的信赖（trust）和信心（confidence）。

第一节　异质的“先入之见”*

在探测法官想法的过程中，我们首先要识别如果要发生重要判断必须清除的某种影响。这些都是法官们作为“人”所具有的、并且法官们需要打预防针克服的偏见和先入之见——偏见有一个同根词，就是“在判断之前”。

一、个人偏好

这是诉求于“人”的思想和感觉，也就是说，求助于人的情感而非理性。
255 我在第八章讨论法官评议后的论证以及在第九章讨论对法官之间集体主义的威胁问题时，都已经间接提到过这些影响。法官，更不必说外行人，都受制于对煽动性刺激的即时反应。这里面还包括对一方当事人的深恶痛绝或心生愉悦——比如对一位污秽的罪犯或捣蛋鬼的厌恶，或者被一位受人尊敬的领导人的吸引；对系争事物的反感，无论案件涉及贩卖色情读物或者肮脏组织的犯罪尝试；对臭名昭著的“官僚”政府的实力和过失的先入之见。在大多数法官办公室里，当法官们紧张地研习案件和讨论与案件有密切关系的事实和法律问题时，这些反应都不会盛行。如果这块石头已经搬起来了，在阳光下，臭虫们就会匆匆跑开。

二、法官背景

比个人偏好的危害性稍逊一筹的是我们可能称之为“天命”的东西，这是在法官的社会、经济、职业背景中与生俱来的价值观。有些人可能发现很难对贫穷者产生同情心，或者反过来，很难公平地对待富人。另一些人可能对所有的政府规范行为都持不乐观态度，或者反过来，很难相信公司的投资是没有原罪的。有时法官在被任命为法官之前所从事的某种法律实践投下了阴影。当一个人曾经在人身伤害或产品责任的案件做过原告或被告律师时，或者在刑事案件中担任过检察官或辩护律师，或者在劳动关系案件中是一位劳动者或管理律师，那么原有的对立价值观是很难动摇的。来自学术背景的法官试图变成一位自我任命的学术自治看门人。这些隐藏着的“身份”（title）没有讨论过，控制和弥补这些身份对于法官而言是一种微妙的挑战。一种有效的矫正就是多个法官组成的法庭通常

---

* 这一标题的原文是 Idiosyncratic “Pre-judice”。judice 意为审判；prejudice 意即偏见、成见。作者这里将二者意思混合起来，生造了一个词 pre-judice，意即在审判之前已形成一定判断。译者为了确切地体现作者的别出心裁的表意方式，故译为“先入之见”。——译者注

保持背景的多样性，这些背景相互抵消或者至少将这种先天不足减少到最低限度。而通常时间的推移也会渐渐将这种力量排泄出去。

三、政策倾向

在上述偏见背景中有几个交叉的地方，就是法官喜欢或不喜欢的社会政策，256
比如在第十二章结尾提到的法官的“自由”和“保守”态度。这可能是一位法官所持的最深层的价值观的一部分，是无法驱除的，但不应当默默地发挥影响。如果需要援用，则必须公开讨论、分析（化验）、说明法官在此情此景可以这样做的正当理由。可以列举的典型例子是关于堕胎、校内祈祷、同性恋权利、死刑的热烈讨论。紧随其后的是涉及犯人、学校委员会、公共住房和福利安排、反歧视、环境问题、消费者保护法的案件。法官们的倾向可能是多样的，在某些类型的案件中是预先成立（pro-establishment）的倾向，而在另一些类型的案件中则先于个人的（pro-individual）。

四、制度观点

被我列入“异质”（idiosyncratic）的最后一组价值观包括对制度因素——程序与实质的紧张关系、所预期的初审法官、检察官和其他司法过程的参与人的行为标准、获得司法救济——的态度。

一位法官可能崇尚程序，也可能在可能导致不公正结果时将程序置于次要地位。按照理想——事实上经常也的确如此——程序与实体趋向于同一方向。但有时忠实的结果却是导致将一方当事人或一个争点排斥在诉讼之外，导致支持由初审法庭所犯的错误，或者，当上诉法院认为错误并非那么非理性时，导致容忍行政机构的决定。同样，对实体的忠实可能意味着一个公平、智慧、在法律上站得住脚的决定以违反先例的代价作出，购买正义的代价是不确定性。

同样，上诉法官在行使他们对初审法官、检察官和律所成员的监督权力时，
适当性的标准有所不同。有的感觉初审法官和检察官应当恪守形式公平，有的则 257
认为他们已经被装满令人糊涂的公式化命令和上级警告的货物压得不堪重负。

最后，有的法官可能深深忧虑法院负担过重的危险，而可能对允许获得司法救济的许可采取严格态度，而有的则恰恰可能对于以过分技术化的裁决拒绝提供司法救济而感到深深忧虑。

所有这些态度都根源于法官对于法院和司法审查的角色的概念，我们称之为制度看法，亦即对于制度的态度。每种态度都反映了一种有价值的考虑。这些态度之间的差异在此停滞着（stay），这些差异保障了即使普通案件不涉及重大实

体问题，也会产生某些不可约减的分歧。然而，正如我们将以下一节中所看到的那样，有一种强大的力量趋向于产生一致意见。

第二节　向心技术的力量

对于当代判决过程的尖酸刻薄的批评者，可能是一位缺乏见识又固执己见的酒鬼，也可能是一位指责法官们不能就“唯一正确的答案”达成一致意见的学识渊博的哲学家，在提到异质的先入之见的根源之后，都对记录上的这一点视而不见，此时，批评者会成为拉伯雷（Rabelais）笔下的法官。拉伯雷是法国讽刺/幽默作家，他描写过法官勃利德古斯（Bridlegoose）强加了一个已经被认为是不公正的判决而将自己置于困境。在向他的监督者为自己辩护时，他提到了他视觉上的疏忽。

> 他说，基于这一理由，他未能读到过去能够读到的骰子上的那些点儿……
>
> “什么‘骰子’”？大法官 Trinquamelle 问道，“你是什么意思，我的朋友？”
>
> “判决的骰子”，勃利德古斯答道，“正义的风险，你们所有的尊敬
> 258 的法官在这个尊敬的法庭上平常所使用的一样的骰子，就像其他法官在决定一个案件时所用的一样……所有法官都观察到了在处理案件和法律上的争议时，机会和风险是非常非常合理、诚实、有用和必需的。”[1]

这种观点——不幸的是它比拉伯雷的寿命要长得多——忽略了这样一个事实：绝大部分上诉判决都涉及所有法官们都会掌握的——无论他们的背景如何——技能和职业规范的适用。他们已浸入其中，不容易忽略，而且用于限制所有离心力。简要地扫描一下这些向心力即可支持这一点。

一、制度的五个限制

我们美国的上诉制度在限制司法裁量权方面有五个基本特征。它们构成了第一章结尾所列举的上诉判决形成过程的重要因素中最重要的部分。其一，在相当

---

〔1〕 Charles P. Curtis, Jr., and Ferris Greenslet, eds., *The Practical Cogitator* (Boston: Houghton Mifflin, 1945), pp. 412 ~ 13.

程度上依赖于对抗制。法官主要受到对抗的律师在案件中所作所为的约束。其二，我们依赖于法官和行政机构深思熟虑的决定，这一状况在如果要发生撤销原决定时施加了一种必须逾越的重要障碍。其三，严格要求只有已进入下级档案中的事项才能考虑。其四，强制性纪律，上诉决定必须以书面形式。其五，必须说服多数人加入任何一个判决提议。所有这些因素结合在一起，抑制了——如果不是杜绝的话——形成个人的异常决定。

二、门票

和制度特征几乎同样明显的是法官决定的原理作为大殿的看守，仔细地检查每一案件是否有合格的门票进入上诉考虑范围。首先有对事管辖权和对人管辖权
的条件。前者涉及像是否提出了联邦（或州法律）问题或异籍问题这样的问题； 259
后者涉及像是否充分送达至当事人这样的问题。然后要求有第三张门票：必须有上诉管辖权。也就是说，上诉必须在时效内来自于可上诉的判决和领域。

即使满足了这些要求，还必须有“资格”，即，在案件结果中有充分直接的——通常是“钱包”利益提交给法院考虑。有一个关联的问题是是否有一个实际存在的（live）“案件或争议”，即，由于案件提出了一个尚未成熟的问题或者过于滞后（亦即诉由消失）的问题，则案件可能被拒绝接受（be refused admission）。同样，由于案件尚未在行政程序或州法院中（请求人可以在州法院寻求联邦人身保护令救济）“穷尽”一切救济途径而可能被拒绝接受。在某些案件中，争议事项本身就将自己排除在考虑之外了，最明显的是涉及“政治问题”的案件。

在这些问题上，我认为上诉法官之间的分歧仅仅会在例外案件中出现。

三、规则与惯例

控制力不那么强的各种各样的限制是调整初审和上诉行为的实践、规则、法官创制的法律。首先是种种初审和上诉程序规则，其范围自非常具体和无法变通的规则（例如提起上诉的时效）至允许初审法官有很大幅度裁量权的规则。其次是证据规则和相伴的关于提交证据和说服的司法原理、不同级别的制定法或其他州行为的审查（scrutiny），以及推定。

第三类指南在法官们认定和适用法律标准和原则时指导他们。在此，具体规
则让位于通行已久的惯例，比如判决理由与附带意见之间的区分、法律之间的优 260
先顺序、遵从先例原则（或可适用的相关先例的不可动摇性），以及既判力和附带禁反言（相同当事人之间或者涉及他们的先前判决的拘束效力）。对于制定法

的解释提升了一大批被认为有帮助的解释标准（其中有些是相互冲突的）。[2]

四、尊重的凝聚力

有一些尊重（deference）的传统就像磁铁一样，对上诉法院发挥着影响，吸引他们注意，要求他们考虑，有时强制他们服从。尊重的概念被公认是模糊不清的，包括从敷衍地点头到畏缩地默许之间一切的一切。然而，仍然有真实的、大量的情况可能是法官们以相同的方式适用的尊重。

首先是对第一次审理的决定者的尊重。这个决定者可能不仅仅包括行政机构和初审法官，而且也包括仲裁者。有时上诉法院要面对（以适当的尊重）审查初审法院的令人烦恼的任务，审查初审法院是否对于听证的官员或行政法法官适用了适当的尊重。

于是对于终审决定者联邦最高法院就有了一种拱形的尊重。当最高法院的意见书可以直接适用或者与具体案件的情形完全一样时，上诉法官之间不会有分歧。然而，当某些法官喜欢特定意见并希望扩大其适用，而其他法官不喜欢这种意见并期望限定在其原始适用范围时，就会产生分歧。还有一些情况是，尽管最高法院的先例可能是清楚的，但可能太老，已受到许多大法官拒绝和一些法律期
261 刊的广泛批评，被认为与该院大多数人的现在观点相左。即使如此，上诉法官在迈出大胆的一步宣告这种高高在上的先例禅让时，仍然会犹豫不决。

对州和联邦法律的尊重受到不同考量的调整。州法院当然有义务适用联邦宪法，只要能够适用并且能够比州宪法更好地保护个人权利；也有义务在相关的情形下适用联邦制定法。此时州法院不限于任何单一法院的具体授权。它还可以选择联邦法院的判决，并发明自己的新方法。然而，联邦法院在根据异籍管辖权审理的案件中，或者在州法律对给定问题有拘束力的联邦问题案件中，没有这样的自由。它必须尊重适合的州的法律。

在这种案件中，一个法院决定尊重另一制度体系下的法律不大可能成为分歧的根源，不过这个法律究竟是什么则可能成为分歧的根源。比如，一联邦法院审理一异籍案件，可能在关于州法律可能是什么的问题上很少找到指南。在这种情况下，法官们可能希望向州法院确认问题，并要求提供权威的答案。然而其他法官可能感觉答案已经够清楚了，确认过程会进一步拖延已经拖得太久的诉讼，而

---

〔2〕 Karl N. Llewellyn, in *The Common Law Tradition: Deciding Appeals* (Boston: Little, Brown, 1960), at pp. 521 ~35 in "Appendix C: Canons on Statutes," has presented a classic catalogue of opposing canons of statutory construction.

且州法院会不希望增加诉讼负担。同样，当一州法院进展到决定某些或所有问题时，围绕联邦法院自我克制的各种根据又会产生一些法律问题。调整这种决定克制的准则在估量不同因素时留下了大量裁量空间，为分歧提供了巨大的余地，尽管总体说来政策是崇尚尊重的。

尊重其他法院的程度要靠其自身的拉力。州最高法院在否认另一最高法院（特别是几个最高法院）的先例时会十分犹豫。联邦上诉法院同样不会轻易与另一巡回法院（特别是几个巡回法院）发生分歧，它不会意欲制造巡回法院之间的分裂，从而给最高法院增加潜在的案件负担。然而，即使在这一领域，它也会
区分正在作出的是什么样的决定。如果争议的性质使其决定的统一性和终局性比 262
理论上的正确性更重要，那么尊重就是非常可能的。但是，如果争议是具有实质性的原则问题，使法院感觉到很严重，那么在考虑裁决时可能不会恪守尊重了。

在第一节我勾勒了一个将所有法官——无论是州法官或联邦法官——作为一个职业连结起来的普适的技巧、传统、惯例、规则和原则。尽管它们在准确性、强度、权威性方面都存在差异，但总体说来它们都是趋向于一致意见的力量。至此，我已经讲完了一般性。我分享了所有这些限制，就像所有法官一样，我已经形成了我自己的诠释、自己独立通往原则的指南。到目前为止，我能够识别它们，我现在得这么做，否则我在普通案件的沿海水域的航海图会完不成。

第三节 我自己的宝典

在写这本书时的最艰巨任务一直是试图识别哪些是特别个人化的东西，哪些是关于我在上诉判决时如何工作的兴趣。我想说的全都是我能够肯定的主张。而我明白，那既不是原创性的也不是启蒙性的。但那是我所能够提供的一切。

一、法官的神经

我放在列表之首的是最重要的也是最难以定义的，那就是我的法官的神经。每一位法官都有一根。我无法准确地说它来自于何处，也许来自于遗传基因，家庭培养，年轻时代的介像、教育、偶遇或其他经历、阅读、交往，以及曾经写过
意见书或投过票的几千件上诉案件。 263

然而，正如大法官波特·斯图尔特（Potter Stewart）在说到色情文学时所讲的那样，“当我看见它的时候我就知道了。”当我扎进法律理由书，阅读档案的某些部分，感知（sense）谎言、欺骗或一方当事人的操纵、一方律师老油条式

的无视法院程序或礼仪或算计着对法院的不敬（似乎是为了导出错误的裁决）、或者检察官刚愎自用飞扬跋扈、或行政机构一方公然的冷漠、或法官对律师持续的敌意……这时我就感觉到（feel）这根正义神经铮铮作响。有时，当我读到根据机械死板的刑事方针而对犯人判处极长的刑期，我的正义神经也会铮铮作响，但我极少能对此有任何作为。

诚然，在法律与司法之间经常存在一个裂缝，然而，从一根能动的司法神经中能够抽出什么来，却有限制——非常严格的限制。当然，有些时候，当法官们产生了同样愤怒的感觉（sense）时，很可能结果就会反映这种感觉，不管是被维持或被撤销。但在另一些时候，只有自己一个人的司法/正义神经在砰砰作响，在这种时候，最后的选择是提交一个单独意见——反对意见或并存意见。还有更少的选择，法官可以说服同事，在不改变基本结果的前提下将意见书的范围缩小（比如，不积极地支持受质疑的行为，将狭窄的维持建立在初审法院对一件非常封闭的案件的裁量权基础上），削减救济（比如给予比所诉求的救济更多限制的禁令救济），表达对某些行为的不赞成——哪怕是在附带意见中表达，或者发出制裁警告——如果某种行为是重复发生的。

即使这类行为没有改变具体案件的结果，一个法官或法庭表达对非正义的强烈感觉也会经常对检察官、辩护律师、法官或行政机构的未来行为产生影响。

二、程序的规则性

264 我估计自己是那种在程序的旗帜下行进的人，即使偶尔这会导致某些倒霉的当事人的案件无法受到上诉听审。在我看来，从长远来看，当规则对于提出反对作出了具体要求时，由当事人提交动议和其他文书，由法院判决、设定时效和最后期限，那么坚持要求符合这些条件要比在特殊案件中作出例外处理要利多弊少，即使可能存在衡平的考量。我得承认，在当案件出现不作例外处理就会导致令人震惊的司法错误/正义流产时，也会有例外。但那都是极为鲜见的案件。对于其他案件，我认为都要建议依赖于律师的能力，否则法院将发现自己越来越深地陷入法官所造的关于允许规则之例外的法律的泥淖之中。然而，如果有可能，我会指示由于某些程序瑕疵而失足的当事人，他的案件在实质问题上可能不会胜诉。

三、“重大事实”

正如读者所知，我看重档案和认真（rigorous）阅读档案对于识别案件的关键事实的必要性。我也承认我对于初审法庭事实认定的尊重。这些态度并非独一无二或值得包括在我个人的圣典（cannon）之中。本节的意图涉及非常有用的即决判决制度设计，这种制度允许一位法官在不存在“重大事实”（material fact）的“真正”（genuine）争议时得根据宣誓证言和其他文书处理民事案件。

这一程序的优点在于它使得案件可以未经庭审而获得决定。不需要陪审团，也不需要长时间（long days）证人作证。在当今案件负担连续攀升的情况下，即决判决对于烦恼中的初审法官的吸引力日益增加。然而危险在于，即决判决的根本要求可能被忽视。这一要求就是法院必须不仅要看对反对即决判决的一方当事 265
人有利的事实，而且要看从这些事实中合理引申出来的有利于该当事人的事实。我所担心和感觉到的是，在初审法院和上诉法院都有一种微妙的倾向，即越来越少投入精力和分析思考上述要求的第二部分——识别合理引申的有利事实。具有讽刺意味的是，贸然支持即决判决的结果是，一方面下级法院可能节省了庭审时间，另一方面上诉法院却被迫花费大量时间在一大堆档案中艰难地耕耘（plow），饱受折磨地翻阅那些非常接近的争点，可能导致最终发回重审。

四、下级的决定

如前所述，尊重第一审理决定者——法官或行政机构——是所有法官普遍持的基本态度之一。在第十章我讨论过我说服法律助手在开始假设受审查的决定的有效性时“放纵一点”的目的。在此我提到这一点以表明这在我自己的思考过程中起着怎样的作用。在长期实践中，我看见过足够的庭审记录、初审档案、行政机关的案件档案，保持一种对于已经投入在第一次审判中的努力和能力的健康的尊重。反过来这形成了我自己的习惯，对于一个案件的初步反应是从善意怀疑下级决定并没有错误开始的。*

在对一个涉及初审行为的争议采取立场之前，我阅读庭审中的作证记录要达到一定深度，使我获得一种关于律师和法庭在形成裁判时大脑里想得最多的是什么的“感觉”。经常的结果是，我形成了一种赞赏——法官所说和所作的裁决在当时的语境下是有道理的，尽管脱离语境时似乎是易受攻击的。同样，我可能觉得那是解决一个案件的聪明办法。但我也有过令人尴尬的经历，学会偶尔拿着火把，对决定持怀疑态度**，其机会（结果）是，初审法官脑子里产生过这个想 266

* 作者在此用了 doubt，即怀疑其无，亦即怀疑初审决定中没有错误。这是基于“尊重”的一种假定。——译者注

** 作者在此用了 suspect，即怀疑其有，亦即怀疑初审决定中有错误。这是基于怀疑主义的一种假定。——译者注

法，但是由于好的和充分的理由而受到了抵制。

这种对于初审法官或行政机构给予从善怀疑只是暂时性的。在3/4或者更多的上诉案件中，最初的信任得到了确认。但是在少数案件中，上诉法庭会找到一个部分或全部不同意的根据。我也必须承认，如果我从其他案件中了解到行政机构在一意孤行地拒绝坚持判例法原则，或者初审法官习惯性地对律师吹毛求疵、扣动扳机的手太快、专横霸道或反复无常，那么这种初步的尊重就要大打折扣了。同样，如果我知道行政机构有一个胜任和勤政的名声，或者如果初审法官以细致和审慎闻名，那么初步的尊重就会是双倍的。此外，如果初审法官在解释裁决依据和在处理最终决定的某些细节时已经耗尽心力了，那么尊重的程度不可避免要增加。

五、滥用裁量权

在第八章讨论法官评议时，我在我的评议谱系中包含了提出初审法庭滥用裁量权的问题。在这里，我试图描述我在这类案件中是如何完成决定任务的——我如何决定糟糕到哪种程度为滥用裁量权。

首先，我努力从处理相同/相似问题的案件中汲取已经积累的经验。这种研究是令人沮丧的，因为案件总是依赖于其自身的事实。没有跟案头上的案件一样的。但是我在阅读时逐渐形成了一种关于曾经被认为是在民事裁判范围之内或之外的感觉。

我把自己埋进档案，帮助自己进入初审法官当时的角色，看看在之前和之后都发生了什么。有时看上去愚蠢或迟钝，或者更糟，脱离了语境，但一旦用初审
267 的语调（tone）重新创作，就会显得无伤大雅或者只是一点小失误。

我的下一步是考虑将来。这要划分两头。我可能认为所作所为——如果重复或扩大——会对公平的侵蚀如此之深以至于必须防微杜渐。我也可能断定撤销该案会使初审法官不寒而栗，使他们在将来本应行使自己的判断时畏怯退缩，机械地屈从于法官们可能感觉是上诉法院政策倾向的做法。我会努力到达使我完全同情初审法官危机四伏的小径上的那个点，把调和至即使在初审的压力下也不能宽恕的状态。

我知道在这类案件中，不指望从档案中找到什么公式/规则可以依赖，直到在从相似的判例中获得、然后消化，乃至最终维持（如果一个人的刺痛感觉经过一段时间后变得麻木），这时要吸一口气。但是，如果经过几天或几周之后，红色仍未消失，那就深吸一口气，将判决撤销。

六、考虑替代方法

有个老掉牙的传说，一位古人在被问到他关于晚年的想法时，用了一句容易接受的话回答说，“另想办法”（考虑替代办法）（considering the alternative）。我发现在检验决定时这句话很有帮助。我早期写过关于讲清楚暗含在一个判决中的政策的亲和力，那就是表明这一结果不仅与调整的法律相符，而且也有意义。现在我反过来强调，表明在一般案件中相反的结果不会有如此意义，这也是很有帮助的。

在刑事案件中，一法院可能不愿意释放被告人，或者更常见的是，不愿意裁定重新审判。然而，当一个人认真考虑过一则先例的结果允许接受令人讨厌的证据，并预料到会在将来类似案件的裁决中引起连锁反应，损害长期确定的标准，就会增加在自己的法庭作出撤销判决的力量。在民事案件中，法庭可能不希望拒绝值得同情的原告根据民事权利制定法获得赔偿，但展望向一个广泛的群体打开 268
民权责任的缺口，给予制定法从来没有预期给予原告的补偿，可以在决定中显现出更为重大的要素。我已经提到过在形成关于滥用裁量权的决定时看看路并考虑长远寓意是如何有用。

七、敏感于当事人、律师和法官

有时一位上诉法官在孤寂的办公室中写作时，可能产生一种幻觉，觉得写了好几年了。如果这是真的，这种情况也是很少的。即使案件很重要，判决预计需要在几年才能作出，但实际上，这些最亲密接触的都是活生生的人——当事人、律师和初审法官。我想重要的是，一位上诉法官无论如何清高，也无论他的分析可能怎样抽象，都不可能无视现实。

正是头脑有了这种想法，我很少以当事人为代价尝试幽默。在自由攸关的刑事案件中肯定不会。在多数民事案件中也不会，因为无论攸关的是什么，个人的感受都会是非常深的。也许在一个商事案件中，大公司相互之间的战役是他们日常生活的一部分，某些诙谐的评论可以轻松一下谈话气氛而极少引起冒犯的敏感。然而上诉决定一般都会宣告一方当事人的重大失败，那不是嬉戏的场合。

律师们也有感觉。仅仅因为他们的使命是发挥所有合理的努力代表他们客户的利益，他们的一些论战可能激怒法官或者甚至令他们勃然大怒。然而，责任是属于程序的，通常并不属于律师个人。当某些律师的表现值得用最尖酸的方式批评，我想法官也最好保持一个急躁的高门槛。比如，有些讽刺，在上诉法官已经工作了几个星期，研究、分析、讨论一个令人头痛的问题之后，他/她会写道， 269

“我们发现这一辩论完全没有实质内容。”有时一个法庭会因为结束辩论中所作的某些评论而将怒火发泄到倒霉的检察官身上。然而，实际情况可能是辩护律师咬了这位检察官一口才引起了这种反击。

上诉法庭现实的感觉最不应当针对的是初审法官。一位新的上诉法官可能感到，初审法官除了记住他们可以从上诉意见书中洞悉的新规则和程序之外没有其他事情要做。我记得我自己还是一位新法官的时候，我以为向初审法官建议他们将来如何处理与本案相似的情形会对他们有所帮助，实际上，棘手的现实是，初审法官必须记住成百上千条制定法、程序规则、证据规则、最高法院的意见、他们自己上诉法院的意见、当地的规则，于是在提出新的程序建议之前我要犹豫再三。

对于初审法官的视角和问题的敏感不只是对新法官的挑战，它要求永不懈怠的警觉。在做过差役30年上诉法官之后，我在一次最近的巡回法官会议上是一个感到忧虑的听众，我听到初审法官小组围绕这一主题讨论“上诉法院出什么问题了?”一个一个老法官——都是老朋友——在不满事项的列表中挑出下面这些事项：上诉法院被当事人误导，这些当事人都没有向初审法官提出作出特别裁决的理由；上诉法院在制作长篇大论的意见书之后，应当向初审法官提供一条指向所要求的行为的简易路线图，而不是空洞地指示“案件发回作符合本意见的进一步行为”；上诉意见书包含了一个不必作决定的声明（附带意见），但它引起了新的诉讼而产生了相当大的损害；上诉法院没有通过支持初审法官对不合作的律师实施的制裁而给予初审法官所需要的支持。

270 这类抱怨并非一定有正当理由或者是可以补救的，但是聪明的上诉法官在努力进行可使用的设计和判决时，总是会尽量想象初审法官会怎么看这些意见书。

八、关注读者

即使我现在必须说的与上诉意见的结果和最重要的理路都无关，我想，在我的圣典中有一个地方也是非常重要的。因为我将上诉意见书看成是一种交流工具，这种交流范围超越了法律职业。它是（通过媒体）增强公民理解关键问题的决定方式的一种途径。因此，我关注法官写意见书的方法。

我的主要关注是提炼将一案与另一案区分开来的艺术的倾向，我的关注点是，一级一级的例外之上的例外，或者区分又区分，制造了一个可怕的繁琐哲学（经院哲学）的老式推理结构。我认为这是学术对于司法技术的贡献。我们法学院将他们非常出众的天赋都投入到了最精湛（世故和繁琐）的分析，其中有一些是严密的和有助于思考的；但有一些，在我看来，是过分精细了（hairsplitting）。

其危险有两方面。其一，法律的真正过程是一般民众或者普通律师不可能理解的。一个人需要读一读柏拉图就会意识到不可能将苏格拉底钉在任何最后的结论上。其二，学术智慧可以为几乎任何欲求的结果提供辩解。在发生的程度上，对于被普通民众认为是“法律”的统治的基本信任就减少了。

因此我自己心里的罗盘告诉我在可能的时候进行简化。这并不特别困难，因为当我看见极度美好的特性（distinctions）时我不看20/20，不管这些特性是在法律理由书、口头辩论、法律助手的草稿中，还是在同事传阅的意见书草稿之中。

其次重要的是，我认为全部长篇大论和过度发表会减少重要意见书的流通。 271
我看见超过40、50、60页打印件时就发怵。除了本案和一些在相同领域的其他案件的律师，谁会去读呢？也许隐藏在其中的大智慧有一些持久的价值。我冒险地说一句，无论霍尔姆斯（Holmes）大法官还是勒尼·汉德（Learned Hand）法官，在今天如果写这么长的意见书，他们也不会因为他们的意见书而受到敬重的。也许用手和钢笔书写——而且是在竖起的书桌上——保证了简短。至于发表在硬面卷宗里的上诉意见书的质量，我只能心怀颤意了。那么多意见书都没有给法律增加一丁点内容。要承认，律师界感觉他们通过对哪怕最受事实束缚的和呆板的意见书进行心理分析就能获得一些东西。但是法律办公室放书架的空间总是有限度的，甚至电脑的内存也会有一个极限。

现在我们已经详细研究过的主要是“不太难”的案件。我们触及到影响法官的不同力量，有些——我称之为异质——可能受到反映和讨论的压制，或者被同一法庭的其他法官的不同的先入之见中和了。于是有了技巧、规则、惯例和态度，人们可以说它们组成了一个职业原料堆，它们的使用因法官的不同而不同。从总体上，他们推动了一致意见的达成。最后，每位法官都有自己的圣典——特殊的方法或侧重点。我努力识别我自己。法官们必然与此有所差异，仅仅因为他们是独立的人（human beings）。

因此，即使在大量的普通案件中，尽管有向心力，法官们和各法院仍然会在一些事项上存在分歧，比如律师是否已经充分保存了提交上诉的要点，是否有足够的证据支持裁判，一个证据裁决上的错误是否为无害错误，或者应当遵循哪一个判例法。州最高法院相互之间也有分歧，联邦上诉法院也一样。这些分歧大部分是在宪法领域，并极少反映关于社会与个人的基本立场。大部分分歧不是关系 272
到公众的，因为法官之间的分歧不是在那些关于公民通常有一种意见的问题上，涉及信仰的问题更少。

所以，当我们发现法院及法官们在那些明确的规则没有规制、深层价值判断处于争议之中的较小但高度重要的领域发生分歧时，不应当感觉奇怪。也许奇怪的是竟然达成了那么多一致意见。

现在我们要造访那个领域。

第十四章　上诉裁判之三：没有海图的深水区域

第一节　概　述

我们在第十三章和其他章节一直讨论的是以达成一致意见结束的案件，或者 275
如果没有达成一致意见但根据关于事实的不同看法或对法律的不同权衡产生单独意见的案件。不同意见是技术上的原因导致的，而不是意识形态上的原因。这些案件到目前为止在数量上构成联邦和州上诉法院案件负荷的主体，也许占80%～85%。

在本章我们提供一类案件，在数量上很少，但在挑战法官的敏感度和智慧方面却具有更强的检验能力。这就是“棘手案件”（hard cases）。这些案件在多数法官仔细分析档案事实和调查相关制定法和判例法之后达成一致而形成的结果，不是被既存原则、规则或先例清晰地决定过。法官之间的分歧不仅仅是技术上的，而且包括在看待判决中的当事人利益或所涉及的其他价值的重要性方面的分歧。

我并不试图讨论棘手案件的普适性。普通法和制定法都不乏“棘手案件制
造坏法律”这样的箴言。这些案件不是我们注意力集中的对象。所以许多宪法 276
性案件也是一样，其典型性是涉及原始资料的大的结构性规定，区别于《权利法案》及其后来的补充规定。这包括提出权力分立、联邦与州的关系、根据“商事条款”（Commerce Clause）产生的国会的权力，以及总统在外事方面的权力等争议的案件。

我们在本章所处理的案件是如今上诉法院遇到的棘手案件的一个重要部分，尽管不是全部。这些都是提出个人或个人组织的权利与社会利益或其代理人之间冲突的案件，这里的社会利益的代理人譬如联邦或州政府的部门、组织或官员，或者“在州法律的外表下”行为的人。在宪法分析的移动的边缘上、在海滩见证（依赖于目击者的观点）潮涨潮落的微波上，会找到它们。

当然，假如这一类案件有许多因为联邦最高法院已经宣告的判决，确立了可以适用的规则或原则，就不再“棘手”。然而，很少有可能在这一领域的宪法分析以结晶体形式冻结。人类的困境，就象个人与社会的相互影响一样，是永恒的。新的条件、技术和法律永远不会中止他们的露面。州法院在探究州宪法的含义和范围方面享有自由。而联邦最高法院自己也总在变化。

在尝试就处理个人与州的关系的宪法性案件说点新鲜的和明智的内容时，我首先将广角镜瞄准了本世纪后30年的宪法分析所涉及的重点问题。然后概略地介绍在新千年有关的和可以预见的社会和个人生活条件。这些，正如形势所迫，
277 揭示了逼近的时代中个人与州之间相互冲突的利益的可能特性和紧张。我在处理这类棘手案件时探索的一种有效方法是从识别我所看到的最可能相关的价值入手的。但仅仅是价值并不能决定案件。所以我要求自己进一步列出比成为上诉法院普遍特征更谨慎、更敏感的平衡过程。当向远远的前方扫描一周看看可能发生的法律下一步发展对于个人与社会之间关系的影响之后，我才给案件作出结论。

第二节　宪法焦点的变化

受益于后见之明，人们能够看见在相当长时间范围内觉察不到的变化的迹象(evidence)。宪法分析的焦点在不同时代是可以辨明的。在19世纪很长一个时期宪法性诉讼集中在政府结构，亦即州与国家之间以及联邦主权的各部门之间的权力配置。然后集中到联邦最高法院所解释的宪法与总统和人民眼中的宪法之间的冲突、国内战争的发动以及第十三、十四、十五修正案的最终解决。

19世纪晚叶和20世纪的前半期，大工业的产生导致了对政府管理企业的深入讨论。这引起了关于福利立法与最高法院关于宪法“合同条款”的观点之间的大战。最终“合同条款”偃旗息鼓了，在激烈的联邦政府能动主义和试验法的年代中“新政”粉墨登场了，当时“商事条款”为最重要的宪法性法理提供了根据。我记得1940年代当我还是一名法学院学生时，我的宪法课程几乎全部限于这一条款。

现在，在联邦上诉法院任职30多年之后，我可以回顾这一历史并看见那几
278 乎就是由越来越集中的个人权利对抗社会利益的问题连接起来的。尽管学校种族歧视这样的重大问题在1950年代一直在诉讼，到布朗诉教育委员会案〔*Brown v. Board of Education of Topeka, Shawnee County, Kansas*, 349 U.S. 294 (1954)〕。达到了巅峰，但直到1960年代之前，多数州和联邦上诉法院的案件并没有重大

变化。在这个10年的末尾，由《权利法案》的前八个修正案所保障的多数权利（对抗联邦政府的侵犯）已经有选择地纳入了宪法第十四修正案，因此适用于州政府。[1] 同时，几乎废弃了一个世纪的《1866年民权法案》（《美国法典》第42卷第1983节）开始复兴，在很短时间内成为个人希望维护自己的民事权利对抗政府机构侵犯的主要工具。

1970年代至1980年代，民权案件——经常代表一大类原告提起——诉求禁令救济或损害赔偿或二者兼求，被告是警察、市政、监狱官员、医院或心理机构、社会服务部门、福利机构、住房发展资助者、学校当局、大学，等等。诉讼的根据包括，指控在民事和刑事案件中被剥夺程序性正当程序，性别歧视或性取向、侵犯私权或个人自治、干预宗教、结社和言论自由。

这些案件在全国法院中达到前位和中心地位的程度的证据（evidence）是，在《美国法典评注》（*United States Code Annotated*）每页小字印刷的专栏里有700页密密麻麻的案件注释都是专门涉及《美国法典》第42卷第1983节法理的。事实上这些案例都是1960年代末期发生的。对州和联邦案件进行的电脑粗略检索表明，1950年以前没有这类案件，1955年以前有20件，1960年以前只有159件。对联邦和州的第1983节案件检索显示，截止到1991年，这类案件已经有44 148件。即使这一数字只是所有报告案例的一小部分，也代表了当代宪法性审判的一种新的、复杂的、深远的重要部分。我们可以有理由说，20世纪晚叶宪 279
法性法理的典型特征是将注意力聚焦在个人权利与社会利益的紧张关系上。

第三节　正在增长的社会压力

当我们迈向新千年时，生活的某些方面是可以合理预测的，比如人口。当我进入法律职业时，全国有1.3亿人口；现在这个数字翻了一番。增长仍在持续，而且伴随这种增长（更不必说世界其他地方的掠夺性增长了）的是物质资源（能源、土地、森林、空气、水）的残酷压力。由于巨大的相互依赖和国际竞争，会驱动重构我们的教育体制，使之更现实、结果更有效；重建内城，使之改良环境；发展更综合更充分的健康保健体系；扭转刑事犯罪趋势和犯人数……所有这些都会以某种程度反映在预算收支和控制赤字的努力上。

---

〔1〕 *See Duncan v. Louisiana*, 391 U. S. 145, 148 (1968). Professor David M. O'Brien, in vol. 2 of his *Constitutional Law and Politics* (New York: Norton, 1991), at pp. 280 ~ 81, presents a table of cases which accomplished "The Selective Nationalization of the Bill of Rights Plus Other Fundamental Rights."

感知未来并不要求有非凡的先见之明，未来社会控制的设计，从税收到推理，再到规范重要利益和服务以及福利的精巧措施，都会比其现在的角色要显要得多。1970 年代，罗伯特·海布罗纳（Robert Heilbroner）发表了他的悲观的预言："未来权力的行使不可避免地会增加，许多领域的自由，特别是经济生活中，必然大为减少"。[2] 当冷战的压力在他发出预言之后仁慈地消退时，环境、资源、能量问题变得更加尖锐。我们不能断定他的预言不会实现。

280 在空间紧缩与社会和经济压力扩大的背景下，我们面临着固守个人自由的悖论。在最表层的意义上它采取了无耻的（unshamed）消费者至上主义的形式，受大众可视媒体的引导或误导。即使在这层意义上，我们也可以肯定地说，在供给短缺的情况下人们会更加渴望"法官确定的"（justice-determined）利益和服务分配。这种更加敏锐的法官的神经会引导他们期望进入作出决定的法庭（forums），要求在决定形成中的公平，并坚持要求平等对待。

在消费者至上主义之下，有一个更深层属于隐私、自治、生活方式意义的个人自由价值观。随着奥古斯都时代的结束，我们可以预计，获得政府——包括法院——制度性诉讼程序的公平、平等考虑和对待，以及在拥挤世界中居民的私人生活将会是受到更多珍视的个人目标。这些目标受到承认不会是没有制度性的不便、代价和挫折的，然而保护在一个萎缩的世界中的更少的自由，也许甚至对于参与主流社会生活的实现机会的某种"安全网"保障，可能都是稳定的、有凝聚力的民族共同体的前提。

总而言之，人类生存的新条件有希望以一种新的方式，以更加稠密和更高程度的提炼，将个人权利与国家利益之间的适当平衡的亘古问题进一步提升。这种状态我称之为情势强制——除了任何特殊的法理理论以外——应当推动我们去审视和重新确认我们的宪法传统，用更加现实的眼光去考虑制度性的局限，增加我们平衡个人权利与社会利益之间关系的过程的灵敏度，去仔细审查维护我们由于社会疏离而正在瓦解的重要的社会结构的方式。

第四节　我的定位灯塔

281 在这一节，我们的任务是隔离和识别我在决定宪法性案件时面对个人权利与国家或社会利益的冲突而又不亦步亦趋地受先例限制时寻找方向的定位灯塔（cardinal beacons）或价值。我努力从我对宪法的解读中找到方向——原始文献、

---

〔2〕 Robert E. Heilbroner, *An Inquiry into the Human Prospect* (New York: Norton, 1975), pp. 137 ~ 38.

《权利法案》、《国内战争》及其他补充资料——以此作为意义深远的权利取向的宪章。我的第一盏灯塔——最老的一盏——是自由，它自18世纪打开以来一直是最显著的一盏。第二盏是平等，只有在19世纪才明亮起来。第三盏是对前两盏灯塔的抵制和制衡，在我的词典里称为“效能”（workability），亦即合理安排政府制度在尊重个人权利的同时实现其职能的能力。第四盏是在本章结尾所讨论的，标明一种方向，到目前为止只有很少案件属于这一类，但时代的条件预示着追求这一目标的努力正在增加，我称之为“共同体”（community）价值。

一、自由

在将选择自由作为我的第一价值时，我承认不仅我不是在说什么新的或原创性的东西，而且我冒着一种在修辞上被覆盖的风险。但我也敏锐地意识到，必须将害怕落入行之有效的“陈腐”的任何想法置之度外。因为我更害怕在我们宪政结构中的自由的向心性如今太经常地屈从于行政命令和便利。因此我们在此的目的仅仅是证明（document）——无论怎样简明扼要地证明——基本原理受到的重视。

首先，我们的英国先辈以他们的为与不为，给我们留下了一笔丰富的自由的遗产。《大宪章》（Magna Carta）的积极影响已经远远超越了国王与一些受宠男爵之间的契约的最初限制。而涉及酷刑、绞刑、独裁的消极经历，都适时地记录 282
在埃姆林（Emlyn）的十卷本《国家审判》（*State Trials*）之中，这一页已在费城被我们的缔造者们翻过去了。

其结果正如欧文·布兰特（Irving Brant）告诉我们的那样，“在一部《宪法》中包含了《权利法案》的24个要素”，并且在前十次修订中增加了30项权利，如果将国内战争之后赋予的9项权利加在一起，我们达到了总共63项具体保护自由的条款，此外我们还应当加上第64项权利，即由第二十六修正案所保护的所有18岁以上的公民的选举权。布兰特（Brant）总结道，《宪法》及其修正案“作为一个相互联结的整体来看，其精神是完全相同的。这种精神就是无条件地致力于人的权利，人的尊严，自由人的自由和平等。”[3]

在列举的这些之外，我们还必须加上在《权利法案》中规定的、通过并入第十四修正案而有选择地适用于我们国家的那些权利。最后，还有一些时代、社会和技术中已经识别为宪法的精神实质和内涵的新的权利或保护。因此，旧的词汇“搜索”（search）适用于电子监视。结社自由受到承认，尽管“结社”在第

〔3〕 Irving Brant, *The Bill of Rights* (Indianapolis: Bobbs-Merrill, 1965), pp. 12, 15.

一修正案中找不到。同样，加诸旅行权利上的不合理负担也被废除了，尽管“旅行”在宪法中并未提到。最突出的是，产生了一项隐私权利或个人自治权利，这项权利现在包括了妇女有权在妊娠早期堕胎。

二、平等

自由是由宪法和权利法案规定的，而平等则不同，尽管在《独立宣言》中首先宣告了平等，宪法却没有提到它。这是因为它是环绕性的和弥散性的——因
283 而很少能够被单独感知或者说是不言而喻的——就像空气一样……不过我们必须加上一句，有些人比另一些人更享有平等。我们能够理解詹姆斯·麦迪逊(James Madison)怎么可以一边说平等是“美国第一位的特征”[4]，同时在最初抵制《权利法案》的建议时又说它们“只不过宣称了人类完全平等是绝对真理，……但放在一部宪法的开头并非绝对必要”。[5]

国内战争和奴隶制的废除导致了对第十三、十四、十五修正案中平等的首要地位的承认，平等，最初是理所当然的，现在在美国价值谱系中也占有重要席位。正如塞缪尔·P. 亨廷顿（Samuel P. Huntington）教授所阐释的那样，“18 世纪的自由价值很快加进了 19 世纪的平等价值。”[6]

平等保护的原则（在第十四修正案中特别提到过）经由第五修正案（其中没有提到平等保护）而适用于联邦政府。这一步是 1954 年在博林诉夏普(Bolling v. Sharpe）案中采取的，在该案中最高法院说，“平等保护和正当程序的概念都是从我们美国的公平理想中引申出来的，它们不是相互排斥的……歧视与违反正当程序一样是非正当的。”[7]

如今，当人们走近最高法院的大理石圆柱正面抬头仰望时，可以看到一行大字“根据法律平等司法”（Equal Justice Under Law）。为了纪念自由与平等的结合，我们景仰的不是某位学者或法官，我们景仰的是一位总统，他在盖茨堡的演讲中呼唤“一个孕育着自由、致力于人人生而平等的使命的新国家”。

---

[4] Max Farrand, *Records of the Federal Convention of* 1787 (New Haven, Conn. : Yale University Press, 1966), Vol. 1, pp. 400 ~ 401.

[5] Brant, *supra* note 3, at 46.

[6] Samuel P. Huntington, *American Politics: The Promise of Disharmony* (Cambridge, Mass: Harvard University Press, 1966), vol. 1, pp. 400 ~ 401.

[7] *Bolling v. Sharpe*, 347 U. S. 497, 499 n. 11 (1954).

三、效能

到上前为止，我们一直在讨论我相信内含在宪法及其修正案之中的对于个人权利的态度。这是一位法官看待政府制度的态度，因为他对于尊重个人权利的制度性义务和能力的评估永远是平衡过程的一部分。

我在一篇过去的文章中在印证卡多佐（Cardozo）大法官在《司法过程的性 284
质》（*The Nature of the Judicial Process*）[8] 中所区分的影响司法决定的第四种力量——逻辑、历史、惯例、社会正义——的同时，感觉到必须增加第五种力量，即效能的因素。“在一定程度上，一项规则保护一项权利，强制履行一项义务，或者设定一个行为标准——使之符合社会正义并服务于社会利益，可以合理预期这项规则会在不损害其所适用的对象的本质功能的前提下获得有效遵守。”[9] 我认为这一因素至少在上诉法院试图规制在司法家族内（初审法院、检察官以及推广到有限的范围——私人律师）的行为时对上诉法院有约束作用。[10] 在国会和国家行政机构服务过之后，我对于这些机构和部门在执行官方任务时所面临的困难有一种很大的尊重。我担心法院可能过于强调机构（institution）的能力了，尽管我也同样担心对于行政机构和官员的遵从可能是“唯我主义的庇护伞，是对无限制的个人偏好的纵容”。[11]

现在我看到，需要一种获得效能的更严格的方法。首先，它不仅适用于调整机构（institution）的规则，而且适用于影响个人权利的政府性单位或官方的任何行为。其次，我感觉如果法官们裹着遵从官方行为的政策的外衣法官，就不能忠实于宪法对于个人权利的至高无上的保护。

《美国传统辞典》（*American Heritage Dictionary*）将“效能”解释为“使用计划的想法或方案，如果适当操作则可能成功”。[12] 这引入了“如果”方法具有合理的可行性并付诸实施则“可为”（doable）的概念。它给了我一种启示，即，对于个人权利产生不利影响政府的行为，对其正当性必须有某种司法监控。正如在评估个人权利的价值时有一定位阶一样，在对于政府机构及其代理人的遵从时

---

〔8〕 Benjamin N. Cardozo, *The Nature of the Judicial Process* (New Haven, Conn.: Yale University Press, 1921).

〔9〕 Frank M. Coffin, "Justice and Workability: Un Essai," 5 *Suffolk University Law Review* 565, 571 (1971).

〔10〕 *Id.* at 571.

〔11〕 *Id.* at 572.

〔12〕 *The American Heritage Dictionary of the English Language* (Boston: Houghton Mifflin, 1973), p. 1023 (discussion of synonyms of "possible").

285 也有一定等级。在紧要和关键情势下，可以期待近乎于绝对的遵从。然而在日常运作中，要求对于个人产生严重不利影响的政府行为证明其正当性似乎不算太过分。这就是说，在国家独立两个世纪之后，“人民”有权合理地适当管理/指导（run）国家机构，而机构应当能够为自己的行为找到正当理由。此外，技术的发达，特别是在信息检索与使用领域，已经大大地增加了更为有效和灵敏操作的可能性。

在任何情况下，无论公共机构是监狱、法律执行机构，还是社会福利项目，“效能”都要兼顾对于个人权利的敏感性和对于行政者在适当尊重权利的前提下履行职能的能力的敏感性。后一种敏感性包括了一点点对于行政行为正当性的无事实证明的（undocumented）相当大的怀疑。可以预见，政府官员和机构在行为中对于个人权利的负担会随着时间而增加，而不是减少。

我在本节中所说的都是在正当程序的大标题之下产生的相关案例，正当程序的问题就是一项所声称的个人权利是否值得某种正当程序，如果值得，那么是什么类型的正当程序和多少程序方为正当。然而，效能的概念在我看来，也同样适用于平等保护的分析框架。正是入门性的法律处理着州的经济规则，法院会支持任何州对于自己居民的分类，只要它们能够提出（用魔法变出）进行这种分类的任何合理根据。但是，如果个人受到了立法这样或那样的不利影响，如果法院能够假定存在可能的合理性根据或立法宗旨，即使这种理由在其实施中并没有扮演什么角色，那么支持这种立法是对于我们基本的权利宪章的真正忠实吗？正如特赖布（Tribe）教授所证明的那样，法院对于某些州在居民之间进行分类的做法由一种模糊的态度转变为高度审视，导致了“法官在审查所有要求有‘最低
286 限度合理性’的行为时大量使用多重标准的裁量权。”[13] 也许这一时刻即将来临，即我们对于政府尊重个人权利的能力的更高期待将宣告最低限度合理性的概念成为历史。

第五节　一种权利意识的平衡过程

仅仅确认一个人的基本价值观还不足于说明一个人如何处理我们正在考虑的这种棘手案件的。因此，我的责任是努力从抽象之中提出一些具体来。为了完成这个任务，我请读者跟我一起走过平衡过程的具体步骤，在某些关键的地方停留

---

〔13〕 Laurence H. Tribe, *American Constitutional Law*, 2nd ed. (Mineola, N. Y. : Foundation Press, 1988), p. 1445.

片刻，考虑一下相关的案件。我得从我 1987 年在纽约大学法学院所做的《詹姆斯·麦迪逊》的演讲中抽出一些内容。[14] 我会讨论一些我自己的意见书，其中包含了我自己在权利意识（right-sensitive）的案件中评价和平衡利益的方法的范例。缺憾是它们不是法律，每一个都被最高法院撤销过。然而，为了未来而写作的人总是希望作出受尊重的辩解。

首先，我不是在提出被我当作机械化奇迹的消除主观性的那种平衡，也没有一种法理理论或一个泛目的的方法（an all-purpose approach）可以适用于所有类型案件。然而，如果有意识做到了这一点，我相信其结果不仅会产生更好的决定，更忠实于我们的宪法授权，而且促进法官之间的对话，增加人民的理解和认同。

有两个前提是公开的和审慎的。我所说的公开是指将意见书作者的真实理由和思维过程摆在桌面上，因为没有这一点，就几乎没有机会进行有意义的对话或认同。我认识到一个法院的最后工作成果要想获得大多数人的认同，可以模糊一些，但在一开始应当是坦白的。我所说的审慎是指在决定过程的每一阶段自我意识的能力，无论是反对心照不宣或不言而喻的假设或普遍原理，还是在陈述争点、事实及主张方面的公平。

一、陈述争点

通常建议律师以简洁的方式形成一个争点，使之变成一个有利于自己的主 287
张。这种态度对于司法意见书而言已经是毛病的预兆了。如果法庭的意见一致，那么所使用的文字可能掩盖了所决定的真正争点。如果法庭出现意见分歧，那么读者会感受到她在阅读两个完全不同的案件。最高法院在鲍尔斯诉哈德威克（Bowers v. Hardwick）一案的意见书就是一例。在该案中，一同性恋原告质疑乔治亚州关于鸡奸的制定法的合宪性。多数派将争点看成是“联邦宪法是否赋予了同性恋者以鸡奸的基本权利从而使一直宣布该行为非法的许多州制定法无效。”[15] 反对意见则将争点集中在对于这一争点的陈述与反驳上：“本案涉及的争点是‘最综合的权利和文明人最珍视的权利’，亦即‘不受干预的自治权利’（the right to be let alone）。”[16] 这一关于争点性质的分歧不可能不减少说服力上

〔14〕 Frank M. Coffin, “Judicial Balancing: The Protean Scales of Justice,” 63 *New Youk University Law Review* 16 (April 1988).

〔15〕 106 S. Ct. 2841 (1986).

〔16〕 *Id.* at 2848.

平衡的可能性。

在权利意识平衡的案件中形成争点所面临的一个普遍困难是，提出的方式过于一般化因而没有提出在保护个人权利上有任何利益从而取得社会信用。因此，经常提到（在本章中我不断地这样做）一些案件设下了以某个人的权利对抗社会利益的陷阱。如此解释这个问题是为了请法庭仅仅进行实用主义的计算，此则许多人的利益肯定比一个人的利益要重。如果一项处于危机之中的权利是可以保护的，那么社会及其他个人会在该项权利上享有真正的利益，这两种利益都比受到挑战的制度的社会利益要重。

二、普适性的层次

经常的情况是，由于或者尽管律师在口头辩论中提出了主张，上诉法院仍然
288 不会有意识地决定一个案件判决的普适性的适当层次。有时最初的决定在范围上非常有限并且很受事实的制约，以至于案例完全丧失作为其他案件先例的实用性。然而所造成的任何损害也同样是有限的。普适性很高的案例中隐藏的危险比较大，就跟原告个人以及他与一个规模大得多的群体之间的争辩一样。其中的危险在于，一个宽泛的决定可能缺乏事实基础，而决定可能一刷子覆盖了太宽的范围，而损害的范围也相应太宽泛了。

我在《詹姆斯·麦迪逊》的演讲中举了与“普适性的层次”问题相当的三个例子。在格里芬诉威斯康星（Griffin v. Wisconsin）一案中，[17] 最高法院不得不决定威斯康星州的规则的合宪性，该规则允许负责缓刑的官员无须许可令而搜查缓刑犯的家，只要有合理根据相信在家里进行非法交易。尽管只处理了一个规则，但决定的潜在影响涉及管理8.6万个联邦缓刑犯或假释犯的3300多名联邦缓刑官以及负责200万名缓刑犯或假释犯的1.2万名地方、县、州的官员。[18] 该决定承认对于根据最近调查结果而增加的监督有一种“特殊需要”，并在结论中说，要求许可令会减少因司法官员的拖延和介入而导致的妨碍。所有的假定可能都是站得住脚的，却没有针对需要搜查的场合的差异和频度或者由于使用许可令而导致的挫败的程度的事实信息。

在特纳诉萨夫利（Turner v. Safley）案中，[19] 最高法院支持了关于犯人结

---

〔17〕 483 U. S. 868 (1987).

〔18〕 1992 Annual Report of the Director, Administrative Office of the United States Courts, pp. 11, 19 (Federal Officers and Probationers).

〔19〕 482 U. S. 78 (1987).

婚和通信的密苏里监狱规则，宣告了一个宽泛的规则："当监狱规则侵害了犯人的宪法性权利时，如果与监狱管理的利益的正当性合理相关，则规则有效。"[20] 这一裁决影响到50万个联邦和州的犯人，而其根据是这样的理路，即对于监狱官员的决定的更严格审查会"严重妨碍他们预测安全问题并采取创新性措施的能力……"[21] 这一决定又是一个非常宽泛的决定，没有事实背景表明问题的差 289
异，而从县监狱到最安全的监狱的所有类型的矫正机构之间差异是很大的。

最后，在 *O'Connor v. Ortega* 一案中，[22] 最高法院审查了一位医生的州医院管理者无许可令搜查医生书桌的案件，支持了与工作有关的无许可令搜查，其根据是雇主合理地怀疑雇员的办公室、书桌和档案。我估计，根据人口普查的数字，这一裁决适用于1400万名州和地方雇员和300万名联邦雇员。裁决的根据是，即使医生有合理的隐私期待，但"工作场所的现实性……强烈表明要求许可令是不可行的（unworkable）"。[23] "指望多数政府机构了解可能的理由的微妙标准简直是不现实的。"[24]

当人们反思工作环境无穷无尽的不断变化时——频率、性质、与工作相关的搜查的重要性、监督者老练的程度，等等，人们就不禁感觉到，最高法院在一份横扫一切的意见书中，在取消全国公立机构的雇员许可证要求方面迈的步子太大了。

三、利益分析

权利意识平衡的核心是利益分析。在权衡个人的利益时，法院不应当仅仅识别出现危机的个人权利，而且要估价其向心力和重要性，以及可能受到侵害的程度和侵害的频度。在评估政府的制度性考量时，法院应当识别一种或多种出现危机的利益，界定个人行为或投诉所提交的问题的性质，努力将对于政府雇员的伦理和效率以及对于该制度的物质和财政资源所产生的直接后果和远期后果区分开来。

（一）终生教师与学校当局

我的第一个示例是1970年的案件，卓恩诉朴次茅斯学区（*Drown v. Ports-* 290

〔20〕 *Id.* at 89.

〔21〕 *Id.*

〔22〕 480 U.S. 709 (1987).

〔23〕 *Id.* at 721.

〔24〕 *Id.* at 724～25.

mouth School District),[25] 在该案中，一校区没有给出任何理由地拒绝与一位公立学校非终身教师续签合同。她声称，该校区未给予任何理由违背了正当程序原则。我们法院的意见首先提出了这位老师在要求声明理由方面的权益。我们承认，不加解释而拒绝续聘，排除了其自我改正的任何努力、任何纠正流言或印象的机会、任何揭露不适当的动议的能力、或者任何为该校区行为提供最低限度理由的可能性。[26] 我们在提出校方利益时认定，要求校方陈述不续聘的理由不会强加予其严重的行政负担，也不会阻止其拒绝聘用不称职老师，有几个州已经在制定法中作出了这一要求。[27] 因此，我们认为，这位老师在陈述不续聘的理由方面享有的利益如此重要，而对校方带来的不便如此轻微，以至于正当程序要求陈述不续聘的理由。

这一问题提交到了最高法院审理的州立大学董事会诉罗思（Board of Regents of State Colleges v. Roth）一案,[28] 该案涉及一位非终身的政治学助教在一年合同到期后未续聘，该案同样没有提出理由。最高法院首先审查是否存在可保护的自由利益，指出，该州没有提出针对这位助教的刑事或道德指控，因此没有对其名誉形成污点（记录）。[29] 法院认定没有档案资料支持这样的假设，即未续聘后来在这位助教的职业生涯中造成了实际的困难，即使有这种证据，“也很难确认机会的妨碍构成了对于‘自由’的剥夺。”[30] 最高法院继续认定，这位助教的任期没有给他创造续聘的“财产”利益。既然在“自由”和“财产”利益方面都没有可保护的利益，最高法院也就没有评估校方董事会利益的情形了。

（二）犯人与监狱

291 5年之后，即1975年，我们法院对费诺诉米查姆（Fano v. Meachum）案作出了判决。[31] 位于诺福克（Norfolk）的中级安全的麻省矫正所的几位犯人由于线人通过秘密会晤向官方提供的证据和卷入纵火事件而被怀疑持有违禁品和进行毒品交易，他们被命令移送到位于沃波尔的最高级安全监狱，但一位地区法官认定这一移送由于未经听证因而违反了正当程序，禁止为此移送。

---

〔25〕 435 F. 2d 1182 (1st Cir. 1970).

〔26〕 *Id.* at 1184.

〔27〕 *Id.* at 1185.

〔28〕 408 U. S. 564 (1972).

〔29〕 *Id.* at 573.

〔30〕 *Id.* at 574 note 13.

〔31〕 520 F. 2d 374 (1st Cir. 1975).

我们首先提出了这样一个问题，即在一州内从中级安全的监狱移送到最高级安全的监狱是否会导致损害达到触及正当程序的严重程度。证据表明，更加严格的安全保障意味着复职项目更少，获得假期更难，限制条件更不利，在中断教育和复职项目以及适应新环境和控制模式方面更不利，在矫正所的记录上作为麻烦制造者的特征更突出，造成在未来努力获得假释、请假、免除劳动的特权方面更困难。

在评估矫正官员将在揭露犯人的陈述的根据方面所面临的负担时，我们与地区法院一样依赖于以下事实，即，在安全系数比诺福克更高的沃波尔（Walpole），有一条规则禁止在没有控诉方的情况下采集证言，除非存在对安全的威胁。在我们看来，这一事实使这样的判断成立，即，监狱制度本身已决定了它可以保持原状而没有任何困难。因此我们维持了初审法院的决定。

最高法院首先回顾了自己在罗思（Roth）案中的教训，否定了在动用正当
程序时使用“任何重大损失”的概念。[32] 然后评论道，如果一个犯人被有效地
判决有罪，则应适当地受制于监狱系统的规则而可以受任何监狱的限制，尽管相
互之间有“很多不一致”。移送的可能性可以根据所声称的不良行为的错误，由 292
于其“变幻无常且不具有实质性（substantial）意义因而不能启用正当程序的保
护。”[33] 要认定任何实质性剥夺而启用正当程序，就会“使非常广泛的裁量行
为受制于司法审查，而这些裁量行为在传统上是监狱管理的事务……”[34] 最高
法院于是推翻了我们的决定。

（三）嫌疑人与警察

在10年之后的1985年，我们法院判决了伯宾诉莫兰（Burbine v. Moran）案。[35] 我们在第三章中提到过这一案件。警察在向嫌疑人完整地发出米兰达警告之后，错误地告诉嫌疑人的律师“他们整个晚上都会跟他在一起”——这位律师曾经打电话来说，如果要进行任何询问则随时可以通知他到场——但警察没有向嫌疑人转达这个电话，然后继续采集了三个认罪的陈述。我们在决定该嫌疑人是否明确地知道他放弃了律师在场的权利时首先注意到，律师的电话不是通常的服务提议（要约），而是提议到警察局来提供服务的夜间电话，如果嫌疑人不

---

〔32〕 *Meachum v. Fano*, 427 U. S. 215, 224 (1976).

〔33〕 *Id.* at 228.

〔34〕 *Id.* at 225.

〔35〕 753 F. 2d 178 (1st Cir. 1985)

仅知道律师要来，而且知道警察正在根据已经给律师的规则在第 11 小时作出变更，那么他的心理状态可能会受到很大影响。然后我们仔细探究了能够解释警察错误陈述的所有可能的版本，发现除了“故意的或极端不负责任”[36] 之外没有其他解释。我们于是支持了人身保护令状的请求，其条件是州法院没有同意重新审判。

最高法院在莫兰诉伯宾（Moran v. Burbine）案中推翻了我们的判决。[37] 在提出嫌疑人是否放弃了律师在场权利时，最高法院承认，知悉律师的电话可能有用，甚至“可能影响了他认罪的决定”，然而，宪法没有要求“警察必须向嫌疑人提供源源不断的信息来帮助他在决定是否说话时调整自己的利益或者坚持自己
293 的权利。”[38] 至于警察的过失，尽管“作为伦理问题应当受到责备”，却是无关的过失，因为“即使一位律师故意耍手段，也不一定会影响嫌疑人放弃其米兰达权利，除非他至少意识到是怎么回事。”[39] 米兰达规则所要求的警察应通知嫌疑人将律师联系他/她的努力的程度会产生警察知悉程度的问题，“否则米兰达规则就会在相当清澈的水域里制造泥沼”并扰乱“在这一决定中的微妙平衡”，因为“获得（在保护第五修正案特权方面的）最小利益……要付出社会的正当性的巨大代价和在保障承认犯罪方面的巨大利益。”[40]

我提出这些旧案的目的不是谋求读者认同我被上诉程序推翻的决定。现在的法律是由最高法院认定的。然而，如果我关于未来的观点有实质意义的话，那么一种更加完美的和受事实支持的对于个人权利与制度利益之间的平衡还有待形成。我们将看到，宪法要求法院所做的不仅仅是宣告，甚至更为痛苦的伤害不能启动正当程序保护，除非其本身具有某种“性质”（nature）；也不仅仅是参考行政者的传统特权；也不仅仅是认为防止警察向律师撒谎和防止揭露嫌疑人的谎言（concealing their lies from suspects）将会严重挫伤法律的执行。

第六节　社区的重要性正在冉冉上升

在介绍我的定位灯塔时，我间接提到了正在地平线上冉冉上升的价值，不过

〔36〕 *Id.* at 184 ~ 85.

〔37〕 475 U. S. 412 (1986).

〔38〕 *Id.* at 422.

〔39〕 *Id.* at 423 ~ 24.

〔40〕 *Id.* at 426 ~ 27.

还不是联邦法院或大多数州法院审判中的一个因素，那就是我所称的社会利益（community interest）。我所指的是社会在保护自身抵御不稳定性、不安全和分裂方面的自我利益，社会的这种状况是由于受到大量未受教育的、没有工作能力 294
的、依赖于福利的、不健康的、生活在功能败坏的家庭中的绝望的人们所产生、扩大和持续的威胁导致的，这些人太容易感染毒品和犯罪，没有参与、进入或忠实于社会的意识。

有两种方式来处理这种分裂和破坏性的势力以保护社会利益。一种是“划圈”的办法，根据是稳定和团结的社会成员对于安全的担忧和需要。我使用“社会利益”一词的是第二种办法，其言外之意就是社会志向意识，这是一种使社会有一种充当引导而不是强迫联盟角色的使命感。这种利益不仅是为那些最不幸的人们提供避难的“安全网”项目，而且是使陷入灾难和不幸的人们得以重新进入社会主流的途径和方法。如果我们不准备向阶级聚结的、精英主义的、反民主的、危险地分裂社会投降，那么最终的目标就是重新整合、参与、流动性和接近。当然，在一定程度上，这些目标是高级的，而对于那些有单独需要的是有帮助的，也满足了自由和平等的价值。然而，处在危机之中的基本公平和友爱却远非这些。

一、立法机构

一个民主社会实现这些目标的主要引擎是州和全国立法机构。法院从性质上不是决定使人们能够重新进入社会的物质和服务需求、数量及种类或者给予这些帮助的前提条件的机构。如果我们仅仅指望法院来赋予宪法的价值以生命力，那是一种危险的近视。从事国会研究的学者路易斯·费希尔（Louis Fisher）是这样描述唯一适当的焦点的：

> 法官与立法机构及行政机构分享定义政治价值、解决政治性冲突、
> 保护政治程序的廉正和效率的职责。宪法是一种程序，这一程序用于在 295
> 司法的竞技场内外挑战全国三个政治实体、州政府以及一般公众的判断和尽责。[41]

他引证了在废止种族歧视方面著名的判例布朗诉教育委员会（Bown v. Board

〔41〕 Louis Fisher, *Constitutional Dialogues: Interpretation as Political Process* (Princeton, N. J.: Princeton University Press, 1988), p. 8.

of Education）案[42] 及其后来的历史作为运用这一程序的一个例证。

> 在1954年发出废止种族歧视的判决时，最高法院在确立民权的方向上推动了一大步……
>
> 尽管最高法院在1958年仍然在最高司法者的位置上，但在朝着公立学校的统合方向上却进展甚微……最终扭转乾坤的是一系列立法的实施：1964年《民权法》、1965年《选举法》、1968年的《公平住房法》。反种族歧视的斗争要求所有三大机构尽职尽责的努力。[43]

我们可以希望国会和州立法机构能够意识到将一个人数众多且正在增长的下层阶级关闭在忠实于和分享社会的大门之外的危险性。即使他们不把握住主动权，仍然会存在法院与立法机构之间进行建议性对话或互动的可能性。为了探知这种可能性存在于何处，我们可以看一看联邦和州法院，看看宪法和普通法。

二、最高法院

最高法院最近介入向最需要的人群提供进入社会的机会的问题是在教育领域。1973年在圣安东尼奥独立学区诉罗德里格斯（San Antonio Independent School District v. Rodriguez）[44] 一案中，原告在物质贫穷的校区，不能获得州的实质性资助，有一个相比他们的贫穷而言物质富裕的地区能够为孩子提供一笔高
296 出许多的教育经费。他们主张这违反了平等保护权。最高法院拒绝承认教育是一种受德克萨斯州学校财政制度严格审查的基本利益，但认定了“绝对拒绝教育的机会”[45] 可能违反了平等保护的可能性，并且“某种程度的同等教育”[46] 可能是宪法所要求的最低限度。

第一种可能性在1982年普莱勒诉多伊（Plyler v. Doe）案中[47] 获得了通过，在该案中最高法院宣布一项德克萨斯州的制定法无效，该制定法拒绝承认未经登记（undocumented）进入（或非法进入）公共学校的适龄学生。该案判决的根

---

〔42〕 347 U. S. 483 (1954).

〔43〕 Louis Fisher, “The Curious Belief in Judicial Supremacy,” 25 *Suffolk University Law Review* 85, 113 ~ 14 (Spring 1991).

〔44〕 411 U. S. 1 (1973).

〔45〕 *Id.* at 37.

〔46〕 *Id.* at 36.

〔47〕 457 U. S. 202 (1982).

据是①绝对拒绝教育机会和②将拒绝教育机会强加于一个可疑的阶级（suspect class）的联合效果，因此这并不是最高法院改变其不愿介入学校财政领域的基本教义的信号。意见书的确给社会留下了位置，在指出先前的判例承认公共学校在维护民主政府方面所扮演的角色和传输我们社会的价值观的主要媒体之后，最高法院声明，“总而言之，教育在维持我们社会的凝聚力方面起着重要作用。”〔48〕

第二个可能性在多德里格斯案中仍然保留了开放态度，关于宪法支持最低限教育程度的理念在 1986 年帕普森诉阿兰（Papasan v. Allain）〔49〕案中再一次提出来，最高法院在该案中指出，一个尚未确定的问题是，“接受最低限度的教育是否为一项基本权利”以至于州立法在此方面的歧视性规定需要启用“高位的平等保护的审查”。

因此，我们最多能够把最高法院（及所有联邦法院）关于获得社会凝聚价值方面的立场的特征定性为：受摇摆和保守支配，但具有某些可能性的暗示。

三、州法院

（一）宪法

正如我们在第三章中所见，50 个州最高法院正在不断扩大视野并形成本州的宪法传统。在我列入社会价值观的领域中，新泽西州最高法院在一份开拓性的 297
意见书中认定，一个社会不能提供公平享受当地低收入住房的机会构成对州政府政策权力的滥用并违反了正当程序和平等保护条款。〔50〕

其他州也扩大了在教育领域提供最低限度机会的原则，弥补了联邦最高法院在罗德里格斯（*Rodriguez*）案中对这一原则的否定。詹姆斯·S. 利布曼（James S. Liebman）教授看到了一种更大的可能性，即在可以预见的将来，州法院可能出现非常大的差异。〔51〕据他的观察，不能确信——即使是间接地——州宪法会要求州政府在营养、居住或维持生计的最低水平，却会要求其承担提供免费教育的义务，并在某种程度上加以强制。〔52〕此外，几乎所有最近的立法规定了为所

---

〔48〕 *Id.* at 221.

〔49〕 478 U. S. 263, 285 (1986).

〔50〕 *Southern Burlington County NAACP v. Township of Mount Laurel*, 92 N. J. 158, 456 A. 2d 390 (1983).

〔51〕 James S. Liebman, “Implementing *Brown* in the Nineties: Political Reconstruction, Liberal Recollection, and Litigatively Enforced Legislative Reform,” 76 *Virginia Law Review* 349 (April 1990).

〔52〕 *Id.* at 368.

有学生提供最低限度的教育水平。[53] 他的结论是，这种强制标准的实施是“推断和强化一种符合民主社会正当性要求的提供符合标准的必要教育的义务的根据”。[54]

因此，州法院可以采用几种可能的途径。他们可以根据自己的平等保护条款判决在教育领域给予平等救济，认定州的最低标准立法已经形成了“基本”权利。他们也可以选择在解释本州平等保护条款时不受罗德里格斯案判决的拘束。他们还可以根据本州宪法中要求“免费公立学校”或“完全而有效”的教育制度的条款作出判决。[55]

这种州法院在宪法方面的率先行动有两个好处，一是在几个州的“试验室”中鼓励了相反的试验，二是避免了宪法在未成熟之前确定化。不仅州的宪法性判决维持在州内，而且比联邦政府受到宪法修订的损害更小。

（二）州的普通法

298 有的学者在探讨将普通法作为一种帮助最不利人群的渊源的可能性。查尔斯·M. 哈尔（Charles M. Haar）和丹尼尔·Wm. 费斯勒（Daniel Wm. Fessler）在他们的《错误的一辙》（*The Wrong Side of the Tracks*）[56] 一书中提出将一项第七世纪的古老普通法：“服务义务作为一种优先于联邦宪法求助的方法”。[57] 他们关注象水供应、下水道系统、路灯这类市政服务。他们的结论是，在几个世纪中司法意见书有四个主题：

第一，从服务于一种“公共需求”的原理中抽出获得正义的基本权利，这对于个人在社会中的生存十分重要；

第二，向所有人提供平等服务的义务是从“自然的垄断权力”中引申出来的，并且成为其受到承认的一部分；

第三，向所有的人提供相同的服务是“众所周知的赋予特权的权力”的结果；

---

〔53〕 *Id.* at 372.

〔54〕 *Id.* at 378.

〔55〕 *Id.* at 423～24. *See also* Molly McUsic, “The Use of Educational Clauses in School Finance Reform Litigation,” 28 *Harvard Journal on Legislation* 307 (1991); Richard J. Stark, “Education Reform: Judicial Interpretation of State Constitutions' Education Finance Provisions—Adequacy vs. Equality,” 1991 *Annual Survey of American Law* 609.

〔56〕 Charles M. Haar and Daniel Wm. Fessler, *The Wrong Side of the Tracks* (New York: Simon & Schuster, 1986).

〔57〕 *Id.* at 20.

第四，向所有人提供平等服务的义务是从“合意”中产生的，无论这种合意是明示还是默示的。[58]

所有这些都引致“所有处于相同境遇的人在提供公共服务的主体手中获得同等对待的正义/司法欲望”。[59]

为那些寻求进入社会及最低限度的参与机会的人以救济的程度依赖于普通法根据，正如上述作者所指出的那样，回避了宪法性决定的苛刻性，这些判决可以被州的立法修正或推翻，政府各部门之间就可以这样进行不那么紧张的对话。

尽管这些反思对社会的核心价值作出了充分回应并提出了自己推崇的方法，但是仍然存在一些问题，比如在面对主要的提议不统一的状况，是应当推迟行动，还是最高法院及其下级联邦法院是否应当迎难而上？特赖布教授在他的最后问题中这样反思道： 299

> 识别“一个开放社会中不可或缺的条件”的努力……与识别人类的基本因素——并决定哪些因素完全留待政治去保护而哪些要授权司法判决去保护——这一更大的事业不可分割……那一天终究会来到，即第五和第十四修正案下的一项普遍原则承认每一个人都有宪定权利在满足人类维持生存和安全以及健康、居住、工作、就学等基本需要方面受到政府符合体面水准的保护……然而，尽管仅仅只是一种总体方向，真实的到来仍然任重道远，但宪法领域的法律家却必须继续奋斗，提出更少笼统而更富有尝试性的工具。[60]

在此我们必须把棘手案件留给未来，但我们要明白正在探索的所达到的某种深度。

---

〔58〕 *Id.* at 200.

〔59〕 *Id.* at 228.

〔60〕 Tribe, *supra* note 13, at 779.

第十五章 关于未来

第一节 概 述

301 我们的州—联邦上诉传统作为一种古老的遗训，是一种受到维护并为之奋斗的开放的价值宣示以及如果要维护这种价值则必须采取的行动，在最后这一章，我不想过多地预测这一古老遗训在未来将发生什么。我所说的同样适用于州和联邦上诉法院，正如我在第三章中所强调的那样，我认为它们是“一个整体”。

我们首先要识别值得保存的上诉程序中的基本要素。然后要提出尚未实现的（积极事项）和对司法独立构成威胁的值得高度警觉的（消极事项）目标。最后，为了帮助实现上述两个目标，我们要朝着一种不熟悉的方向前进：我们放眼司法制度之外，触及我称为外在事项的领域。

第二节 保存基本要素

302 在这一点上，读者将欣赏到上诉裁判的独一无二的核心价值，使之在所有形式的判决形成中居于特殊地位，就象价值的比例、大小、结构、色彩给予泰姬陵和帕台农神庙以不同于其他建筑形式的特殊地位一样。

这些价值包括个人尊严、需要智慧的勤勉工作、与非常少的工作人员分享工作过程、对于工作的自豪感；人数少的同事群体的支持和丰富；能力——受制于在安排时间上的比例意识、将尽可能多的时间投入于必要的新型、复杂或“棘手”案件；发展和培育大范围的利益的动机；作为精髓的严苛而独立的内部氛围；相伴而生的尊敬和特权的外部标记。

联邦法院研究委员会1990年的报告令人沮丧，法官的数量将会无情地增长，因为案件数量在大幅度增长，而工作的质量将会下降，我在综合评论这一报告时，思索了“有效率的法官”的困境：

> 首先，法官在试图回应以下情况时有压力：无情增长的案件数量，发表所有意见书的要求，在更多案件中举行口头辩论的要求，日益增多的管理工作和委员会工作，加速增长的继续教育的流行，不断增殖的国会监督的咨询和听证经常导致新的义务和汇报要求，政府范围的道德限制的影响，限制法官从教学中获得报酬，禁止从学术性演讲或为学术期刊撰写完全属于研究性质的论文中获得报酬。[1]

如果有这样一位法官，自1945年以来她的产量已经增加了6倍，却仍然在努力增加产量，我问自己：

> 谁会愿意将自己余下的工作生命奉献给这样的职业？法官的薪酬不 303
> 仅在大多数成功律师的平均水平以下，而且长期跟不上生活成本增长的步伐，而生活条件和工作满意度却在滑坡，显然，许多能干的、善于思考的、创造性的以及有公众意识的法官候选人将不会浮现。经年之后，联邦司法制度将面临微妙的却是肯定的侵蚀。[2]

这一结论更适用于州的审判制度。因此我主张启动一个研究项目，其目标是不在于增加产出，而在于确定对于一位法官行为的配制（mix）、测量和估价会产生一种“善于思考的、创造性的、沉着的未来上诉法官能够和渴望维持高质量工作水准的可以信赖的局面”。[3] 只有这种质量取向的研究才会“保存一直受到珍视的司法制度的核心价值”，[4] 因此任何有远见的上诉判决的议程都应当与保存其实质的顶尖地位相一致。

第三节　上诉司法的日臻完美：积极的议程

我在本节的努力，不是建立一个应当改进上诉审判过程的有用步骤的长长的“购物单”，而是引导对更宽泛的问题的思考，试图在每一类问题中确定目标，并对实现这些目标提出一些有启发性的建议。

---

〔1〕 Frank M. Coffin, “Reasearch for Efficiency and Quality: Review of Managing Appeals in Federal Courts”, 138 University of Pennsylvania Law Review 1857, 1865 ~ 66 (June 1990).

〔2〕 *Id.* at 1867.

〔3〕 *Id.* at 1869.

〔4〕 *Id.* at 1870.

一、角色的理性化

在部分是经意、部分是幸运的超过两个世纪的发展之后，州和联邦法院系统都能够智慧地看待自己应当做什么了，二者的相互竞争和相互比较、借鉴其他纠纷解决形式也使之受益匪浅。

304 在我看来，州和联邦法院体系都有三个目标：其一，不应当被强迫接受不适当的案件；其二，不应当被要求进行不必要的审判；其三，不应当被迫处理不必要的上诉。

第一个目标，如果象我在第三章所主张的那样，将州法异籍案件转移至州法院（相应应受到资金上的支持），从而使四成甚至更多联邦初审法官解脱出来，专心处理联邦问题，则将极大地推进第一个目标的实现。[5] 其他步骤还将包括国会立法在联邦化犯罪方面的更多限制，这些犯罪在传统上主要是州法执行当局所关注的，更多地考虑了立法建议对于初审和上诉法院可能产生的影响。联邦审判人员过分关注判决指南所强加的细枝末节的差异，就是由于详尽的法典追求值得称许的目标所导致的司法资源不成比例地运用的一个例子。

避免不必要的审判要与其他形式的纠纷解决相配套，同时将某些事项的决定留待正式司法制度以外的决定者，比如切实独立的行政法法官和拥有完善而值得尊重的程序的行政机关。正如本书所写的那样，所有的联邦行政法法官——大约有 1100 人——都由 31 个联邦机构和行政部门任命并依赖于任命者，由他们处理涉及后者的案件。人们认为立法考虑到了这种法官在他们的司法职能中切实是独立的。[6] 如果这一目标能够达到，那么某些类型的诉讼就能够完全在行政机构这一级得到处理。其他类型的案件可以在一次（较多）或两次（较少）审理之后受到宪法第三条规定的司法审查。在任何情况下，都可以基于裁量权而在例外案件中保留上诉法院的审查。

过去，关于限制进入初审和上诉两级法院的建议直接针对的都是排除具体的
305 对象，诸如联邦系统的社会保障案件，而没有就确定应当满足的司法程序的标准进行制度性的努力，这些标准应当作为一种减少或取消全面（full）司法审查的前提条件。州和联邦法院系统所承受的压力已经达到了需要最敏感、最平衡、最

[5] I have made my argument in detail in my article "Judicial Gridlock—The Case for Abolishing Diversity Jurisdiction," 10 *Brookings Review* 34 (Winter 1992).

[6] *See* Debra Cassens Moss, "Judges Under Fire: ALJ Independence at Issue," 77 *American Bar Association Journal* 56 (November 1991).

有探索性的审查来作为替代性程序的程度。司法制度做到了（could）贡献它的专门技术和经验，然而十分清楚的是，那只是在一个较低的层次上。

二、程序的改进

第二组目标是改进上诉法院的表现。尽管上诉法院在近20多年来的巨大成就已有共睹，却仍然是可以改进的。

在此，目标仍然同等适用于州和联邦上诉系统，它包括：其一，改进处理上诉案件的方法；其二，改进对人员的利用；其三，对技术的适当利用。

正如在第三章所示，各州的中级上诉法院在发展处理上诉案件的不同渠道和程序方面积累了丰富的经验。联邦法院也采用了将上诉甄别为口头辩论或简易处理的新技术。有些法院创新了庭前（pre-argument）会议程序以简化争点或促成和解。最有效地利用法律助手仍然是一个目标，特别是在从事高质量的研究和制作最适当的意见书的时候。

一个长期讨论却从未完全推行的目标是，在上诉案件中区分哪些仅仅涉及初审法院所犯的错误，哪些涉及将会改变、形成或扩大法律。如果能够找到一种办法事先相当可靠地确定哪种类型——纠错或造法——适于给定的案件，那么那种仅仅涉及事实认定或死板的法律错误的案件就可以放入简化的、不发表意见书的快速通道。这一结果将会极大地增加作为终审法院的州法院和联邦上诉法院的产 306
量。州中级上诉法院已经在从这种方法中收获益处了。但必须做些工作和积累经验，看看两种类型的案件可以如何识别，事先的识别怎样才能可靠，错误的判断如何能够获得补救，以及效果是否能够为这一努力提供正当理由。

在改进程序和利用人员的任何努力中，司法机构自身都是主要的推动者。司法自助、愿望，以及法官和法院拥有特别经验的能力和帮助其他人的能力，都是主要资源。[7] 当我们谈到第三种改进亦即技术的适当利用时，对于充分的立法上的适当性的需求就变得十分明显了。

也许在法院组成和运作的其他领域，有开发技术这样的运动。1991年，州

---

〔7〕 The *Ohio State Law Journal* has published a series of articles, "Judges on Judging," beginning with my own article, "Grace Under Pressure: A Call for Judicial Self-Help," 50 *Ohio State Law Journal* 399 (1988). Other include Deanell Reese Tacha, "Judges and Legislators: Renewing the Relationship," 52 *Ohio St. L. J.* 279 (1991); Abner J. Mikva, "Statutory Interpretation: Getting the Law to Be Less, Common," 50 *Ohio St. L. J.* 979 (1989); and James L. Oakes, " Grace Notes on ' Grace Under Pressure,' " 50 *Ohio St. L. J.* 701 (1989).

法院明显进行了革新的努力，因为它们可以在较小规模上进行试验。[8] 但联邦法院系统也远非等闲之辈，现在他们用追加的人力资源启动了一个"关于自动化和技术的司法会议委员会"（Judicial Conference Committee on Automation and Technology）。尽管描述技术在上诉法院的运用就象瞄准一个移动的靶子一样，但不同的经验和试点项目已大致展示了上诉的未来轮廓：增加对宣誓证词、作证或甚至完整庭审的录像档案的依赖；由律师通过电子公告版发布法院意见书、庭审日程安排、规则和通知；某些庭审通过闭路电视举行；法官们通过电话会议或闭路电视进行合议；意见书在个人电脑上制作；意见书草稿通过电子邮件及时传阅；及时从作者的磁盘上打印获得同意的草稿。

在启动利用技术的目标时，我使用了"适当"（optimum）这个词，意即不
307 是"最大程度"。在我看来，我们面临着被技术吞没和牵着鼻子走的微妙风险。法官可能花费太多时间一遍一遍地播放庭审录像，或者可能试图重新考虑初审法官对于可信性的判断。电视录制的口头辩论或法庭合议可能带着某些对于问题或评论产生可怕效果的东西。Lexis 或 Westlaw 可能喷涌出比决定案件的需要更多的判例。利用电脑而带来的诱骗性的轻松可能使简洁让位于繁复和冗长。草稿的及时传阅可能下意识地刺激仓促回应从而以牺牲深思熟虑为代价。因此，撇开立法在装备法院方面的角色不谈，司法机构对于避免杜卡斯（Dukas）的巫师的学徒（Dukas's Sorcerer's Apprentice）的命运有着不可逃避的责任，这位仁兄命令用扫帚取水，却不知道如何止漏，留下这样一道悲伤的挽歌：

> "你愿意再成为扫帚吗？
> 小溪会在它下面永不停歇地流淌。
> 河流复河流，从我的贫穷穿流而过！"

三、结构的调整

只有在联邦和法院角色的理性化方面做过认真的努力之后，只有在尝试过实现技术和程序的适当效果的不断努力之后，才应当尝试增加法院结构这一令人望而生畏的问题。这也许对于州法院系统较少是一种"可能性"，因为已经有那么多州设立了中级上诉法院，在可以看见的未来看来会进行结构上的变动。在联邦法院系统，在最高法院下面设立一个全国性的上诉法院以解决联邦巡回法院之间

---

〔8〕 Jessica Copen, "Courts of the Future," 77 *American Bar Association Journal* 74 (June 1991).

的冲突，至少已经有 20 年的再生性（recurring）利益。创设专业法院和在已有的 13 个巡回法院之外再增设巡回法院也会有权宜性（spasmodic）利益。

我自己对于联邦系统的目标的描述是：①不进行不必要的审级增加；②不进行不必要的巡回法院或专门法院的增殖；③不进行不必要的司法人员扩编。巡回 308
法院之间的冲突的范围和严重性再次成为研究课题。根据研究结果，我会提出如下建议：首先，鼓励巡回法院遵循指南，以努力避免严重的冲突；其次，如果这些努力不能实现，则召集一个由来自不同巡回法院的巡回法官组成的特别法庭，以清理积案；再次，如果严重的冲突每年继续增加，则需要最高法院亲自探究是否能够改进其选择其听审的案件，从区域性的或特别的谷糠中挑选出具有全国重要性的谷种；最后，如果所有其他尝试都失败了，那么唯一的考虑是创设一个新的全国性的上诉法院来处理非宪法性的冲突。

最后，我们必须认识到，结构的变化尽管有司法意见书和专家提供的信息，却仍然不可避免并且适当地要受到国会的关注。

四、法官生活的质量

与对于上诉传统在发展中保持其精华的强调相一致，我也收入了上诉法官的质量，这在积极的议程上也是一个关键的目标。

按照我的观点，同样是提到州和联邦系统，有三个目标：其一，适当的步调、装备和人员支持；其二，补偿和福利充足到可以吸引和挽留高质量的法官；其三，与维护高质量产出的可能性相符的综合案件负担、管理义务和继续教育。当那些年轻人被任命为州和联邦法官时，为他们提供某些阶段性的新手教育假期，有点象学术休假，这将是至关重要的因素。

在所有这些事项中，立法机构都有最后发言权。简而言之，在我们所确认的这四个中的三个涉面广泛的积极努力中，国会或州立法机构都将是关键性的重要 309
因素。唯一的例外是改进程序；即使在这项努力中，涉及使用新技术的改进也要求立法机构以拨款的方式给予支持。

第四节　对司法独立的威胁：防御性的议程

我们现在来讨论的不是由我们希望法院和法官们做的积极的想法而是由联合构成对司法独立的威胁的势力和态度所设定的议程，这种威胁是州和联邦法院都面临的，有些已经表面化了，而有些却比较微妙。决定将法官降低到萎缩（impotence）状态的并不是象乔治三世这样的权力，我们联邦和州宪法都宣称自己的法官独立，这是我们政府信条的内核。

威胁来自于各式各样的意图明显的项目、政策以及法律。聚集威胁的每一种元素都有其存在的正当理由。这种反面（hostile）影响并非都来自于司法机构外部，我们有时也有一种自我伤害的人性倾向。它们汇在一起日复一日就可能侵蚀工作中的满足感，积累成为与司法工作无关的压力，成为更好地工作能力的障碍，而更好地工作需要汲取几个世纪以来殖民时期和独立之后逐步建立成为我们的传统的那些精华，我在这里提到的传统，是指我们整个法院体系，包括州和联邦，初审和上诉。

一、行政性负担过重

第一个司法外的压力来自于系统本身，法官要投入大量时间服务于本院的委
310 员会或小组委员会、法官理事会、司法会议或者筹划工作坊、隐退（retreat）所、研讨会。1992 年，229 位联邦地区法官和联邦法官参加了联邦司法会议下的 27 个委员会。保守一点说，法官们现在花费在本院内准备会议、从事研究、出席会议以及作报告中的时间要占 1/4 到 1/3。

作为一种成熟并且正在日益扩大的系统，它形成了一种增加行政性负担的引擎。法院、理事会或会议一级提出想法，委员会则来检查它。可以预见，问题会比最初想出来的时候更严重、范围更广。必须研究其替代性的方法。合同是在律师或学术专家参与的情况下制定的；问卷是循环的；报告提交了并且最终获得了同意，而却已开始了另一系列的程序、准则、标准、指南、报告要求。

我的重点不在于抗议这种方法的职业主义对于真实问题的处理，而是警戒推动（impulse）仍在起作用的确定的事情，因为每一种新的行政性或与案件无关的变动或者功能都是有代价的，这种代价是用法官们减少可以思考案件的时间来量度的。没完没了的忙碌是一种病毒，它会消耗宁静。

二、立法过度

国会和州立法机构偶尔会背离他们正常的设定政策目标的立法方法，而试图通过细微的法条来预测每一种可能性。或者，他们可能动机良好地赋予立法以不可预测的效力，这种效果给法院系统强加了一种未计划的和实质性的额外负担。
311 我称前一种情况为失常微观管理（micromanagement），而称后者为短视（myopia），或者简单地说是近视。任何一种情况对于司法制度的效果都是糟糕的。

（一）失常微观管理

当立法机构试图进行微观管理时，结果往往是与立法的目标背道而驰的。比如，国会制定《快速审判法》（Speedy Trial Act），设定必须审判刑事被告的具体时间限制，其效果不仅制造了大量关注是否应当计入时间期间的案件，而且在许多地区法院将民事审判拖延到了等于拒绝任何审判的程度。我曾提到过 1984 年《判决改革法》（Sentencing Reform Act）导致异常细碎的判决指南的发布，引起初审和上诉审的诉讼大量增加。由于该法案强制性的最低审判条件所引起的其他后果，还有有罪辩诉交易实质上的已消失和对大多数琐屑案件的庭审。

另一个立法是在没有任何法官参与的情况下起草的，有剥夺初审法官在管理案件的每一个关键阶段的许多自由裁量权的危险，1990 年《民事司法改革法》（Civil Justice Reform Act）颁布之前与委员会成员之间进行的唯一广泛的协商（negotiation）避免了一个本来会导致微观管理的经典例子。州立法机构也有类似举动，不仅仅是削减州法院的财政预算，而且具体规定了应当削减预算的项目，剥夺了州法院在设定自己优先项目方面的所有裁量权。

（二）短视

立法过度的第二个分支被我不友好地称为短视，这发生在立法者谋求提前置入一种必定会涉及诉讼和法院的有价值的目标，与多数这类立法相关联，法院的活动都是适当的和可以预期的——没有不适当的紧张。关于保护消费者、职业安
全、环境、信息自由的法案都是例子。还有一些立法，当立法者提议抑制可恨的 312
犯罪、不支付孩子抚养费、配偶对妇女的虐待，或者通过参与军火或州际贸易而使暴力犯罪成为联邦犯罪，这时就有不适当干预联邦法院的危险。

有一个狭窄的出路就是，在一次立法会议行将结束的时候（waning days），国会在儿童牛痘疫苗保护法中加进了一个条款，要求法官决定要求赔偿的请求人由于他们注射牛痘疫苗而导致生病或死亡是否符合赔偿的条件。这不仅会要求初审法院增加三四百特殊的雇员，而且会导致上诉如潮。这种立法从来没有征求过司法部门的意见。最终，在一年时间令人绝望的谈判之后，风险转移了。[9]

我不是想说微观管理或短视已经成了习惯／惯例。然而，当我们在反思压力和州立法机构和全国性的国会中对制度内存／记忆的侵蚀时，这类立法越来越成

---

〔9〕 Robert A. Katzmann, ed., *Judges and Legislators: Toward Institutional Comity* (Washington, D.C.: Brookings Institution, 1988), p. 7.

为正在增长的担心的一种来源。在州立法机构中，不仅常设性工作人员力量单薄，而且工作人员和成员的更换也十分频繁。此外，州立法机构中法律家成员的数量非常低，低到经常没有足够的法律家在处理法院事务的委员会中充任领导。[10] 在国会中，工作人员的交替也占很高比例，成员的退休急剧增加，而委员会的责任也分散得很弱了。一个结果就是，在简明扼要的报告和提案中的许多细节都是通过工作人员之间的协商来解决的。[11]

制度内存/记忆的侵蚀所内含的危险是一种制度性迟钝，会导致对分权的精神——如果不是符号的背离。

三、司法行为监视：过度杀伤？

313 对司法独立的另一威胁存在于对法官行为的过度监视。当然，涉及案件管理和决定的行为必须受司法审查。司法外行为也应适当地受到严格的行为规范的规制。然而，看一看自1970年代以来强加于州和联邦司法机构的限制范围和程度，人们会看见一些设立额外的纪律机制的令人警惕的提议。

（一）州系统

首先提及州系统，我们注意到47个州和哥伦比亚特区已经在实质上采纳了《法官行为模范法典》（Model Code of Judicial Conduct），还有3个州颁布了自己的规范。[12] 这一系列标准在1972年之后的短短时间内迅速成为现实，它们规制着法官在司法程序中的行为，也涉及言论/演讲（speech）、商务活动、参与民事或捐赠行为、政治和其他协会。1990年美国律师协会采纳了一个新的模范法典。这一法典现在正在考虑之中，而且各州已经采纳，但是由于20多年来关于法官行为的实质性判例法的存在，可以想见这一过程将花费相当长的时间。[13]

---

〔10〕 Remarks of Chief Jusice Randall T. Shepard of Indiana in panel discussion, "Building Bridges Instead of Walls: Fostering Communication Between Judges and Legislators," 75 *Judicature* 167, 169 (October ~ November 1991).

〔11〕 I have reported on these forces in my chapter "Working with the Congress of the Future" in *The Federal Appellate Judiciary in the 21st Century*, Cynthia Harrison and Russell R. Wheeler, eds. (Federal Judicial Center, 1989), p. 199.

〔12〕 Much of the following information concerning state policing systems is based on a chapter by Professor Jeffrey M. Shaman, " Regulation of the Judiciary: The State Commission System," in *Ethics in the Courts: Policing Behavior in the Federal Judiciary* (National Legal Center for the Public Interest, 1990), p. 47.

〔13〕 Lisa L. Milord, "Adoption of the 1990 ABA Model Code of Judicial Conduct: A Progress Report," 14 *Judicial Conduct Reporter No. 1* 1, 6 (Spring 1992).

所有州和哥伦比亚特区都有执行机制。从1960年加州开始，各州已创设了法官行为机构，所有这些机构都有大量的——如果不是主要的——法律家会员和作为法律外行的公民会员。夏威夷没有法官会员。在法官行为法典、警察设备和判例法不断增长的这20年中，国家法官学院已经就法官伦理出产了四版教科书——1973年、1975年、1982年、1992年。美国法官协会（American Judicature Society）已经自1978年以来刊出了《法官行为报告》，包括论文、判例注释和评论。

在某些地区对于州委员会威胁司法独立引起的一些不安，我感觉到一种普遍稳定的情形，几乎不需要额外的机制。对于州司法人员的独立的真正威胁仍然在
其参与资金、法官初选或留任竞选的准备、特别是党派等方面保持着强大力量， 314
使任何法官风纪机制都相形见绌。

（二）联邦系统

联邦系统有类似的现象，也许诉诸于立法的更多加广泛：

——1970年联邦司法会议创设了“法官行为顾问委员会”（Advisory Committee on Judicial Activities），向法官提出涉及伦理细节的任何行为的建议。最初由德高望重的第五巡回法院的前首席法官埃尔伯特·帕尔·塔特尔（Elbert Parr Tuttle）担任主席，被誉为“亲爱的Abby”委员会。我曾荣幸地为该委员会服务过。该机构后来成为行为模式法典委员会，提出了将近90个公开发表的意见和几百份未发表的建议备忘录。

——1973年更新了长期适用的联邦法官行为法典，利用了当时新出台的美国律师协会模范法典。

——1978年通过了《政府中的伦理法案》（Ethics in Government Act），要求法官和其他两个政府机构的高层官员提交他们的财政状况和交易行为的年度报告。设立了法官伦理委员会来审查法官和司法部门的其他人员（现在已超过2000人）的报告。填写报告的说明长达48页。

——1980年国会通过了司法理事会改革暨司法行为及无能力履行职务法（Judicial Councils Reform and Judicial Conduct and Disability Act），设立了投诉法官的处理程序。一些投诉如果是琐屑轻率的（正如多数投诉后来被证明的结果一样），可以由本巡回区的首席法官处理；其他案件必须由特别调查委员会进行调查（examine）并由一个巡回区的法官理事会审查，还可以进一步向“审查巡回法院理事会行为和无能力裁定的司法会议委员会”（Judicial Conference Committee to Review Circuit Council Conduct and Disability Orders）上诉。而且，在那

315 些要批准弹劾的案件中，该事项要由司法会议提交美国众议院。所有巡回区都采纳了执行这一制定法强制规定的规则，除一个之外，其他全部都采纳了一系列统一规范。1990 年国会审查这一制度的运行状况时，提到了对《二十世纪的资金》中任务量的发现，认为该法案运行良好但还有一些改进的余地，并作出了一些矫正性补充。一个主要的发现是，需要这一体系的公众意识（public awareness）。[14]

——1989 年《伦理改革法案》（Ethics Reform Act）确定了法院可以赚到的外部收入的上限，并禁止因为演讲和论文收取报酬。还颁布了宽泛的规范作为该制定法的补充。

——1990 年“司法会议关于行为法典的委员会”（Judicial Coroference Committee）根据新颁布的 1990 年《ABA 模范法典》（Model Code of the ABA）审查了《联邦法官行为法典》（Code of Conduct for Untied States Judges），提交了修改由司法会议制度所颁布的旧立法的提案。当下，法官行为限制的遗骸不仅构成了法官法典、修订本，而且构成了为法院书记官和代理书记官、遗嘱案件和审前程序的服务官员、幕僚律师、联邦公立辩护人以及法律助手单独制定的规范；231 页发表的建议意见；10 个关于法官行为的单行制定法；11 个单行的联邦司法会议的解决方案；以及大量的规章制度。

正是在这种法律、规章、报告、执行机制不断加码的背景下，法官们看见了 1990 年立法设立了“关于法官纪律和革职的全国委员会”（National Commission on Judicial Discipline and Removal）。在半个世纪（1936～1986）没有联邦法官被弹劾的时期之后，3 年之内有 3 位法官被革职，另外 2 位法官受到刑事指控。3 次弹劾程序都给参众两院造成了大量时间和精力投入。因此，1980 年代后半叶看到了一批立法建议，呼吁补充宪法以设立弹劾的快速通道，将法官的轻罪判决
316 自动作为革职理由，替代法官的终生任期，甚至让法官受罢免（recall）和规定由司法机关内部的一个实体或者独立的委员会作出革职决定。

沿着这些路线，国会选择了由 13 人组成的委员会，与总统、众议院发言人、参议院议长、首席大法官、州首席大法官会议指定的成员一起，在一年半的资料收集之后，进行了研究、听证和商讨，于 1993 年 8 月 2 日发出了报告。

---

〔14〕 House Report No. 512 on the Judicial Improvements Act, 101st Cong. 2d Sess. 11, reprinted in 1990 U. S. C. C. A. N. 6879, 6889.

报告首先断定，任何替代弹劾而导致法官离职或停薪的方式都需要修订宪法。[15] 它还发现，根据1980年法案提出的投放和纪委处理，包括它的“最重要收益……它对法官不端行为和无能问题的非正式解决的推动力量”，都合理地运行良好，“没有什么委员会所意识到的替代性纪律制度会比有效的非正式解决更有潜力”。它感到，既存程序所服务的基本目标是“在司法独立与问责之间拉动绳索”。因此得出结论：提议“不仅要替代现行弹劾程序而且要更换1980年法案”是不必要和不明智的。[16]

尽管委员会拒绝了激烈的行动，但它为众议院、参议院、司法部在劳动装备和提高效率方面改进程序提出了建议，还规定了立法部门对司法机构进行阶段性的监督（oversight）。对于司法机构，它建议更多地披露投诉案件和处理结果，在司法机构内部，以及与州和联邦检察官、国会的对口委员会之间更多地分享信息，更多地进行关于投诉程序的公共教育，提供更多统计报告。

因此联邦司法机构明显地受到这些最新刺激，没有遭受对其独立性的严重威 317
胁。然而，行政性负担和国会的驾驭已经再一次袭来。

四、州法院的慢性抽资

我们在第三章已经看到，年复一年的赤字创伤和由此导致的开支缩减和对州政府的司法部门在计算和拨款时的紧缩，对于州法院系统产生了深入而广泛的影响，就象独立的部门仅仅是行政部门的另一个不独立的机构一样。这种影响已经成为对独立的州司法机构的一种威胁，他们还没有象联邦系统那样享有独立性。

这一切的意义何在？在我看来，我们已经进入了一个新时代，政府部门之间的关系正在发生变化，迫使我们在保持各部门的独立与完整的同时寻求应对这种变化的新途径。这是一个制度敏感而脆弱的时代。州立法机构面临着工作人员不足、竞选成本日增、无情的个别问题和特殊利益游说、铺天盖地的媒体的扭曲效果，承受了日益增加的责任和持续不断的要求。州行政机构承担了令人望而生畏的初期任务，他们要应付一种普遍的预算紧缩，联邦范围广泛的社会服务基金的抽回加重了这一局面。

然而，州司法机构的敏感和脆弱是最突出的。他们要面临选举过程的压力之外，还要面临不停增长的案件负担和伴随而来的压力、在法官薪酬与律师收入的

---

〔15〕 *Report on the National Commission on Judicial Discipline and Removal* (Washington, D. C., August 2, 1993), p. 5.

〔16〕 *Id.* at 6.

经常不成比例，以及人手、设备、空间方面的不充分。州法院系统从诉讼费用、罚款和罚金中获取了一部分对总成本的补偿，但这对于州的预算的影响是微乎其微的，而只是应付了一而再再而三的象行政部门的一个机构一样的过分削减。他们现在到了一种其独立性和司法质量危在旦夕的地步。

加州的首席大法官马尔科姆·M. 卢卡斯（Malcolm M. Lucas）用了这样一段话来描述这种威胁：

> 318 我们不能等待地方长官或立法机关传来消息说我们必须“正如每一个其他的州机构一样”削减开支。如果我们这么做，我们不仅要冒丧失我们所需要的金钱的风险，而且要冒损害法院作为一个独立的政府部门的地位以及我们基本能够实现我们之所以设置的职能的风险。[17]

美国律师协会关于“司法系统资金的特别委员会”（Sepcial Committee on Funding the Justice System）自最近对全国州法院的调查中得出结论认为，“美国的司法系统已陷于困境（siege），其存在本身已受到前所未有的威胁。”[18] 这一报告的特征是“呼吁采取行动”，采取一个律师界发动的、受公民广泛支持的形式来“司法／正义联盟”（Coalition for Justice）。来自这样一个实体的忠告把我们引入了最后的话题。

第五节　新的角度：外部的议程

传统上，州和联邦司法机构都是向内寻求改进运行的办法。当然，他们已经找到了处理国会拨款和各种司法委员会的办法，法官们也经常参与律师协会的活动，但他们的议程基本上是内在的。然而，我们在本章中已经看到，相当多的问题已经超出了司法机关的控制范围。实质上，关于“积极的”和“防御的”议程的术语——除程序上的改进之外——都需要其他两大部门的支持性行动。这种行动如果没有来自民众的有效的和集中的支持可能无法发生，而这种行动反过来又是会成为人民深深理解他们的法院体系的需求和问题的基本前提。因此要从新

〔17〕 Malcolm M. Lucas, “Is Inadequate Funding Threatening Our System of Justice?” 74 *Judicature*, at 292 April-May 1991.

〔18〕 ABA Special Committee on Funding the Justice System, *Funding the Justice*: *A Call to Action*, August 1992, at 3. *See also* “Excerpts from a Report by the ABA Special Committee on Funding the Justice System,” 32 *Judges' Journal* No. 1, at 7 (Winter 1993).

的角度来看待这种需求，而这些新的角度都是在司法机构自身之外的。

一、州与联邦的友善关系

本书的很大篇幅都强调了将所有与司法行政相关的需求作为他们自己关注的 319
内在问题，比如改进和加强州法院系统中包含的利益就象在保护和改进联邦法院系统中所包含的利益一样。外在的议程要从两套系统共享关切、愿望和策略入手。

这种开端自建立“州和联邦法院全国法官理事会”（National Judicial Council of State and Federal Courts）之时就已开始，该理事会作为全国性的协调、组织、鼓励和加强当地的州联邦法官理事会，并从事体现州和联邦法院共同利益的教育项目。在州的方面，有州法官协会、州法院全国中心、首席大法官会议。在联邦方面，美国法院行政办公室设立了联邦-州司法关系同盟理事会，联邦法官中心设立了法官内部事务办公室，联邦司法会议有一个常设的联邦-州司法权委员会。

然而在组织性桥梁之外，还必须改变法官、律师、法律院校——学院和大学、公共利益群体、民间组织、媒体、国会、地方长官和州立法者的思维体系。必须树立我们拥有由第一级和第二级构成的“两级法院体系”（two-tier court system）的概念。* 我们必须回到汉密尔顿的“一个整体”的概念。

二、司法与立法的沟通

正如本章所示，能够为法院系统所做的大多数积极事情和应当消除的对司法独立的大多数威胁都取决于国会和州立法机构。司法和立法部门都面临着问题和
压力，需要重新思考并祈愿尝试一种相互交往的新路径。 320

1986年我试图把自己放在由85篇文稿汇成的《联邦党人文集》（*The Feeleralist*）的作者麦迪逊、杰伊（Jay）和汉密尔顿的位置上，我设想，如果他们试一试动手写关于司法机构与国会之间关系的第86篇文章上，他们会怎么说。这就是他们开头说的话：

> 司法机构与国会不仅没有就各自最基本的关切进行沟通，而且不明白如何才能适当沟通。立法者制定法律时没有考虑他们强加于法院的负

---

* two-tier court system在审级制度的意义上可译为“两审终审制”或“两级审判的司法结构”。但在这里显然是指州和联邦两级法院体系。——译者注

> 担以及法院可能怎样解释。悖论在于，当司法机构行使国会赋予他们的权力时，他们被责骂为权力饥渴。立法者只能阶段性任职和接受改选，他们怀疑终身制的法官同仁，对他们抱有敌意，随时准备限制和挫败他们的安全感。
>
> 法官们则站在自己的角度，面对日益增加的职责和对他们行使职责的批评，对于任何伴随而来的限制和影响他们生活和工作的标准降低变得敏感，他们处于丧失宪法所赐予的尊敬、宁静和独立的危险境地。我们所描述——如果不是激烈的批评——的状况是一种慢性的、使人日渐虚弱的发烧。[19]

俄勒冈州最高法院的前大法官汉斯·A. 林德（Hans A. Linde）指出，相比联邦法官，“州法官积极参与政策制定的过程较多地被认为理所当然而较少有争议”。[20] 不过，适当的沟通仍然是一个问题。州法院全国中心和州立法者全国会议在召开 1989 年的一次会议和后来就立法与司法关系的工作坊中有过合作，强调了双方需要“新的伙伴关系”。1991 年美国法官协会（American Judicature Society）在其与一个小组的年度会晤中，部分地致力于联邦与州法官以及联邦与州立法领导主题的讨论。[21] 而政府官员研究所（Governnance Institute）——我是
321 其中一名领导——正在与州律师协会进行深层次合作，研究建立法院与立法机构之间的桥梁，同时研究国会领导和联邦法院在开辟趋向同一目标的项目中的作为。[22]

联合开发的主题范围可能包括适当和不适当的沟通方法、如何及时地沟通以预防问题出现、如何确定立法对于法院系统可能产生的影响、如何引起委员会工作人员注意在法院意见书中揭示的制定法问题、如何标明更清晰的立法过程、如何改进在法官任命时的“建立和同意”过程、如何发展与立法领导人、成员和

---

〔19〕 Frank M. Coffin, “The Federalist No. LXXXVI on Relations Between the Judiciary and Congress,” 4 *Brookings Review* 27 (Winter/Spring 1986).

〔20〕 Hans A. Linde, “Observations of a State Court Judge,” in Katzman, ed., *supra* note 9, at 117.

〔21〕 Shepard, *supra* note 10.

〔22〕 Besides Katzman, ed., *supra* note 9, Governance Insititute work includes Robert A. Katzmann, “Building Bridges: Courts, Congress and Guidelines for Communication,” *Brookings Review*, Spring 1991, at 42 ~ 50 (based on the supplementing colloquium at the Wilson Center); Robert A. Katzmann, “Brdging the Statutory Gulf Between Courts and Congress: A Challenge for Positive Political Theory,” 80 *Georgetown Law Journal* 653 ~ 69 (1992) (reporting on statutory housekeeping project); Frank M. Coffin, “Communication Among the Branches: Can the Bar Serve as a Catalyst?” 75 *Judicature* 125 (Ocotober ~ November 1991).

工作人员之间的最有用的关系。这一范围尽管列举了话题的一部分，但对于改进立法和司法部门的功能而不牺牲任何一方的完整性具有广泛的潜在意义。

三、司法与行政的关系

司法与行政部门的关系要比司法与立法部门的关系受到的关注少得多。这也许反映了一种意识，即司法机构的命运对拨款、法律、法院取向立法的来源的依赖要大得多。然而，忽略建立更好的与行政机构沟通渠道的必要性可能是一种错误。

在联邦层次上，司法部可能是关于立法提案的可以预见的影响的最重要的信息来源，也是法院在整体上所需要的一位发言人。联邦政府及其行政机构在数量上至少构成联邦法院事务的1/3，而在重要性上所占的分量更高。莫里斯·罗森堡（Maurice Rosenberg）教授在提到这种介入的程度时指出，“这使得联邦政府的行政机构——司法部——有必要对法院如何工作感兴趣。”[23] 而司法部一方面 322
在其检察角色中可能被怀疑提出了部分建议，另一方面，设立一个关心司法行政的整体功能的办公室，比如在卡特（Carter）执政时设立的受丹尼尔·米多尔（Daniel Meador）教授领导的改良与司法行政办公室，也可能洗清这一污点。这样的工具现在也有，比如在克林顿执行时的“政策发展办公室”。

在州那方面，行政与司法的关系很明显是极端重要的。我们所提到了地方长官对于预算危机的反应就证明了这一点。设计与行政长官办公室以及与关键的预算、司法、校正官员之间及时沟通的渠道，可能要比哭穷和启动诉讼要有效得多。

四、公民代理人

即使州和联邦系统的司法机构追求共同目标并且尽其最大努力改进与立法和行政部门的沟通和关系，但他们在某些问题上最终还是要面对不协调、敌意、偏见的态度，或者来自某些有势力的利益群体占有优势的较量。当这些情况发生时，司法机构就会发现自己的无力（powerless）。即使能够发现一种产生力量/权力的途径，对于法院而言也会是不适当的方式。

看来已到了这样的时候了——来自国会立法机构、地方长官的压力是如此巨大，而对于维护高质量的司法独立的威胁如此真切，以至于联邦和州的司法机构需要公民代理人（surrogates）。我所指的公民代理人意思是一个非党派看门狗（watchdog）意味的公民组织，他们受媒体和公民的普遍尊敬因而能够使自己关于影响法院的最致命问题发出的声音为人所听。

---

〔23〕 Katzman, ed., *supra* note 9, at 176 ~ 77.

323 1991年5月，我在给一家新罕布什尔州律所发起的关于三大部门之间关系的会议上发言（后来刊载于《司法》杂志上），[24] 我指出（suggested）有组织的律师界担任的角色是“催化剂、刺激者、同盟者和引导者”，而不是法院与立法和行政部门之间高高在上的调解人（exclusive intermediary）。它本来可以帮助建立一个代表教育、工商会所、有组织的劳工和农民、媒体、神职人员、公益组织、有色人种和其他少数派、甚至穷人、无家可归者，还有那些其他处于不利地位的人的更加广泛的组织。

现在得天独厚的美国律师协会关于司法系统资金的特别委员会已经认可了这一概念，号召州和地方律师协会组成“行动委员会”作为引导一个有更广泛基础的“正义/司法联盟”的催促剂，以营救“整个司法制度充分和平衡的资金”。[25] 如果这种运动实质化，我怀疑（suspect）它的关切会跨越充分资金以外的法院问题。

在联邦的视频上，似乎获得有效代表的最好的希望存在于这样一些组织，如美国律师协会、美国初审律师学院（American College of Trial Lawyers）、美国法律院校协会（Association of American Law Schools）、联邦法官协会（Federal Judges Association）、商务圆桌（Business Roundtable）、美国劳工总会与产业劳工组织（AFL－CIO）以及其他工会或商会，“共同条款”形成的网络也会偶尔推动一些重大问题。

五、教育的扩大

与外界议程相链接的最后一个链条在最广泛的范围中拥有最远期的目标，那就是需要教育公民在普遍意义上了解法院的价值、需求和问题。我们已经意识到法院向他们敞开着大门执行他们繁多的权利。然而，从公民们能够欣赏案件的风
324 险或行政负担过重、过度的监视、微观管理、党派选举，或在资金不足的状态下维持生计这些意义上，我们不是司法制度过敏者（justice-system-sensitized）。

在这些领域，法官们能够作出他们自己的重大贡献。要承认，法官们必须矢志不渝地保持尊严和独立。然而，他们最了解他们所致力的价值和对那些价值的威胁。美国众议院司法委员会在审查《1980年法官理事会改革与法官行为及无能力法案》（1980 Judicial Councils Reform and Judicial Conduct and Disability Act）

---

〔24〕 Frank M. Coffin, “Communication Among the Branches: Can the Bar Serve as a Catalyst?” 75 *Judicature* 125, 126, (October ~ November 1991).

〔25〕 ABA Special Committee, *supra* note 18, at 26 ~ 28.

执行情况的报告中引证了需要由司法机构进行教育扩大活动的一个具体例子。这一委员会担心缺乏公众意识，但承认“作为一项立法方案，要求司法机关进行扩大的努力将会是困难的”。它做了第二件最好的事情：小组委员会主席和少数派成员写信给巡回区的首席法官，建议他们通过“公众和律师界知道的项目”提出问题。[26]

如果国家的每位法官都能够花费自己每年的部分时间去学校、大学、工人或雇员组织发表演讲，在俱乐部和电视广播服务，那么经年之后将会建立起一个理解和尊敬的“水库”。其他的也是教育任务的一部分。初中、大学、法学院都能够有所贡献。报纸、杂志、广播、电视的记者自己也能够受到教育和感染，因为真正了解真实情况的关于法院系统问题甚至案例的报道太少了。

最重要的一点是，州和联邦法院必须在自己拥挤的议程中为教育的扩大留出余地，必须获得专家的建议，必须设计一个将他们的理由带给人民的项目，因为那也是人们的理由——将在最后进行分析。

当我们盯着我们的水晶球试图辨认未来的轮廓——不仅是两个世纪以来形成
的上诉传统的未来而且是整个州联邦法院体系的未来——时，我们看见了几个变 325
化的领域。首先，当我们观察其他法律体系时，我们认识到我们生活在一个日益缩小和相互依赖的世界上，其他的体系特别是新近出现的区域性国际法庭中的发展将会对我们发生某些影响。其次，我们可以预见州与联邦系统之间日益增加的互动，同时各自都从成功的创新中收获了益处。再次，我们知道州和联邦司法机构内部的加速努力以及他们支持制度改进司法过程都将产生巨大的收获。司法自助的潜力是巨大的。

然后，最后我们也看到了州和联邦法院对于政府立法和行政部门的依赖，同时看到一种在保持和改进允许一个独立的司法机构自下而上和繁荣的条件中扮演积极角色的需要正在逼近。在实现这一使命时，公民在一般意义上的广泛而深刻的理解和公民组织作为关切的代理人更加集中的努力是至关重要的。当我们迈入新千年时，也许我们的关键问题是公民中的大多数及其最低限度的代表性组织是否能够共同努力，以保障我们独一无二的和经历了时间考验的传统。

---

〔26〕 House Report No. 512, *supra* note 14, at 6889.

附录：历史中的上诉理念

327 我个人的观点是，我们自己的上诉制度在涉及律师和法官两方面都提供了世界上最全面和最精致的“第二次机会”，但我们站在了先辈肩上。

我们从先前的上诉中获得了诸多教训。首先，我们了解到，上诉司法不仅是一个古老的而且也是一个脆弱的制度。没有什么永恒的保障，也不是理所当然。高度发展的制度连同容易获得的职业法官和记录在案的诉讼程序已经发展到转瞬即逝的状态。上诉几乎不为人所知或者最多只是一种从主权者那里寻求的恩赐的时代一去不复返了。渐渐地这种理念以几种形式萌芽，经过千年之后发展成为我们今天的制度。我们认识到我们所拥有的一切来之不易。

其次，我们了解到，在太阳下极少有什么是真正的新生事物。比如当代对于替代性纠纷解决途径的兴趣是3500年以前出现的某种理念的复兴。对于过去的了解可能有助于我们不仅避免错误而且能再现昔日的成功。

328 最后，司法制度和程序在时间长河中的缓慢变化，为我们本时代的变化做好了准备，因为新制度和欧洲及其他地方程序的发展——这些都为我们自己的国民及企业提供了预兆。国家之间的交流和正在增强的相互依赖已经突破了旧的边界。古老的传统正在软化，脆弱的区别正在混淆，而新的传统和惯例/制度(institution) 正如雨后春笋似的生长。

第一节　古老的文明

上诉传统可以追溯到4000年至6000年之前我们称之为近东几个非常发达的文明社会。[1] 最早的法官概念也许是部落首领（tribal leader)，就象《旧约·士

---

〔1〕 本节中关于历史的很多评述，受惠于约翰·H. 威格莫尔（John H. Wigmore）的《世界体系法律概论》（*A Panorama of the world's Legal Systems*, *Washington*, *D. C.*: Washington Law Book Company, 1936）一书。没有特别指出之处即来源于威格莫尔。尽管这本概论是著名的证据法学者在其时代的著作，但与其说作者是为名望和利益还不如说是为了乐趣而作，（至少）我没有发现该书像是为了利和激情而为。

师记》（Book of Judges in the Old Testament）一书中所描述的那些活跃的人物一样。他们能够而且确实按照需要制造战争、爱情和法律。那种裁判不是男性独裁，这在底波拉（Deborah）的故事中已经揭示过，女预言家和法官的习惯是坐在她的棕榈树下执掌司法，[2] 她的胜利的歌声被称为《旧约》（Old Testament）的最古老的文学。[3] 更典型的是，这位法官不是最高统治者，而是国家的一个重要的部长，集司法和高级管理职责于一身。在最初的上诉制度中上诉的途径可以直通君主。

埃及

到埃及第四王朝（公元前 2900 ~ 2750 年），首席法官同时也是法老的首席部长，法老的神圣权威是所有法律和司法的渊源。他装扮成真理正义之神（Maat）的形象，戴着金项圈。我们知道当时有一种上诉体系，因为当时行政官员作为审裁官，而首席法官主持下的一组高级官员作为最高中心法院的裁判者，329
法老自己则执掌上诉的最后一道程序。此外，还有一个拉美西斯二世（Ramses）二世统治时期（大约公元前 1200 年）的土地权属纠纷案件的档案记载，一位 Mes 起诉 Khay，理由是后者通过欺诈性的文件错误地获得了土地权，纸草纸保留了当事人的书面辩论——或者称之为法律理由书——以及一次那是一种离奇地接近于当代土地权属案件上诉档案对于当庭证词（testimony）的总结。

美索不达米亚

与此同时，在底格里斯河和幼发拉底河之间居住着苏美尔人、巴比伦人和波斯人。苏美尔人在他们存续期间的长期生活中，享受着历史第一部综合性的法典，乌尔·恩戈（Ur-Engur）（公元前 2450 年）法典，这是汉摩拉比法典的前身。在那时的社会中，牧师在寺院中作为法官审理案件，而职业法官则在上一级的上诉法院中。[4] 有一个特征预示了目前“替代纠纷解决”的好处：每一案件首先提交公共仲裁员，由他审理并促成和解。这种理念，亦即要求当事人将纠纷提交调解作为审判的前提条件，恰恰是州和联邦法院在处理案件负荷时的诸多努力中的一种“新”方法。

---

〔2〕 Judges 4：4.

〔3〕 Edgar J. Goodspeed and J. M. Porvis Smith, eds., *The Short Bible*: *An American Translation* (New York: Modern Library, 1940), p. 109.

〔4〕 Will Durant, *Our Oriental Heritage* (New York: Simon & Schuster, 1954), p. 127.

到了公元前2100年，年轻的汉摩拉比征服了苏美尔人，建立了巴比伦人的霸权。在他的领导下，司法管理权从牧师们那里转移到了常任的职业法官、书记官和公证人手上。汉摩拉比法典本身在保留其精华之后形成了由大约285个条款构成的法律，这部法律按照主题事项编辑，其范围从蛮夷到启蒙（ranging from the barbaric to the enlightened）。上诉程序很发达。在乡镇村庄，村镇首脑和一个由长者组成的法庭决定案件，其诉讼程序写在泥碑上。在巴比伦，一位首席法官（chief magistrate）执掌着由“国王的法官们”组成的上诉法院。某些案件的终审上诉可以提交给国王本人。[5]

330 纵观统治着巨大疆域的波斯，我们再一次注意到国王就是最高法院。其下是由7人组成的高等司法法院，然后是地方法院——由牧师并渐渐发展为由外行的男性甚至外行的女性担任法官。根据希罗多德（Herodotus）的研究，冈比西斯（Cambyses，公元前529～公元前522年）设计了一种独一无二的方法来确保法院的尊严。不公正的法官会被活剥皮，用他的皮装潢法官的椅子——而坐在这张椅子上的是这位法官继任的儿子。[6]

希伯来

尽管我们只是象拍快照一样观看了一眼古代埃及、苏美尔、巴比伦和波斯的文明社会的上诉制度，但我们可以继续追溯希伯来的法律制度。早在摩西时期（约公元前1200年）就产生了从部落首领到等级制的地方法院所代表的司法职能。这一过程被历史封存了，也许从《出埃及记》还可以透视。摩西曾经完全操纵了他的子民之间的纠纷辩论，从金鸡破晓到暮色降临听审他们的诉怨。他的岳父叶忒罗（Jethro）来造访他，告诉摩西他把自己和别人都累垮了。他说，“你必须在制定法（statutes）和普通法（laws）中批示他们，教导他们应当如何行为……但你必须在所有的人中寻找那些能干的、害怕上帝的人……指定他们居于其他人之上。他们得成为人们的常任法庭，他们必须将困难的案件提交给你，但他们自己得决定简单案件。”[7]

当专业化的职能发生时，希伯来人的司法制度发展成为三级结构。忠实于《申命记》（旧约圣经的一卷）16：18中的强制/执行记录（mandate record），每一个村庄都任命三位长者组成一个法庭，其传统地点是在城门。到了也许公元前

---

〔5〕 *Id.* at 232.

〔6〕 *Id.* at 361.

〔7〕 Exodus 18：13～22.

300 年，形成了纯粹的交响乐队式的“古犹太评议会兼法院”（sanhedrins）的网络。较大的城市有 23 名成员，约沙法特（Jasophat）在耶路撒冷创设了一个牧师组成的法庭、一些提供法庭官员的部落（Levites）以及各家族的首领。大评议会兼法院（Great Sanhedrin）有 70 个或 72 个，作为耶路撒冷居民的一审法院，是所有其他法院的上诉法院，其法庭数量较少。随着时间的推移，在所有级别的法院都有了职业性的常任法官，这些法官是那些最初被摩西任命的法官的后裔。大一些的宗教法学校供应新法官，这些新手都要作为一位法官的徒弟（每位法官带几个徒弟），并最终成功地进入空缺的位置。如果一位法官证明了其能力，他可以晋升，最后升至最高法院。[8] 331

中国

另外两个令人崇敬的文明古国，中国和印度，似乎没有给寻求正义的过程留下余地。孔夫子（约公元前 551 ~ 公元前 479 年）的许多角色中包括法官，他的足迹直到当代仍影响着中国人的生活——其跨度达到约 2500 年。他的概念也是智慧统治者的概念，他们将所有人类的特殊性都考虑在内，达成一种所有人都能够接受的保全面子的妥协。他的每一位省级或村级官员都是一位司法官员（magistrate）或总督（governor），集所有权力（行政权、立法权、司法权）于一身，远在北京的皇帝在其之上以致命的白绫的形式掌握着上诉权——在作出坏的判决或不幸的案件中命令法官自杀。

老子在传统上被认为是孔夫子的老师，他不相信知识分子，而向往一种尽可能不用法律规则的境界，他崇尚顺其自然和简单。这证明了中国思想中的持久主题，法律扮演了十分次要的角色。分歧不是通过争议者站在权利的立场上去解决，而是通过寻求重建和谐来解决。自责是一种对于冲突的普遍反应和解决办法。调解远比起诉要受青睐。支持这些根深蒂固的态度的是在传统上不灵便的司法管理制度——从另一省调任的未经训练的法官、腐败的职员（clerk）、令人恼火的拖延以及羞辱。据说 17 世纪的皇帝康熙为了国家事务而说过一句在原理上 332
抗拒传统的话：“如果人民不害怕法院（官府），如果他们感到总是信任司法的快捷和完美，诉讼就会以可怕的数量增长……所以我希望那些诉求于法院（官府）的人受到毫不姑息 /怜悯的对待，这样他们就会反感法律，在司法官员面前

---

〔8〕 This description of the ancient Hebrew judicial system, in addition to relying on Wigmore, is largely drawn from Roland de Vaux, “Ancient Israel,” in *Social Institutions* (New York: McGraw-Hill, 1965), vol. 1, pp. 152 ~ 53.

发抖。"[9]

印度

印度法律制度的早期发展大部分已遗失在时间的长河中了，至少对于我而言是如此。但我摘取了亚历山大去世之后的一段，亦即在4世纪晚叶，当时印度已进入手段高超而福星高照的旃尼罗笈多（Chandragupta）手中。司法由村的首领或者委员会（panchayats）执掌。一种由下级和上级法院构成的司法体系服务于地区和省，皇家委员会设在首都作为最高法院。国王自己就象我们提到的其他地方一样，担任终审上诉法庭。[10] 到公元前270年，旃尼罗笈多的孙子阿育王（Ashoka）提高了个人独裁权力，他的摩崖法敕（Rock Edict VI）刻在石头上，宣称："任何诉愿者都可以在任何时间向我报告人们的关切，无论我在就餐还是在就寝，也无论我在马车中还是在花园里……任何纠纷或欺诈都可以引起我的注意。"显然，这里又是一位从初审到终审的"统治者法官"（ruler-judge）。

阿育王如果不是太好而不真实的话，就是太好——或者说太理想化了，因为他的哲学是压抑普遍协调、非暴力、攻击"无用的仪式和牺牲"（Dhamma）中的利益紧张，这是不现实的，而他的司法实践也没有使之幸存。[11]

在古代文明逊位、现代文明开始的关节上，我们也许可以期待这些伟大文明
333 社会的制度继续走向完美，或者至少将它们的精华留给其他制度。然而，随着古埃及和美索不达米亚社会的衰亡，他们的收藏和丰富的图书馆已经消失，而他们的程序和制度/惯例已没有了继承者。至于希伯来的法理，它并没有消失，在犹太人散居的每一个社区都沿袭着，法院被允许通过民事授权（civil authorities）在中世纪犹太人司法的影响与最早的巴勒斯坦法院的影响之间摇摆。[12] 然而，这一传统是内部的，与任何集权化的国家都不接轨。

---

〔9〕 Rene David and John E. C. Brierley, *Major Legal Systems in the World Today*, 2nd ed. (New York: Free Press, 1978), p. 480.

〔10〕 Durant, *supra* note 4, at 444.

〔11〕 Romila Thapar, *A History of India* (Harmondsworth, England: Penguin, 1966), vol. 1, pp. 87~88.

〔12〕 "Rabbinical Courts: Modern-Day Solomons," 6 *Columbia Journal of Law and Social Problems* at 52, reprinted in *Studies in Jewish Jurisprudence*, ed. Edward M. Gerschfield (New York: Hermon Press, 1971), vol. 2.

第二节 希腊和罗马

我们浏览的所有古代制度，无论是一审或二审或者更多审级的法院，都将终审上诉权设置在君主制之下。

希腊

不能想象出比希腊在其黄金时代的这种自治的正义更极端的对比了。艺术、建筑、哲学、戏剧方面的创新推动了政府中第一次彻底的民主实验。他们没有给投诉任何精英或不民主的司法留下空间。早在公元前594年，沙龙开始削弱执政官即主司法官（principal magistrates）的司法权力，允许向人民法庭上诉。[13] 此外，据说沙龙在他的法律中精心设计了晦涩的文字，使得当事人在解释那些法律时不得不寻求大众法院（popular court）的帮助。[14]

到伯里克利时代（始于公元前462年），曾经谋求将自己置于至高无上的保
守的最高法院上院（Senate of the Areopagus）的许多权力却受到了削弱，并且其
权力被限于对纵火和杀人案的审判。其他案件由公共仲裁员首先处理，以缓解过 334
分拥挤的案件，不过，如果不服仲裁裁决，败诉方当事人可以向由同社区的公民
（fellow citizens）组成的法庭上诉。[15]

大众法院设立最高法院（*heliaea*）。有些大众法院每天都开庭，它们由6000人左右的陪审员名单上选定一个陪审团来主持，这个名单上的人数接近于阿提卡（Attica）有选举权的公民人数的1/7。在具体案件中，陪审团的人数多达201至2500名，并且决定所有问题——无论事实或法律问题。几乎所有的政治或行政问题以及私人司法都可以提交其解决。通过水钟来给当事人分配时间，证人陈述要当庭宣读，要举行开庭辩论。〔德摩斯梯尼（Demosthenes）在庭审辩论朗读一法律或笔录证词时经常要问还有多少水。〕[16] 如果没有其他干扰，则几百上千人的陪审团进行表决。没有比人民更高的正义资源/司法途径（source of justice）了，没有上诉，即使苏格拉底被一个501人组成的陪审团中的60票多数判处死刑也不例外。

---

〔13〕 Plutarch, *The Lives of the Noble Grecians and Romans*, trans. John Dryden (New York: Modern Liberty), pp. 107 ~ 8.

〔14〕 *Id.* at 108.

〔15〕 Will Durant, The *Life of Greece* (New York: Simon & Schuster, 1939), pp. 116, 247, 257, 260.

〔16〕 Daniel J. Boorstin, *The Discoverers* (New York: Random House, 1983), p. 30.

每个公民每三年轮流一次进入陪审团，到伯里克利时代，陪审员的补偿金相当可观，因此陪审团的职位必定是一种主要行业。这是普通人的一天，这个普通人远在雅典文明中与其他时代和地方相比却是不普通的。这一制度在几个世纪中显然运行良好，它令人印象深刻，公开而透明，富于戏剧性，象集市上的讨价还价，公众参与面广，普通民众担任陪审员。其秘诀可能是所有的人都分享着一种共同的经验、价值观和愿望。然而，渐渐地，缺乏司法/正义的内存，未经指导和未受训练的陪审团不能以相同的原则处理判决同类案件，而缺乏对于先例重要性的意识侵蚀了对于法律的尊重，即使象柏拉图这样一位有社会良知的人都对公共服务的事业感到灰心了。[17]

罗马

335 公元前 338 年（柏拉图去世仅仅 9 年之后）希腊屈服于马其顿王国的菲力浦之后，便从中心舞台退出了，而马其顿王国开始了 2100 年的镇压。柏拉图去世 200 年之后，希腊和马其顿王国都成为罗马的省，这正好是罗马对政府按照法律治理国家的概念有所贡献的开端。在罗马共和国时期，罗马法律制度就象希腊的翻版。没有职业司法人员（magistration），也没有法官指示的原则。陪审团有时人数达 2000 人，对事实问题和法律问题都有权处理，混合了大众的感觉与被他们视为适当的宽恕，没有上诉权。关键的角色是雄辩家，他们的法律知识不如其向陪审团表演效果重要。

在罗马帝国的早期，也就是我们的纪元开始时，在奥古斯都（Augustus）的统治之下，职业法律制度的轮廓已具雏形。创设了执政官（praetor）办公室，这是全日制的常任的司法官员（adjudicator），从行政职能中分离出来。过去仅仅依靠油嘴滑舌或占卜谋生的律师们变成了技能娴熟的法律顾问。凡此种种，以至于奥古斯塔发布法令要求一些司法官员书写的法律理由书对其办公室产生权威效力——这是跨越门槛走向发展法律原理（doctrine）的重要一步。学校开设了律师训练课程，著名的教授吸引了所有来自帝国和省的学生。在韦斯帕西安（Vespasian）统治时期，历史上第一位捐赠/私立教席（endowed law chair）设立了。我们在第七章引证过这一席位的第一位占用者昆体良（Quintilian）在其《律师教育》（*Education of the Advocate*）经久不衰的建议。

法学家们开始系统地思考和写作，他们是历史上第一批将法律当作严格智能

---

〔17〕 Wigmore, *supra* note 1, at 313 ~ 14, citing W. S. Ferguson, *The Fall of the Athenian Empire*: *Law and Politics in Athens* (Cambridge Ancient History, 1927), vol. 5, p. 349.

训练的人。奥古斯塔去世 100 多年之后，哈德良（Hadrian）皇帝将一群骨干法学家集中在自己身边，要他们将执政官每年的判决修订为《永久法令》（Perpetual Edict）以指导所有后来的法官。

在持续的几个世纪中，学者们将法理推崇到了一个高度——具有讽刺意味的 336
是，正如罗马的管理和文明的衰败一样。哥特人统治了罗马，将东罗马帝国皇帝查士丁尼（Justinian）留在拜占庭作为罗马法的继承者。他不负使命地迎接了挑战，任命 17 位拜占庭希腊人收集、整理、精简所有法学家的著作，使之成为一个永久的、有用的摘要。所有这一切都丰富了教会法以及后来的民法法系，甚至最终丰富了英国法。上诉成为奖赏给任何罗马公民的权利。我们从保罗那里知道，任何罗马公民，无论在帝国的什么地方，如果被指控犯了死罪或监禁罪行，则可以请求向皇帝上诉。[18]

第三节　黑暗时代

随后就进入了西方世界的黑暗时代。由于权威的分散和不确定性，法律的统治消失了。环境对于学习或教授法律已经没有了刺激。法律以适用于某些地区的“社会行为规范”的性质存在着。很难找到有资格的法庭。即使能够找到这种法庭，也没有执行判决的愿望或能力。争议解决的目标是诉求社会安定，而不是获得“正义”的解决。其方式是超自然的和非理性的。[19]

德鲁伊教（Druids）成员操纵着凯尔特（Celtic）的法律体系，他们的绝对权力甚至达到了指派用人作祭品。获得上诉复审的唯一途径是传说中的金项圈，也就是爱尔兰法官莫兰（Morann）佩戴的那种。当他的判决公正时，金项圈就会伸展；如果不公正，金项圈就会紧缩令他窒息。在斯堪的那维亚，就象在希腊和罗马共和国一样，早期的司法是纯粹的民主。在月亮给定的时段内，所有自由人都聚集在“法律小山”（Hill of Laws）边上。一位男人——年长者或智慧者或者既年长又智慧者作为“法律宣示者”（law-speaker）会提议并解释一个判决，
多数人会高喊同意或不同意。孟德斯鸠（Montesquieu）写过这种争议解决的方 337

---

〔18〕 这一声明受到了重视。当保罗（Paul）说：“我向恺撒上诉！”罗马总督回答说：“你已经向恺撒上诉了：你去找恺撒吧！”不久，高傲的律师 Paul 说服了一位高级官员，亚基帕王（King Agrippa），相信了他的无辜，但已经太晚了。因为 Agrippa 对总督说：“如果那个家伙没有向皇帝上诉，他已经被释放了。” Acts 25：12，26：32，*The New England Bible*（Oxford：Oxford University Press，1970）pp. 183，185.

〔19〕 David and Brierley，*supra* note 9，at 35～36.

法，在中世纪法国，人们用沸水和司法格斗进行审判[20]，在司法格斗中，当事人可以选择一位勇士替他作战，这位勇士如果失败则要砍掉手，这种威胁会令其努力奋战。[21]

孟德斯鸠说，司法格斗所形成的纠纷解决可能是终局性的（亦即其结果是一方当事人的死亡），“象罗马和都会法所确立的那种上诉，亦即由更高一级的法院对于下级的诉讼进行再次裁判在法国是不为所知的。”[22] 的确，上诉的观念就象其他决定过程一样，是对战争的一种挑战，成为被称为对错误判决的上诉的条件是臣民感觉自己受到一项判决的侵犯，从而将这一判决当作非正义和罪恶来进行挑战，并且是针对由地主召集的组成法庭的贵族（peers）的战斗。[23] 即使在那种蒙昧时代，这一原则也是被接受的，即“正义被延迟即为正义被拒绝”(justice delayed is justice denied)。因此如果一臣民根本无法获得任何判决，那么他会冒着一旦败诉则丧失财产乃至生命的风险，将这种不公正上诉（appeal）至领主（lord paramount)，领主的法庭可能会处理该案。[24] 奇怪的是，英国在同一时期也有相同的实践，“上诉”的意思也是一刑事追诉通过格斗的方式解决，其根据是一种信念，即天意会将胜利赋予值得取得胜利的人。直到13世纪，上诉才意味着是一种获得审查的方式，但在法国却只是以控诉一法官的渎职或一陪审团的伪誓（perjury）为代价。

这些关于“黑暗时代”的评论堪当警戒，因为“黑暗时代”是西方人的一个醒目红字（rubric)，它代表了在“古典”文明衰落和“西方”文明复兴之间的一个时期。然而伊斯兰教的起源和昌盛却是与黑暗时代并行的。穆罕默德去世于公元632年，到第10世纪，已经形成了一种法律教义的“庞大主体”（vast corpus)。[25]

戴维·S. 鲍尔斯（David S. Powers）回顾了学者们关于伊斯兰教法律中没
338 有上诉结构的早期结论，他认为有大量证据表明存在这样一种“继任者（successor）审查的制度，即一位法官可以重新考虑并因为缺乏管辖权或者与伊斯兰法律相冲突而推翻前任（predecessor）的判决”。此外，证据还显示，首都的首席法官法庭可以审查地方和省级法官的判决，而所有法官都受制于哈里发的最高

---

〔20〕 Montesquieu, *The Spirit of Laws* (Chicago: Encyclopedia Britannica, 1952), p. 239.

〔21〕 *Id.* at 245.

〔22〕 *Id.* at 247.

〔23〕 *Id.* at 247 ~ 51.

〔24〕 *Id.* at 249 ~ 51.

〔25〕 David S. Powers, "On Judicial Review in Islamic Law," 26 *Law and Society Review* 315, 319 (1992).

法庭（top mazalim tribunal）的首脑。鲍尔斯（Powers）还说，“伊斯兰司法审查的突出特点是它与非正式性（informality）相关”，这给与司法权威讨价还价留下了大量空间。[26]

也许这一历史研究所揭示的最有趣的特征是继任者审查中所体现的横向而非纵向的上诉概念。

〔26〕 *Id.* at 336.

索　　引*

A

* 本索引中每一个词条后面的数字为原书页码，即本书边码。——编者注

B

C

D

E

F

G

H

I

J

M

P

Q

R

S

T

U

V

W

图书在版编目（CIP）数据

美国上诉程序:法庭、代理、裁判 / (美)柯芬著,傅郁林译. —北京：中国政法大学出版社，2009.3

ISBN 978-7-5620-3352-3

Ⅰ.美... Ⅱ.①柯... ②傅... Ⅲ.上诉－诉讼程序－研究-美国 Ⅳ.D971.25

中国版本图书馆CIP数据核字(2009)第028210号

书　名	美国上诉程序:法庭、代理、裁判
出版人	李传敢
出版发行	中国政法大学出版社(北京市海淀区西土城路25号) 北京100088信箱8034分箱　邮政编码100088 zf5620@263.net http://www.cuplpress.com　(网络实名：中国政法大学出版社) (010)58908325(发行部)　58908285(总编室)　58908334(邮购部)
承　印	固安华明印刷厂
规　格	787×960　16开本　18.5印张　335千字
版　本	2009年3月第1版　2009年3月第1次印刷
书　号	ISBN 978-7-5620-3352-3/D·3312
定　价	32.00元

本社法律顾问　北京地平线律师事务所